いい子を悩ます

強迫性・パーソナリティ「障害」全対応版Ｑ＆Ａ

富田富士也

●本書を読まれる前に

誰一人、この世に「悪い子」で生まれた子はいない。そして「悪い子」に育てようとした親も先生もいません。しかし、悲しい事件や事故は起こります。私たちの周りで、日々そうした事件、事故をニュースで目にします。

さて、本書のテーマであるパーソナリティ「障害」は「引きこもり」の相談活動から始まる私のカウンセリングにとって人間関係とは何かを深く心に問いかけるものです。それは「けなげさ」と「むくわれなさ」との出逢いであり、他者に対する「いたわり」や共感する心の回復です。

「手のかかる」子どもや、若者が「困った子」として、特別に問題視されていく社会風潮を感じます。つまり「手のかからない子」が「いい子」になっているのです。そのため「手のかかる」ことを自然な育ちとして受け入れる心は忘れがちです。だから「いい子」の心はかまってもらえない寂しさで愛着飢餓です。

さらにその孤独感から自らを否定的に思い込んでいくこともあります。それが適応「障害」的な言い方で広まったりします。たとえば、パーソナリティ（人格）「障害」と見立てられていく人たちです。それは「病気」とはいえないが、生活上の生き（息）づらさ（ストレス）が臨界点を越えた状態にある人たちといえるかもしれません。もちろん周りもそのことに無縁ではいられない生活上の「障害」をかかえたりするのです。だから「障害」は問題とする側の問題でもあるのです。したがって「病気」ではない「障害」が「病気」としてラベリングされ特別な対象にされていくことには慎重でなければなりません。本書は「手のかかる」ことを人間関係の学びにして、関わる親や家族、周りの大人の働きと本人の努力によって、いたわり、ねぎらいといった共感的な心を育てる本です。

さて、好きな人とは付き合って、苦手な人には距離をおいて暮らしていければいいのですが、集団のなかで生きていくには、嫌な人とも話さなければ孤立してしまいます。そこで嫌ならその感情を自分の心にしまって付き合うのも人間関係のコツですが、そう器用にはいきません。

子どもも大人も人間関係のなかで暮らしています。インターネットの文化がいくら進化しても、それは〝情報交換〟であって、息づかいのある生身の〝会話〟にはなりません。

だから人の輪のなかで、自分という「個」をどう維持し、漂わせるかは大切な人間関係の〝学習〟です。

このところ人とふれ合いたいのにふれ合えないコミュニケーション不全の「引きこもり」を心の

奥底にかかえつつ、不登校、進路変更、就職活動の行き詰まりを切っ掛けに「強迫性障害」とか「パーソナリティ（人格）障害」という病を心配する相談が顕著になりました。医療機関で診断されて相談室にカウンセリングを受けに来る子どもや大人も増えています。また自分自身でもそのように「見立て」ている人もいます。その「障害」は周りとの人間関係における「不適応」のことです。つまり「手のかかる」状態にあるのです。本人は心を持て余し、接する周りの人も「びくびく」するような、腫れ物に触る感じであったりもします。お互いに信頼関係を築くことに「手がかかる」状態です。

ところが心の状態は同じであっても「障害」（気になる）になる人とならない人がいます。本人も周りの人もそのことに苦痛でなければ「障害」と呼ぶ必要はありません。

さて「強迫性」とは「こだわり」であり「パーソナリティ」には片寄った「くせ」があります。それが生活上の許容範囲を越える退行や攻撃性から「障害」になったり、一定の距離を置くことで気にならなかったりするのです。

周りの人がその「こだわり」や「くせ」によって互いの人間関係を有効に働かすことができていれば、本人も困らないのです。完璧という「こだわり」が高く評価されるような芸術関係者のなかには、強迫性で仕事を成功させている人もいます。また「くせ」も〝芸能人〟の世界なら「面白い人」ですみますが、一般社会の生活者としてみると「めちゃくちゃ、破壊的な人」であったりするのです。そして日常生活の人間関係もその評価が維持されるかぎり周りも、その「くせ」や「こだわり」にあわせます。だから「障害」になりません。ところが状況が変わり、本人も周りに対してその場の人間関係の「空気を読む」必要がでてきたりすることがあります。しかし場の「空気を読むこと」ができずにいると不適応として「困った人」「変わった人」と言われたりします。そこで、周りに理解を訴えます。受け入れられないと衝動・退行的行動を起こすことがあったりするのです。一人孤島で暮らすなら「空気を読む」ことができなくてもいいかもしれませんが、人間関係がある以上、そのことで相手も困ったりします。「お山大将、われ一人」では生きていけないということです。

「困っている」心の「こだわり」や「くせ」をあらためて人間関係を築くなかで見つめ溶かしていきませんか、ということが、本書の願いです。パーソナリティは常に出会いという「成長」のなかで変化、変容していくからです。

よく心の病について「正常な悩み」「異常な悩み」とか分けたりする話を聞きます。「悩み」に正常も異常もないのですが、「病気」の範囲なのか、人として経験する当然の葛藤なのか、という境界のことだと思います。「悩み以上、病気未満」という表現がイメージしやすいです。「正常」とは周りとの人間関係を前提にしていることでしょう。「異常」とは周りを無視して自分本位に思考、行動していることです。そして本人にとって「自分本位」が「自分らしさ」であったりします。だから「異常」と言われている人からみたら「正常」でいられることのほうが不思議かもしれません。いずれにしても、人間関係がある以上、悩みをゼロにすることはできないのです。「こだわり」

も「くせ」も生きるために必要ですが、一人孤島で暮らすわけにもいかないとしたら、ほどほどにして自己防衛という「障害」を溶かしていきたいものです。

本書を読み進める前に、あなたが今、心配されている人の心の「こだわり」や「くせ」をふり返ってみませんか。日常生活の生きづらさの一部がうかがえると思います。チェックに深い意味はありませんが20項目の□欄に「わたしもそのように思う、する」なら「レ」を入れてください。

□ 周りの人が自分よりも高く評価（比較）されると苛立ち落ち込む、頑固になっている
□ 親密になると嫌な感情を出しにくいので、いつも当たり障りなく人付き合いをしている
□ 自分で決めると責任をとらないといけなくなるので、なるべく人任せにする
□ 信用して裏切られるのが怖いので、相手を試すような言動を先にしてしまう
□ いつも後ろ指を指されないように慎重に行動する割に間の悪いことが起こる
□ 今日やるべき事（仕事、勉強、約束）を明日にのばさない。明日の仕事もできれば先に今日やっておきたい
□ 他人とは上手にコミュニケーションできるが親しい関係になると会話が減り、ケンカしても折り合えない
□ 人間関係を「損」「得」で判断し、人もそのようにみていると思える
□ 人から相談されるが、自分からしたことはない

□「素直に甘える」べきところで意地を張ったり、権威におもねたりする
□喜怒哀楽の感情が自然に出せずに考え込んでしまう
□自分の言った言葉で、相手は傷ついていないかと考えてしまう
□最後はいつも「生まれてきたこと」「死ぬこと」を考えてしまう
□親を含め誰も自分を大切にしてくれないので、人に関心をもたないことにしている
□人の心は良くも悪くも変わるから、付き合うことがめんどくさい
□人間は必ず死ぬ。だから何をしても空しい
□これまで人から必要とされたことはない
□シャイで弱々しく演じていることがある
□思考と感情と行動が時々バラバラになる
□「愛されている」と自分に言い聞かせていることがある

いかがでしたか。ふり返る日によっても思いは違いますので、決めつけないでください。設問は心の「こだわり」や「くせ」にとらわれて心が疲れ気味な内容です。☑が20に近い人は心を持て余していることでしょう。がんばり過ぎず、悲観もほどほどにといったところです。そして、心が傷つきやすいからといって、一人善がりになり過ぎないようにしてください。きっと立場の違ういろいろな人たちと胸の内を話したりすると、みんな寂しさに悩んでいることが分かると思います。す

ると心が優しく、素直になって心の「防衛」が溶けて、身につけてきた鎧をとることができるでしょう。そしてそんな「くせ」「こだわり」を持つしか生きてこられなかった自分も含め、関係する一人ひとりの育ちの背景にも、思いを馳せることができるでしょう。

この20項目の呻吟《しんぎん》の言葉は、わたしが引きこもりから対人関係に悩んでカウンセリングに訪れた人からよく聞く話を要約したものです。「完璧」な人とのつながりを求めてたじろいでいる心の様子が分かります。心は孤独で、かまってほしいメッセージです。仲間集団のなかに入っていけないこの心の「こだわり」や「くせ」をどうして身につける必要があったのか、またそこから解き放たれるにはどうしたらいいのか、とわたしは一人ひとりとカウンセリングするなかで模索してきました。それは「甘える」「素直になる」「信じることをあきらめない」体験の〝学習〟不足のように思えます。貧しさが人間関係を培っていた時代には、自然と学習していた人生経験です。

本書刊行の願いは、その経験によってパーソナリティの変化、変容を起こし自分らしさを見失うことなく、人と仲良く暮らしていける心の距離感を見つけてほしいというところにあります。つまり、自分のパーソナリティを持て余している人は意外に他人のパーソナリティと出会っていないということです。そして出会えば気になっている「こだわり」や「くせ」も「持ち味」に思えたりするものです。そしてかつて日本人の文化にはそんな出会いを経験していくスキル（対処法）が、年代とともに用意されていたのです。手にしたこの本はその心の旅へ踏み出す応援の書です。

なお、本書はあくまでもカウンセリングを通しての私の実感です。それだけに「不登校」や「引きこもり」から「強迫性障害」「パーソナリティ障害」に苦しむ親子への理解と援助の一助になることを願っています。

また相談にあたっては一人の「生活者」「人間」という関係性を大切にカウンセリングしています。したがって「医療的援助」が必要になる場合は「治療」をすすめています。そこで医療については多くの専門書が刊行されているので、そちらを参考にしてください。

なお本書で紹介している事例については、真意を損ねない範囲で本人と分からないように修正脚色しています。

もくじ

第1章　心の「こだわり」「くせ」を子育ての見直しにできた家族　57

第2章　単刀直入　素直になる道を閉ざされた子どもの難問に答える　119

まえがき

●完璧が強迫観念をつくりパーソナリティを脅かす

カウンセリングという相談現場にいると、不登校、無就労を切っ掛けに「引きこもり」になっていくケースとよく出会います。そしてその長期化から襲われる強迫性・パーソナリティ障害の心理は見捨てられたくないという〝強迫〟的なまでの不安です。それがいつしか正体不明の強迫観念にまとわりつかれているのです。

「強迫」とはいくら気にしないと思っても、心に起こる不安であり不快感です。そしてそのことが不合理な事とわかっていても、ある観念に心を占められ苦しんでいるのです。その「強迫」が今、日常生活をしている私たちの心の中にも止まることなく生み出されている気がします。「落ちつか

「落ちついてはいられない」と焦り苛立つ心です。そしてその強迫的な子育て環境が、子どもたちに「完璧でなければならない」という強迫感を与えているのです。

愛知県のある市の全21校の小中学校では保護者と連携し、子どもたちに午後9時以降、スマートフォンや携帯電話を使わせない試みを、今年の新学期から始めているといいます。特に無料通信アプリの「LINE」（ライン）等を使ったトラブル、いじめ、生活習慣の乱れが問題となっているからのようです。

その一つとして、ラインの「メッセージを読んだら『既読』の印がつくので、返信しなくては」という強迫観念に襲われてしまう」現実があるようです。

こうした通信手段による便利さが、自分や他人との人間関係のゆるやかさ、信頼を「完璧でなければ」と無理強いすることが起こるのです。そして自分本位の「強迫性」を加速させ、あおります。だから返信がないと即、苛立ち、人間不信がわいてきたり、状況によっては敵意までもちます。反対の立場になれば、そのような感情をもたれるのではないかという予期不安に襲われるのです。

いずれにしても、生身で関わることよりもSNS（ソーシャル・ネットワーキング・サービス）で得た〝情報交換〟が、人間関係と思ってしまうのです。それはSNSですべての人間関係が、手軽にすっきりと解決していくという感覚を生み出します。女子高校生がSNSで知り合った元交際相手からストーカー行為を受け、殺害されるという事件も起こりました。そこには犯人の思い通りに事が運ばないことへの強迫性と、時間をかけて女子高生と関係性を築いてこなかった共感不足があったと思います。そのことが一線を越えた自分勝手な解決方法へと事態を向かわせたのではないでしょうか。自分勝手な「自己愛」的心の「くせ」があったのです。

手間をかけずに、短時間で効率的であることが優先される価値観を東京オリンピック（先の東京オリンピック）を切っ掛けに50年間、私たち大人は築いてきました。インターネット文化はその価値観を加速させました。そしてその効果を計るものとして評価、成果主義が当然視されるようになりました。後にバブル崩壊となる経済成長は、このような価値観に支えられ進み、その考え方は〝生産現場〟から身近な家庭や学校の人間関係までを変えてしまったのです。

●コストパフォーマンスで「引きこもり」化する子どもたち

人間関係や一人ひとりの人間の存在に成果主義はなじみません。にもかかわらず、能力主義的偏差値教育は今も健在です。「学力向上」ブームの中で子ども自身ですら自分の存在を〝テスト評価〟している感がします。人格、パーソナリティも学力にあわせ評価されているのです。

そこで「手のかかる」子は「いけない子」「困った子」「めんどくさい子」になり、「手のかからない」効率的な子が「いい子」として評価されるのです。これは大人社会でも同じです。

周りに迷惑をかけないで成長していくことを「発達」の指標とし、手のかかる子は発達の危機として「障害」という見方すらしていく社会になりました。「発達障害」という言葉への理解がより偏見を生む危惧すら感じます。

「迷惑をかけてはいけない」という社会全体の価値観が、なんでも「より」短時間で「より」効率良くを強化し「失敗してはいけない」「完璧でなければいけない」という強迫性を、子どもたちの人格形成に深く根づかせてきたように思います。思えば東京オリンピックの標語が「より速く、より高く、より強く……」でした。だから常に課題が与えられていくのです。

「費用対効果」という言葉が政治の中で流行語になりました。これだけの費用（コスト）をかけたらこれだけの効果（パフォーマンス）が出るはずだ、という市場原理の考えです。この市場原理が教育や人間関係の場にも使われるようになっています。「高学歴、高収入の家庭の子どもほど一流大学に合格できる」「塾にかけたコスト分、落ちてもいいから一流高校を受験してほしい」と真顔で口にする親もいます。またコストパフォーマンスで育ってきた子どもたちの中には、友人関係を損得で判断することに、なんらためらいのない子もいます。だから友だちがいないと、自分のことを「得にならない人間」と見限って関係の変化にチャレンジしないのです。

「完璧」「失敗しない」「傷つかない」といった強迫的な不安が固定観念となり、家やある環境から一歩も身動きできずに「引きこもり」状態をつくっている若者が増えています。そして、SNSを情報手段というよりも生身のコミュニケーションとして受けとめがちです。一方通行になっている現実を見えにくくさせているのです。

●「折り合えない」苦痛

「引きこもり」、そして強迫観念にとらわれている「こだわりの強い」子どもや若者と出会っていると医療機関から「強迫性・パーソナリティ障害」と診断されてもいるケースが多々あります。またそのように見立てられる傾向もあります。

かつて状態像としての「不登校」を診断名としては「自律神経失調症」などと呼んでいたりしていましたが、最近では精神的な病名が付きにくいときは子育て、躾の問題として「パーソナリティ障害」で「お茶を濁された」という声を、相談に訪れる親や子から聞くことがあります。

パーソナリティ、人格は人それぞれ、誕生から今日までの人間関係や多様な社会体験のような学習の中で形成されたものです。その人なりの思考と感情と行動の総体です。人柄であり「その人らしさ」です。だから他者から見たら、どんなに嫌な人格でも、その人にとっては生きるためにとても大切な人格なのです。そのような人格形成をしてきたから今日も生きていられるということでしょう。その人格は実に固有なもので、世界中に唯一です。さらに人格は固定したものではなく、さらなる人間関係の出会いなどによって変化していきます。読者の皆さんにも、ある人との出会いで人生観が大きく変わったという経験があると思います。人とは、人間関係とは変化するものです。だから人や自分の人格を決めつけたり、あきらめたりしないことです。

さて、その人格が「障害」とはどういうことでしょうか。それは出会った人間関係にその都度「適応」できないということです。したがってそこでのストレス（精神的緊張感）が問題になれば「適応障害」と言われたりすることもあります。人間関係は固有な人格のふれあい、ぶつかりあいです。人は一人では生きていけません。するとお互いに自分の人格と他者の人格が「せめぎあって、折り合って」いかなければなりません。それがストレスの少ない「お互いさま」の関係になることです。

パーソナリティ障害とは、その個人が自分の人格形成で身につけた価値観、文化観を譲れないために、人間関係にそごが起こると、そこに片寄って強迫的ともいえる「こだわり」が生まれるのです。そのために本人の「折り合えない」苦痛もさることながら、まわりも心身に負担を感じ、あらゆる面で社会生活上の「障害」が起きたりするのです。だからパーソナリティ障害は「関係障害」ともいえます。

たとえば人間関係に「完璧」を強くもっているとします。すると自分の人格を自己愛的に絶対化すると、相手に対して尊大にもなるし、共感することが「敗北」にも思えます。このプライドの高さに本人も困っているのです。また人間関係で「傷つきたくない」と考えれば親密になるのを避けて、ドタキャンで結局出会いの回避を繰り返します。見た目はシャイで弱そうに見えますが、けっこう心は頑固だったりします。さらに「失敗したくない」が「失敗したらどのように責任をとったらいいのか」と考えると、決定を人任せにして依存的になります。このような人間関係を身近で繰り返していると、精神的に混乱し、失敗しないようにより完璧であろうと強迫的になります。融通はきかないし、自分自身、世間や家族からの見捨てられ感、置き去り感に苦しむのです。

●人間関係には時間が必要

パーソナリティ障害には、この置き去り、見捨てられ感が強迫観念としてあるように思います。たとえば「手をかけてもらっていない」育ちに対して強迫的に「こだわり」がついたりします。だからパーソナリティ障害に寄り添うことは、とても「手のかかる」ことなのです。人間関係は「手軽」にSNSのようにはつながらないことを、生活実感する必要があります。

ミヒャエル・エンデの『モモ』という本が読まれ続けられています。全国の子ども劇場でも『モモと時間どろぼう』と題して数多く上演されてきました。精神的にも豊かに生かして使うはずの「時間」を「切り売り」し、生産至上主義のなかで「納期」という時間に不安をあおられ、心を摩滅していく現代社会を告発したものです。「モモ」という少女によって、奪われた一人ひとりの大切な「時間」は取り返されていきます。作品は受験と偏差値教育という能力至上主義のなかに投げ込まれていた子どもたちにも、共感的に読まれ、かつ観劇されました。

なにか落ち着かない不安の原因を、初めは誰もそれとなくわかっていたのです。ところが、その常態化がストレスの抱える限度をはるかに超えて、「時間どろぼう」の正体さえわからなくなったのです。そして、ただただ、何かにこだわる（固執）ことで、少し落ち着き、その解決しない不安を打ち消すために、意味もないとわかっていながらも、同じ行動を繰り返します。早くすっきりと自分の思う方向で解決したいのです。貧乏揺すりが止まらない〝企業戦士〟のお父さん、お母さんたち。子どもたちは受験ストレスなのか、なにげない手洗いに心地よさを感じ、繰り返し始める確認行為。現代社会にあってはネット依存にその傾向、症状を感じます。大人も子どもも、完璧にこの〝強迫〟の渦に巻き込まれているのです。

この強迫性に苦しむ子どもや若者たちは、SNSの普及、あるいは合理的、効率的な物の見方、考え方の広がりとともに増えています。

彼らは自分の心の、置き去り、見捨てられ感の悔しさをカウンセリングの場で、あるいは家庭にあっては親や大人たちにまず「聞いてほしい」のです。しかし、まわりはその自己中心的不可解さ、プライドの高さ、万能感に否定的関係をとってしまいがちです。

強迫観念の切っ掛けであり、心のよりどころとなる「しつこさ」の多くは事態をすっきりできないで「汚い、汚れている！」と訴える〝潔癖性〟です。私はここに、人間関係に対する潔癖（二進法・デジタル・合理的思考）感をみるのです。

だから〝後ろ指をさされたくない〟との思いもつのり、「自分は誰かを傷つけてしまうのではないか」という訴えすら出てきます。強迫やパーソナリティ障害へのアプローチを人間関係からみていきたいとする私の思いも、そこにあります。

「汚い」から、「否定される」からと外出に戸惑い出不精になる。そしていつまでも「洗いつづけ」、「汚れない」ために、抗菌グッズにはまり、何もさわれなくなる。さらに自己決定を避けたりします。症状には意味があるのです。

そして何度も、人を「傷つけていませんよね」と確認しつつ、「傷つけられた」事を何度も訴えるのです。

●〝治療〟には人が欠かせない

強迫性障害やパーソナリティ障害への対応には、いまだ〝決定打〟がないようです。手のかかる〝治療〟がいろいろな場でアプローチでされています。

私の相談室では家庭における人間関係を共感的に受けとめられることと、人とのやり取りにあいまいさや寛容さのもてる感覚を育てるカウンセリングをしています。

人間関係というよりも、物事を白黒つけたり、決めつけたりしない人間観を大切にしたいのです。それは、人は「ケンカしても仲直りできる」という学びが身に付けばいいと思うからです。だから個別相談とあわせて「親の会」を開催したり、ワークショップを重ねるなかで、まず、親や私たち大人のもっている〝隠れた強迫性〟を明らかにし緩やかな付き合い方を学んでいます。不安を打ち消すために、物事を二進法で決めつけていく「強迫性」を省みることです。

しかし一方では、脳の器質、機能障害も多く指摘されていますので、医療からの援助も忘れてはいけないと思います。

治療としては、その強迫行為を少しでも減らすために、認知行動療法が心理治療家の間で盛んです。ただ、それが苦行にならないように、不安を否定しないアプローチを望みます。

世の中にまったく強迫性がなかったら、伸びきったゴムのように物事は進まないと思います。

約束も守るためにあります。だから「守らなければなりません」が、たまには融通をつけないと、和みの関係はできません。だから「絶対」が「絶対以外に他はなし」となると強迫性が加速します。とくに人間関係はスパッと割り切れるようには進みません。その意味で世の中には分からないことがある、ということが分かる子育てができるといいですね。

高度経済成長が達成できたのも、世界情勢のめぐり合わせと強迫的な成果主義があればこそだったのでしょう。また、そんな評価のなかにしっかり身をおき、親やまわりの期待に応え、能力主義のエリートとなった「いい子」「いい人」ほど、強迫性に襲われていたかもしれません。

まずは正体不明な〝隠れた強迫性〟を「そんなわけのわからない不安もあるんだ」と気持ちを肯定したうえで、不安解消を少しだけ先送りして、今日起きてから寝るまでにやっておいたほうがいい基本的な生活習慣に、取り組んでいきたいものです。30頁のフローチャートを、そんな日常化の参考にしてください。

先述しましたが、私たちは、人間関係をとるなかで、好意を感じる人には近づき、すこし苦手な人には遠慮して距離をとったりします。そして状況が変わったり、月日がたつと、相手に対する感情もその反対になることさえあります。「日にち薬」と言われるように日を重ねることが〝治療〟です。その繰り返しのなかで、人間観、あるいは人間関係の見方、取り方を学びます。そしてこだわっていた自分のパーソナリティも変化していきます。だから強迫やパーソナリティ「障害」の〝治療〟には人が必要であり、関係性を決めつけない心がけが大切です。その意味で関係の見直し、育て直しでまず家族再生ができたらと思います。

私たちの相談室では、強迫やパーソナリティについての不安を抱え苦しむ親と子、家族に対して、その葛藤を今日、解決しようとはせずにちょっと先送りして、こだわりを溶かすお手伝いができたらいいな、と思って活動しています。

本書は刊行以来、版を重ねて来ました『いい子を悩ます強迫性障害Q&A』を全面的に見直してパーソナリティ障害に含め、新たな原稿も増補し出版いたしました。刊行にあたっては、企画・編集の労をハート出版の藤川進さんにとっていただき励まされました。また事例として紹介している当事者やその家族のみな様は、必ずしも医療機関で「強迫性障害」「パーソナリティ障害」と診断されて相談に訪れた方ばかりではありません。私自身が「引きこもり」の相談活動の中で、その傾向を感じた事例も数多く掲載してあります。そしてそこに治療的でない育て直しのヒントがあるのです。

２０１４年７月30日

少しずつ人間関係を見直して見ませんか

今、心の「こだわり」や「くせ」で悩んでいる（困っている）ことは？

なぜか周りの人間が自分の能力、実力を認めてくれない。だから相手が評価されていることにケチをつけて弱点を突いたり、根拠のない悪意をもって攻撃的態度を繰り返す。	周りの人間からどう思われているかが気になる。だから嫌われないようにと親密になる関係を回避しがちで友だちをつくれない。見た目は大人しいが頑固。	自己決定できるほど責任がもてないので相手に寄りかかって行動していく。傷つくリスクを背負えず達成感が乏しい。嫌われたくないので適度な距離感に悩む。	葛藤から解放されたことがない。そのためかいつも感情が不安定で自傷的行動に出ることもある。話し相手をすぐに神格・権威化したり、こきおろしたりしがち。失望感が強い。	計画的で完璧を求め疲れやすい。誠実でピュアを大切にするので裏切られると忘れられない。いつも原因不明の不安に襲われているので気を紛らす行動をしがち。ほどほどができない。
うぬぼれ（自己愛）タイプ	**どたキャン（回避）タイプ**	**あなた任せ（依存）タイプ**	**だだっ子（境界性）タイプ**	**くどくど（強迫）タイプ**

心は社会からの置き去り感・親しい関係からの見捨てられ感・孤独感

この寂しさ、不満いっぱいの日常から少しだけ抜け出す“生活実践と格言”

自己愛は人から大切にされたいものです。同時に他者の自己愛も大切にしましょう。いたわりやほめられた言葉には「ありがとう」と素直に返事をして相手のいいところをさがします。そしてねぎらいの表現をしてみることです。	他人はあなたのことだけ見て生活するほど暇ではありません。傷つきたくない心の優先順位を下げてみませんか。だから約束した場所や事柄には何もしなくてもいいので顔を出し、ひと言、事情を素直に話してみることです。	依存というよりも「甘える」べき時には「甘える」勇気が必要です。だから他人の甘えにも寛容に対応しましょう。負担にならないところを見つけて「ここだけは私が責任をもってします」と言い切ってみることも大切です。	人間関係は「無常」であるから不安定なものです。またそれが生きる醍醐味です。だからうぬぼれず、絶望もしないことです。とにかく自分の考えは脇において相手に「共感」してみることです。決して「試す」心はもたないことです。	時と状況によっては強迫的になることも必要ですが、無理強いは心身をこわします。「あいまい」さに堪える努力も大切。人はどこかで未完な部分を助け合っています。弱音を親しい人に吐いてください。突き詰めたい気持ちになったら目的なしに散歩して下さい。
人は ジグソーパズル	一人では 生きられない	癒されたいなら 傷つくこと	人生は “日にち薬”	未完の美

せめぎ合って、折り合って、お互いさま。朝は「希望」に起き、昼は「人」と交わり、夜は「感謝」に眠る。

※「日にち薬」とは、近畿・関西方面のことわざで、日を重ねると状況も人の心も変わるから、白黒決めつけて暮らさない方が良いとの意味。

……序章……

心配ないからね〝強迫性・パーソナリティ障害〟

――強迫社会が生み出す「こだわり」が幼き子の心を蝕む

私が初めて強迫性障害と診断された子どもたちと出会い、関わりを持ち始めたのは20数年前になります。まだ、強迫神経症と言われ、神経症の一つとされていたころでした。そしてまもなくして「ボーダーライン・パーソナリティ障害」（境界性人格障害）と医師から診断されていた若者たちとも「引きこもり」の相談から接することになりました。

治療として入院したものの、そこでの入院生活の約束事を守れず退院し、生活共同体的な施設をめぐっていた親子とも出会いました。医師によるとその男性の若者は「スーパーボダー」と言われるような自分本位で「誰も関われない」状態とのことでした。自分本位が「強迫性」でもありました。

当時はその言動が正常か異常か分からない境界にあるという意味で「ボーターライン」と通称呼ばれていました。「あまのじゃく」と言ってはすまされない余裕のない状態かもしれません。

そしていずれも「引きこもり」の相談のなかでその〝症状〟は明らかにされました。当時、人とふれ合いたいのにふれ合えないで、コミュニケーション不全状態になっている子どもや若者の心を「引きこもり」と名付けて問題提起していたころでした。それは育ちのなかで、人と「せめぎあって、折り合って、お互いさま」の人間関係づくりが「学習」されていない、という私なりの考えでした。その原因の一つに親子関係における愛着の希薄さがありました。

印象的な場面を紹介してみます。最初は「強迫性障害」と診断されていた子どものことです。

●ふきとれない親への不信

自宅で眠りについた深夜、相談にきていた父親がいらだつ気持ちを抑えるように、私の自宅に電話をかけてきました。

「もう限界です。家が汚れている、と息子が部屋に灯油を……」

私は父親の訴えに、まかれた灯油を黙って拭き取るように御願いしました。

しばらくすると、二日後の父親の長期出張を前に、両親とも納得したうえで息子を保護入院させたいと懇願してきました。

疲れ果てた家族の様子と混乱した子どもの精神状態を危惧した私はすぐに、連携先の病院にベッドの確保を依頼しました。緊張なのか、私は床を暖めきれず明け方まで眠れませんでした。

当時A君（中三）はもう数年、「外気に触れると汚れる」と登校を渋り、自室でテレビゲームに明け暮れていました。ただこの混乱ぶりを学校で感じさせるようなことはまったくないので、担任には事態の深刻さは伝わりませんでした。私は、進学せずに就職して一人暮らしをしたいというA君への家庭訪問を、カウンセラーというより「就職斡旋のおじさん」として行なっていました。

A君は帰宅する両親や妹弟たちを「見張って」は〝消毒液の生活〟を事あるごとに強要していました。日中一緒にいる母親には部屋の四隅、欄干、壁を指し、汚れていると、奴隷のごとくふかせていたのです。

極度の潔癖。A君の心の「こだわり」は、症状に変わっていました。悩み続けても「ふき取れない親への不信感」にこだわり、それを許せなくなっていたのでした。

彼がその〝心の汚れ〟を話してくれたのは、出会って一年後でした。

「転校するとクラスには小学校時代の友人がいなくて孤立したんです。すると急に不幸を思い出したんです。小学校二年の時、突然の引っ越しで僕は友だちをなくしました。その日を両親は知らせてくれなかったんです。大人になればわかるという父親の答えには納得できず、小学校六年になって聞き出しました。おしゃべりな僕が引っ越しの事を言いふらすと、近所の人から家の売買を尋ねられるのがうっとうしかった、というのです。僕は親にさえ信頼されていなかったんです。その汚れ（不信）を……」

そこまで話してくれていたA君との信頼関係を頼りに私は両親のすすめる入院を覚悟し、彼と両親が待つ自宅を車で訪れました。

部屋には灯油のにおいが充満していました。A君の入院への説得に失敗した私は、彼の肩に少し強引に手をかけ、体を引き寄せました。

「だましたな！　今度は大丈夫な大人と思ったのに」

「行こう。家族がみんなつぶれてしまう。とにかく君のためなんだ、病院へ行こう」

「いつもおればかりを問題にするんだ。おれが問題じゃないんだ」

押し問答は地獄のようでした。もう両親も私も後には引けませんでした。

その時、彼の背を押す母親に、A君は絶叫したのです。

「お母さん、助けてくれ」

母親の押し出す力が抜けました。

「お父さん、富田さん、もういいんです。放してください」

車の中に引っ張る父親と私の力が、母親のまなざしに吸い取られていくようでした。母親はA君を抱き寄せると、彼の手足を消毒液で洗い流しました。そしてわずかな沈黙の後、父親は「すみません。後は……」と言うと母子のもとに戻っていきました。私は良心と小心さと、孤独感におそわれ、その場に立ちつくしました。

その時、同行してくれた二人のスタッフの優しい目に私は、かろうじて呵責な心を救いあげられました。一人の同年代の女性スタッフが戸惑う私にそっと声を掛けてくれました。

「帰ろう」

その響きに私もA君と同じように、母親の懐へ〝還〟っていくような気持ちになりました。

A君はこん睡三日後、出張を取りやめた父親と母親に伴われ、自ら病院を訪ねてくれました。

数ヶ月たって、彼は自宅からすこし離れた街のレストランで働き始めました。

＊　＊

この親子との出会いを通じて、私は強迫性障害に苦悩する親子に関心を持ち始めることになりました。それはあまりにも家のなかに世間話を含めた会話のない事でした。用件は伝えても気持ちの交流のない中で親子の「ささいな」誤解が「こだわり」にまでなって、疑心暗鬼を密かにつくっていることでした。もちろん、私にとってA君との関わりは強迫性障害であるとか、ないとかではなく、A君そのものとの関係性の築き方にあったのです。

医者から「スーパーボーダー」と言われていた若者との出会いも心に刻まれるものでした。

●髭のはえた〝だだっ子〟

自ら出会いを求めてきているのに、すねたり、反抗的態度で関係をつくろうとする。パーソナリティ障害と診断されている人の一つの傾向とも思えます。素直に人の懐に飛び込めない苦しさをかかえているのです。かまってほしいという〝だだっ子〟〝あまのじゃく〟の気持ちです。ただ、髭のはえるような年齢になった〝だだっ子〟を受け止める立場にあるカウンセラーの私としては、そのプライドの頑強さにたじたじでした。

私がB男君（21歳）と初めて面接することになった日、すでに彼は相談室の近くにアパートを借りて引っ越ししていました。相談室のドアを片足で蹴るようにして入ってきたB男君は年格好の青年でした。わずかとはいえ、私はそのふてぶてしさに驚きました。相談室との関係を身近にしようと踏み出したはずなのに、その態度には抵抗感が見えるのです。それでもていねいに迎えました。

「よく来てくれたね」

「アンタが呼んだんだろう。呼ばれたから来てやったんだよ」

彼は私の誘いの言葉を拒否するようにして、面接室のソファーにどっかりと腰をおろしました。

「本を書いて、読んだ母親を（カウンセリングで）そそのかし、俺と会いたいと母親に言った、だから来たんだ。不特定多数に向けて本を書くということは、アンタが呼び込みしているんだよ。そんなことも分からないの……」

彼は私を小馬鹿にするような言い方で挑発している感じです。彼が初対面の私に、このような態度で接してくるには、深い人間不信があり、またそこで私がどんな関係の取り方をするかに関心があるはずです。

「そそのかしも呼び込みもした覚えはないけど、君から見ればそうなるのかもしれないね。お母さんに『君と会いたい』と言ったことは確かだ。来てくれてありがとう」

するとB男君は、これからの関係の築き方に葛藤し、強張る表情の私を見て焦り気味に言いました。

「どうせアンタもまた俺をもてあましたら、他（の相談機関）にたらいまわしするんだろう。早めに『ここから帰れ』と言った方がアンタも〝楽〟だよ。言われたら俺帰るから……」

●優しくされると怖い

中堅会社の代表役員を父親に持つB男君は長男です。正義感の強かった彼は父親と祖父の傲慢さに自分自身も影響を受けてしまう不安を、〝三代の膿《うみ》〟と口にしていたのです。その膿を出し切る彼なりの方法が、小六から始まる不登校、家庭内暴力といった「困った子」になる〝努力〟だったのです。そして「困った家族」になることで弱者の立場に理解のもてる「家庭」を築きたかったようです。

私は彼の「たらいまわし」のひと言に本音を見透かされたようで、頭が真っ白になりました。そして切ない彼の境遇を思うと言葉に詰まり、まるでお地蔵様のようにただ黙って聞くしかいられなかったのです。彼が言います。

「おっ、なかなか根性があるな」

内心ドキドキ気味の私に「根性」なんてありません。ところが何も言い返せない私を、彼は根性があると褒めてくれたのです。驚きでした。すると不思議にもB男君の顔が優しく素直な青年に見えるのです。勝手な私の心です。でもすぐに言葉は気楽に出てきません。ただ私の表情は少し安心していたと思います。そこを彼が鋭く衝くように言いました。

「俺、優しくされると怖いんだよ。冷たくされたほうが〝楽〟なんだよ。アンタ、カウンセラーなら俺のような（素直になれない）人間の気持ち、分かるだろう」

私は彼の葛藤のなかにぐいぐい引き込まれていく感じになりました。「くせ」をもった言葉が続きます。

「親って、大人って、カウンセラーって、子どもを心配する顔が上手いよな」

子どもの年齢ではないB男君ですが、〝同情〟的な接し方に裏切られてきた過去が見えてくる表現でした。間をおいて彼が言います。

「あっ、もう面接時間が過ぎているよ。次はいつ話そうか」

B男君自ら「来る」ことを口にしてくれたのです。それから約五年間の関わりでした。意味がない、とB男君に言われていた親子面接の日でした。

「さぁ、この親子をどうしますか」

彼は他人事のような言い方で、私に相談の口火を切らせようとしました。言い出しっぺが私ですから当然といえば当然です。

「お父さん、ごくろうさまです。どのくらい時間をとっていただけますか」

「午後には会議があるので……おまえ（母親）はどうなんだ」

B男君の視線におびえ気味の父親は、小声で母親に誘いの言葉を投げかけました。

「私は別に」と、ただうなずく母親に彼（B男）が怒ります。

「うなずくだけでは分からないんだ。おまえ（母親）はいつもそうして他人事なんだ」

そしてB男君は母親に殴りかかる仕草をしたのです。私は思わず一歩身を乗り出して止める覚悟をしましたが、父親は腰を引く格好をしたのです。B男君が父親をにらみつけて言いました。

「それでも夫か。なぜ息子から妻を守ろうとしないんだ。家《うち》の人間はいざとなるとこうして逃げるんだ。〝三代の膿〟っていうのは、こういうこと（自己保身）なんだ」

場が冷静になるのをうかがい、私がそれまでに彼から聞いていた「誰とも向きあわないで勝手に自分で決めていく」ような〝膿〟の話を父親に繰り返し説いていたときです。

「知ってもいないのに人の家のことをペラペラ喋ろうとするな。ただ三人が話せるようにもっていくのがカウンセラーの仕事だろう。黙っててくれ」

B男君がこの日の面接に期待していた思いが伝わってきました。素直な気持ちが吐き出された彼のひと言です。

「こんな〝膿〟にこだわっていたら二十歳を過ぎてしまった。本当は俺は泣き叫びたい」

するとB男君の心を包み込むように優しいまなざしで言ったのです。

「みんな泣きたい気持ちだったのよ。誰が悪いというわけでもなかった。だから〝膿〟とは言わないで……」

「すぐそう言って、言い返すんだよ、大人は。ただ黙って聞いてくれればいいんだよ。全部が悪いと言っているわけじゃないんだから……。お母さんの言いたいことは分かるよ。もう俺だって二十歳過ぎた大人だよ」

彼はまるで母親を諭すかのように言うと、自ら照れくさそうな表情をしつつ親子面接を切り上げてしまったのです。ただ私にはB男君の「もう二十歳過ぎた大人だよ」の言葉に〝だだっ子〟からの旅立ちの日を感じました。

●掛け直す手間

B男君との別れは突然でした。

彼は数日前から「ここ（相談室の近くの住まい）に何年もいて自分に何も変化はなかった。呼んだ人間として俺の人生を返してくれ」とたびたび私に責任を求めていました。その口調も関係の振り出しに戻った感じでした。私は関係の継続が「責任」と答えていましたが、彼は具体的に「返して」あげられない「過去の清算」を強く迫ってくるのです。私の自宅にも彼から不安が起こるような内容の電話が鳴り続けていました。

その日、約束していた買い物に家族と出かける寸前に電話が入りました。B男君は電話口で、彼と私の家庭を比較する表現で外出を引きとめるのです。私は出先から電話することを約束しましたが、彼の番号が分かりませんでした。彼に私から電話する必要性の少ないそれまでの関係から、私の頭に番号が入っていなかったのです。

「いつも（電話を）掛けるのは俺のほうだった。よく覚えておけよ」

彼は怒鳴るように番号を教えてくれました。

買い物先の公衆電話から硬貨を入れますが、不足気味で二回、三回と途中で切れてしまいました。ところが手間をかけて掛け直すたびに、B男君の口調が優しくなってくるのが手に取るように分かるのです。そしてもう一度、改めて掛け直したとき、彼はおだやかな声で言ったのです。

「もう、いいよ。ありがとう」

社会的自立、といった言葉でいえばB男君の現実は何も変わっていません。また、このひと言を私は好意的に受け止めていますが、あきらめられたのかもしれません。ただ「ありがとう」と口にできたその〝勇気〟は豊かな人生を拓いていく人々との出会いの〝はじめの一歩〟となったでしょう。けっして投げやりで言ったのではない、と今も私は信じています。信じることなくして向き合う意味はないからです。

●大切なすぎる心

相談室のカウンセリングだけではなく、その子どもの生活と関わらないとつながりが築かれないA君やB男君と出会うことで、強い心の「こだわり」や「くせ」をもつ子どもや若者に関心をもつようになりました。その理由は3つあります。

一つ目は、彼らの切なすぎる心でした。そして苦しむ子どもたちの多くは、親や先生にとっていまは問題を抱えていますが、かつてとっても「いい子」であったということです。切なすぎるのは、その健気な心にまわりの大人が安心し、気づかずにいたのです。その時、子どもは「報われなさ」を感じ、一人思い悩みつづけた結果として「報われなさ」にこだわってしまったのです。

私はこれまで、思春期・青年期の若者や、関わる家族からの相談が中心でした。そして訪ねてくるその若者たちが、成人した今だから話せることは、親やまわりの大人への悔しさ、つらさ、悲しみ、報われなさでした。その打ち明ける事柄のほとんどは素直に文句も言わずに健気に大人の言うことを聞いてきたのに……ということです。その報われなさを心の奥底に押し込んでフタを閉め、過ごしてきたのです。

無垢で生まれた子は、心の底から親や心寄せる大人の喜ぶ顔を見て安心し、また喜んでもらおうと思って生きています。だから暴力的な親に対しては子どもの方がなだめ役になったりするのです。

そして、その思いや何気ない気づかい、心づかいをいちいち子どもは親に話したりはできませんし、またしません。親ならこの気持ちに気がついていると信じているからかもしれません。その信頼感が成人になって疑問に思えた時、幼児・児童期にさかのぼって「健気さ」を悔し涙で訴えるのです。

「いつまでも、いい子の俺にあぐらをかくな！」と。

私は、わずかな時間ですが保育園などに顔を出すことがあります。そして子ども達を見ながら、子ども達の「健気さ」を忘れることなく、気づく努力を怠ることなく、むしろ感謝できる親や大人でありたいと自分に言い聞かせています。

さて、心に「こだわり」をもったり「くせ」にまでするしかなかった子どもや若者たちは、親や先生に抱いてしまった「報われなさ」の〝正体〟をなんとか「すっきり」させたいと思っています。その思いが行動として現れたのが、強迫行為だったりするのです。それはいわゆる「症状」でしょうが、その行為が報われなさで見ると分かりやすいのです。さらに「こだわり」つづける姿が切なく、痛々しく思えます。そして、そうならざるを得ないのは、彼らの気持ちが「純」（健気）であるがゆえなのだと気がついたとき、一人ひとりが背負っている苦悩が、やるせなく、切ないものに思えてくるのです。つまり無力感です。

私たちは、多少「不純」で受け入れがたいものでも、引きずりながら〝弁勘定〟で「人間っていいな」と生きています。それは世の中が「不純」な人間関係ばかりではないと思えるからです。ところが強迫性をもつ子どもたちは、今すぐに「純」か「不純」かの結果を出してほしいと、苦しむのです。

この「あいまいさ」に耐えられず、彼らは常に「白黒」をはっきりつけ、「すっきり、さっぱり、さわやか」な人間関係で生きようとするのです。彼らの多くは、いまは「困った子」でも、かつては正義感が強く、几帳面で、まじめで、親に迷惑をかけない「いい子」だったりします。だから「つまらないこと、くだらないこと、無駄な時間」を〝遊び〟〝ゆとり〟として生かしていくことに耐えられません。相談室に来る子どものなかには、はっきりしない母親に向かって理屈を並べ、軽蔑したりすることもあるのです。

●思い通りにいかない人間関係

人間関係は、自分の思い通りに、「きれいにすっきり」とはいきません。そういう煩わしさを引きずってきたからこそ、また新しい人間関係に出会い喜びを得たりするのです。ところが煩わしさを先に考えて親子、家族といった狭い人間関係の中で「汚い」と言っているのです。自分だけで決めた「善」にこだわっているのです。つまり独り善がりです。

この独り善がりの〝汚れ〟〝濁り〟に苦しむ日々が、不合理な強迫観念を心に取り入れていくのではないでしょうか。SNSの軽い気持ちの利用にもそんな〝落とし穴〟があったりします。思い通りに運ばない不安は、楽しいはずの日常生活をイラ立たせ、次第に人間不信となり、攻撃的態度をとり、自分を何かの恐怖から守ろうとします。

そしてその苦しみを、自分以外の人と分かち合う手間が「めんどうくさい」ので、また一人で引きこもってしまうのです。

人は孤独には弱い〝生き物〟です。孤独だからますます人を求めるのですが、愛情確認を試す形で繰り返すと、さらに苦しみの泥沼に、はまりこんでいってしまいます。素直に「寂しいのです」

と言う〝勇気〟が必要です。

素直になれない「くせ」をもってしまった自分を他人事にしないで寄り添ってくれるのは、家族や友だちであることを、本人が一番感じているはずです。ところが、救ってくれるべき人を〝強迫〟のなかに巻き込んでいく。私は、その不合理さに戸惑いながらも、彼らのそのやるせない心に、不思議なほど愛着を覚えるのです。「素直に甘える」という術《すべ》を獲得できていないのです。

ところが、これほどに精神的な〝生き地獄〟をさまよいながら、そこから抜け出す、〝効果的な治療方法が見つかりません。そして、専門家に行き詰まり無力感をもった親子は、時に「お祓い」「お清め」「祈祷」「占い」などの〝お助け〟に足を踏み入れたりもしています。いくら「科学的な場ではない」とまわりから言われても、今もそこは「困り事」の受け皿として機能しています。それほど、せっぱ詰まった状態だということです。「宗教なんて」という親でさえも、「藁をもつかむ」思いで頼みます。少しでも頼れる人ならすべてが〝仏さま、神さま〟なのです。

こうしたなかで、この心の「こだわり」や「くせ」に苦しみを背負う親子が、私たちの開設する相談室に孤独感をどうにかしたいと、人との関わりを求めて訪ねてきたりします。

人と絡みあうことで、やっぱり相談室でも〝澱み〟は生まれてしまいます。ただ、次回のカウンセリングや研修会（ワークショップ）の予約を交わし、関わり続けるなかで、人間関係で傷ついた心が、人間関係で癒されていくことに、コミュニケーションを通して共感できたりするのです。すると、その「こだわり」も人生というプロセスの一つになるのです。

この葛藤に寄り添いつづける時、私にとって強迫性障害やパーソナリティ障害が、決して特異なものではなくなりました。

●社会状況が〝強迫社会〟に

私は「引きこもり」から強迫性障害、パーソナリティ障害と診断されたり、自分自身からそのように見立てた子どもや若者の相談活動をしてきました。そして、これは日本の〝強迫社会〟が生み出したストレス症ではないかと思えるようになりました。

よくこの強迫的な症状が欧米など、いわゆる文化水準が高いといわれる国々に多く見られることを耳にします。経済最優先で突き進んできた日本も例外ではあり得ません。むしろ経済最優先であっただけに、深刻度は欧米よりも深いような気がするのです。日本がいかに〝強迫的〟であるか、次のような言葉が当たり前に、社会に蔓延していることからも、うかがい知れます。

「できない事を言う前にできるようにしろ」
「弱音や愚ちを言っても現実は何も変わらない」
「失敗しても悔いのないように徹底的にしろ」
「とにかく頑張れ、しっかりしろ、やればできる」

昭和40年代は「猛烈社員」などという言葉もありました。そして今はなんでもグローバリゼーションの時代です。国際競争力に負けない人材育成が「即戦力」で求められています。それは脇目もふらず失敗しない、成果の出せる人づくりです。

ところである子どもは、父親のことをこう言いました。

「父親はサラリーマンではエリートでも〝父親〟としては、〝落ちこぼれ〟だった」と。

企業戦士、過労死。戦後70年近く「弱音を吐くことなく」働いてきました。そして人に評価されたり、することになんら不思議さをもたない意識となりました。本来、評価は絶対肯定的な意味をもっていたと思います。それがいつのまにか比較していく相対肯定に変わったのでしょう。

何でも白か黒か（やるか、やられるか）を明確にし、効率、成績だけでは、はかれないはずの教育の場まで、経済発展の一役を担う強迫的な人づくりの空間にしてきました。「税金の払える子を育てる教育」です。そのために小学生からのキャリア形成です。そして「22歳までになんとか社会人として通用する〝完璧〟な人間にして」と考えている親のなんと多いことでしょう。

親は22歳という卒業の〝納期〟を過ぎてしまうと、〝商品価値〟が落ちると思ってか、子どもを「納期までに社会という市場に納める」ために必死です。今は若者の就労意識も変わったのでモラトリアム化している面もありますが。

さてある母親は相談室での面接の時、夫に子育ての苦しさをこう訴えました。

「とにかくあの子を、早く大きくなれ、大きくなれと育ててきました。そして一日も早くあなたに納得してもらえる子にして〝お返し〟したかったんです。そしたら楽になって私の人生がここから始まると思っていたのです」と。

何としても、目標を達成し納期に間に合わせる。それまでは、弱音を吐かない。だから日本社会の経済的豊かさは達成されたのかもしれません。でも、子どもは商品ではないのです。

能力・偏差値・学歴（実力）主義のなかを、脇目もふらずに突っ走ってきたある青年は、高校時代の自分を振り返りこう言いました。

＊　＊

「歌をうたえば〝オペラ歌手〟をめざし

勉強すれば〝東大〟をめざし

語学を学べば〝同時通訳者〟をめざす。

気軽に歩いていたら、マラソンをしていた。

僕は不幸だった。でも、不幸ということに気がついただけ、〝仕合わせ〟に近づきました」

＊　＊

この不安を〝強迫〟と言わないで何と言いましょうか。「学歴があって、勉強ができれば、必ず幸福になれる」と、親の言葉を信じてきた青年の、切ない、やり場のない思いを、そこに感じるのは、私ばかりではないと思います。

日本社会は、人間関係の希薄・合理化から、〝一人称的デジタル文化〟を生みました。すべてに「ぼく」「私」が中心に据えられていないと不快になってしまうのです。そのことをもって「自己肯定感がない」と言ったりする子どももいます。そしてすべて数値化しないと落ち着かないのです。でも、当たり前ですが、人は一人称だけでは生きていけません。他者と共に二人称、三人称のなかで生きてこそ、いのちの実感がつかめるというものです。また人間関係には割り切れなさがつきものです。

話が飛びすぎるかもしれませんが、いま、ＳＮＳなどの普及で新聞を読む人も激減しているといわれています。知りたい情報だけ検索していくような思考を人間関係にあてはめていったら、完全な〝一人称〟の世界です。俯瞰《ふかん》の見方が希薄になります。

パラパラと寄り道して読む新聞は、多面的な人間関係を創造させてくれます。ところが自分にとって〝得〟な〝必要〟な情報だけを利用していく感覚が、強迫性をつくるのです。そこには〝損して得して、得して損して〟の二人称三人称の世界が見えてこないのです。家族と食事をしていても、スマートフォンを手放せず関心の優先がそちらにずっと向いている様子が切なくなります。

このように一人称に幼いころから慣れ親しんだ子どもたちは、入学、入社をきっかけにある日突然に「空気の読めない人間だ」と「大人社会」から断言されたりします。しかし生身の人間との関わりをいきなり求められても、どうにも動きがとれないのです。

小さいころから、自分本位の「すっきり、さっぱり、さわやか」な人間関係のなかで、育ってきた子どもたちにとって、関係のわずらわしさを避けていけるネット文化を、いまさら「やめろ」と言われても、戸惑うばかりです。

その戸惑いゆえに、子どもたちはＳＮＳで交わされる〝お手軽〟なコミュニケーションを求めていかざるを得ないのです。

ネット文化を否定しているわけではありませんが、あくまでもそれは〝情報〟価値であり、人とコミュニケーションしていく力は、〝生身の人間関係〟にあるということを継承していかなければなりません。つまり「検索」してすべてが分かる人間関係はないということです。

一人称的な子育てで守られてきた子どもは、他人から否定されたり、拒絶される経験がどうしても乏しくなりがちです。それだけに、仲間集団に組み入れられた後、他人から否定されると、その否定される現実をいかに受けとめたらいいのかを迷うのです。結果、独り善がりな正当性を見つけ、それ以外の考えを「濁り」「汚さ」ととらえて強迫的になっていくのです。

●親や家族の「強迫性」

少子化のなかで、とくに主婦という立場にいた母親は「より優れた子」を育てるように父親や家族から〝期待〟されてきました。先にふれたように〝失敗〟の許されない子育てを、母親自身が強いられてきたのです。ただ現代は待機児が社会問題になるように女性、母親のキャリア志向が強くなりました。またその世代は能力主義的偏差値世代の親です。両親ともに「子育ての失敗はゆるされない」と進学塾へコストパフォーマンスです。これでは、神経をすり減らし、余裕のある子育てはむずかしいでしょう。

しかも、決められた「納期」までに、しかるべきところへ「納品」（入学・卒業）できるように、自分自身を追い込んでしまっているのですから、なおさらです。親の強迫性を子どもに押しつけている、とも言えます。当たり前に使われている「発達」論がその典型かもしれません。

「〇歳になったら〇〇のようになっていなければいけない」というあの言い方です。「子育てには手間がかかる」でおさめられないのです。手間のかかる子ではいけないのです。だから、そのようになると、手間のかからない子どもにするために〝治療〟に必死になってしまったりするのです。今や書店に行くと「手のかかる『発達障害』の子の育て方」といった本が所狭しと並び、専門家のところで止めておくべき内容の本も、両親向けにつくられ、親も治療家、専門家になっている感があります。

私たちは子どもたちを〝プレジデント〟とまでは言わなくても「確かな学力」を確立するために一定の価値観に追い込み、強迫的に大人の「思惑」（高学歴＝幸福）を「子どもの仕合わせ」と置き換えながら、問答無用に強要しているのではないでしょうか。大学名だけで判断していくような学歴主義が崩壊している今でも、この現実はかわりません。「学歴ではなく能力、実力」という言い方に隠れて能力主義は有名な進学校とその他の学校の格差をつくり出しているのです。

子どもは幼いころからこの「善かれと思ってしている」親の願いに精一杯応えなければならないと、「いい子」になって結果にこだわってきているのです。学力は、その最たるものでしょう。いつの間にか、いつも成績がトップの子はトップでないと気がすまない子になります。このプライドの高さが自己否定を生むことにもなります。親や先生から見たら「いい子」なのです。だから「いい子」が問題なのです。

そして、子どもたちはそうした日常に疲れ果てると同時に、強迫的になるほど親から期待される人間にはなれないと、将来に不安をもち始めています。つまり自立、主体性を強迫的に意識してしまうのです。

すると、その苦労を考えて、ドロップアウトすることにもすくんでしまい、引きこもりからSNSにはまり将来への見通しを立てられなくなるケースも多々あります。不安から、子どもたちは容易に身を守ることができないし、また逃げる術も、他の選択肢ももっていないようです。この行きづまりから、他者との交流を強いられるとネガティブな不安に襲われて感情のコントロールがきかなくなるネット依存、薬物依存、あるいはパニック障害といった状態の子もいます。

いままで述べてきたような様々な不安を、一時的でもきれいさっぱりと洗い流してくれるのが、長時間にわたる〝手洗い〟〝朝シャン〟といった強迫行為であったりします。またその防衛が〝抗菌グッズ〟の類です。手や髪の〝消毒〟にこだわるのは、こういう彼らの心理的な葛藤が背景にあることと思います。

「あいまいさ」「ファジー」「適度」「あきらめ」に耐えられず、自分の思い通りにいかないと感情の起伏も激しくなり（依存と拒絶）、自分を抑えることができない子どもたち。いや、ストレス社会の大人も同じです。生活スタイルのすみずみまで、自分の思い通りにいかないことから発生する心の〝汚れ〟を認められないのは、親や社会が、子どもたちに人間関係の「あいまいさ」を教えてこなかったからだと思います。〝抗菌グッズ〟で身を守っているのは、あいまいさという〝病原菌〟に侵されたくないからです。〝抗菌グッズ〟を単に若者の流行を見てしまうわけにはいかないと、私は考えます。「酸いも甘いもかみ分ける」人づくりが大切です。

自分以外の人は汚い、と思い始めたらどうなるでしょうか。理屈では自分勝手はできないと思っても、感覚的には二人称、三人称を受け入れたくないと思えてくるのです。そこが怖いのです。

現在、女性も職場進出によって父性性が強くなり、両親共に「短時間で効率的」な仕事を進めなければならないような立場に置かれています。子どもにとって両親はそろって短気で追い詰める強迫的な存在になっているのです。ゆるされる、保護される、といった母性の空間が親子関係のなかに見いだせなくなっているのです。するとパーソナリティの形成も父性性が強くなります。

素直に「そのまんまの存在の自分でいい」といった母性性が乏しくなり自己肯定感は低下します。そして自己嫌悪に悩むのです。

●低年齢化する強迫性社会の弊害

強迫性社会の弊害が、低年齢の子どもたちの心を蝕みはじめています。

これまでこうした強迫性や自我に苦しむ子どもたちは、思春期以降の受験ストレス過多の子どもたちが中心でしたが、ここ数年、強迫文化は小学生、幼児にも蔓延しはじめています。小学校低学年・幼稚園児にも、強迫行為ではないかと思えるような傾向を示す子が出てきたのです。小学一年生の子どもが椅子に座って先生の話を聞いていられない（小1プロブレム）といった問題の深刻化も強迫と無縁とはいえないでしょう。

そこで考えておきたいのは、その親たちの多くが偏差値世代で強迫的生活環境に育ってきたのです。だから強迫が強迫を呼び込むのです。自分の思いに合わないと、その心を保ちきれず、わが子を親好みに〝ペット化〟し、「もっとすっきり」させたいと「完璧」を求めるのです。

実際、我が子の「甘え」を受け入れられない苦しみから、早い「自立」を目指す子育てに〝すり替えて〟しまう偏差値世代の親も少なくありません。

そして、その子も人を意識しだすとゴチャゴチャ、ベタベタした人間関係のるつぼである集団に耐えられないのか、気を紛らわすためなのか、まるで何かにとりつかれたように、手洗いを一日何度も繰り返していたりするのです。

またベタベタする感覚を嫌がって、泥んこ遊びができない子どもも増えています。

こうした〝現象〟を生み出す背景には、少子化という現代社会のあり方も、深く関わっていると思います。とかく親子の関わりのほうが、子ども同士の関わりを越えて「友だちは家族で満ち足りている」的になってしまう傾向があります。結果〝親子完結〟から〝自己完結〟の道へ進んでいることに、どこかで歯止めをかけなければいけませんね。

＊　＊

強迫性から、私たちはいかなる学びを得ていけばいいのでしょうか。

こだわって生きることも大切ですが、身を滅ぼすほどにこだわることはないのです。もっと弱音や愚痴を言いながら、また受けとめていけるゆとりある生活を築いていきたいと思います。

人は人に傷つき、人に癒されていくのでしょう。「ケンカしても仲直りできる」、そんなゆとりのあるパーソナリティの育ちを子育ての見直しとして始めていきたいと思います。

「仲直りできる」という実感は人への信頼感になります。必ず手間をかければ繋がるという確信です。これさえあれば、いつまでもすねていじけて、こだわっている必要もありません。素直に甘えていけばいいのですね。この「甘える」勇気が人を「信じる」勇気となり強迫性を溶かしていくのです。

自分だけでなく他人まで巻き込んで絶望的な状況を生み出すような心の「こだわり」「くせ」から抜け出すには、素直に自分の愚かさ、もろさを弱さとして吐くことなのです。

第1章

心の「こだわり」「くせ」を子育ての見直しにできた家族

強迫的な不安も「こだわり」を見つけることで少し安定したりします。不思議なものです。だから「こだわり」を流さないように「こだわり」ます。そして、その「こだわり」が自分の意とする人間関係で解決していけば、強迫から解き放たれていくと思えるのです。

しかしその「こだわり」が本人の心の中でコントロールされていればいいのですが、まわりの人に向かっての無理難題であったり、納得、あるいは共感しきれない心だったりすると緊張関係が生まれてきます。さらに、そこでの精神的混乱がパーソナリティに「心のくせ」をつくり防衛的言動を招いたりします。

徹底した自己中心、回避、依存、あるいは反社会性の言動を繰り返す。家族は腫れ物に触るような日々になっていきます。願う心は素直に甘える心を取り戻してほしいということです。そしてこの思いは本人も同じです。つまり良い意味でのパーソナリティの「変容」です。

先述しましたがパーソナリティ（人格）は生まれもっての性格、気質で決まっているものではなく、成長の中における生活環境、出会いの働きかけによって変化、変容していきます。変わり続けるということです。つまり、人は刻々と休むことなく人格は変容しているのです。だから、あきらめたり、決めつけたりしてはいけません。人のパーソナリティには謙虚でありたいです。

そしてそのパーソナリティをまわりはときに「変だ！変わり者！」と言ったりしますが、それはその「集団の中では」ということです。他の空間ではなんら「障害」はなく「適応」したりしているのです。またあえてその状況にだけ「へそ曲がり」をとっていることもあるのです。また少なくとも今、そのパーソナリティで生きているということは、まわりには迷惑でもその人にとっては必要なパーソナリティなのです。だからパーソナリティの変容は本人にとってとても勇気のいることであり、恐怖でもあるのです。それだけに自他ともに変容には寛容でありたいし、時間もかかります。そして、なによりもわずかな人格の変容にまわりはあたたかい目で見てあげていくことです。きっと自分もそんな立場になれば、そのように願うことでしょう。

この章では「こだわり」や「くせ」にも必ず意味があるとの深め方で、もう一度、関係や子育ての見直しに取り組んだ親と子の話を紹介したいと思います。

強迫性障害、パーソナリティ障害と「医療モデル」で決めつけることなく、「生活モデル」にたった視点で、私たち親自身も何気なく身につけている強迫性やパーソナリティの片寄った「くせ」を事例の「こだわり」から読み込み子育ての見直しにしていただければ幸いです。普通に社会生活、経済活動をしている親の「こだわり」「くせ」に悩んでいる子どももいます。親の外の顔は「普通」で、また「立派」な人であったりします。そのために、まわりの人に子どもの苦しさを分かってもらえないと困惑していたりするのです。

事例ごとに「パーソナリティ・変容のポイント」を付けておきました。自分や相手のパーソナリティを気持ちよく〝楽〟に見るための気づきの一助にしてください。

1●突然の反発が連日になったら「ほどよい距離」を意識して

毎日を二歳児の子育てで過ごす娘に母親が何気なく言った言葉が「こだわり」の始まりでした。

「いつも一緒にいて、子どもの気持ちがなぜ分からないの。母親がイラ立てば子どもだって不安になり落ち着かないものよ」

娘はほぼ毎日、60歳を過ぎ家でのんびりしている母親を親子で訪れていたのです。

母親には予想外の返事が娘から来ました。

「その言葉をそのままお母さんに返すわ」

面食らった母親は、自分が娘を子育てしていたころの話を持ち出して言ったそうです。

「農家の嫁は姑にわが子を全部取られて働いていたので、一緒にいるのは寝る時ぐらいだった。だから子どもの変化が分からない。それに比べたらいつも一緒にいるんだから、子どもの気持ちぐらい分かるでしょ」

悪気などない母親でした。ところがこの日から娘の母親への悪口雑言が連日のように、わが子がいても繰り返されるのです。

母親が「すっかり変わった」娘の心が分からないと相談に訪れました。

「私は娘からどう責められてもいいです。でもあの母親の恐ろしい形相は孫の将来に影響します。私は娘を自分で育てていないので、どうしてこうなるのか気持ちが分からないのです」

母親は「どうしてほしいのか」と娘に尋ねたようです。

しかし「自分で考えろ」と言われ、後は過去の〝母親不在〟の寂しさを訴えるそうです。「今さら言われても」が母親の本音でした。

さらに正直なところ、娘を「手のかかる子」として抱きしめたり、追いまわした経験も思い浮かんできませんでした。だから親子にとって初めての〝親子危機〟だったのです。

孫にふれても娘にさわれない母親。面接を重ねるうちに母親は、この悲しさに涙することになりました。そしてひと言。

「娘が嫌なわけではないのです。子育てに苦しんでいる娘を助けてあげられない母親の自分に情けなくイラ立っているのです。幼いころに娘にふれていればと悔やむのです。でも、娘が自宅に孫と帰ると、今度来たら優しい母親になろうと思ったりできるようになりました」

娘も朝から寝るまで我が子と一緒にいるから、子どもの心を察する余裕がなくなることもあるのです。そのやりきれなさを吐き出す切っ掛けが母親の言葉だったのですね。

度の過ぎた依存が感じられたら少し物理的にも距離を置くことです。

〈パーソナリティ・変容のポイント〉離れてみて分かることがある。

2●本ばかりでなく対話することで実感できた「生きる意味」

家族には秘密や隠し事があってはいけないと思いがちです。しかしなんでも明らかにして、ふれてほしくないことまでふれていったら、家族はバラバラになる気がします。

だからといって波風を立てないように当たり障りのない家族をしていると、互いに疑心暗鬼になったりします。それも辛ければ無関心に〝努力〟することもあります。

こう考えると家族とはやっかいで、いっそ一人で暮らした方が気が楽だと思ったりします。ただ気楽な分、寂しさ、孤独感は自分から他者を求めてつながっていく意欲が衰えるにつれて強くなってきます。またプライドもほどほどにしないと、一人ぼっちになる可能性があります。

人は一人では生きていけません。そう思うと子どもにとって安易にバラバラにできないしがらみをともなう家庭は、将来に向けて仲間集団における人間関係を学ぶ貴重な場といえると思います。社会に〝出家〟する前に〝在家〟で「ケンカしても仲直り」する経験を重ねておくことです。

C男（38歳）さんは国立大学卒業後、官僚への道を踏み出しましたが、異動先の組織の腐敗に失望し、病気休職から退職しました。彼は以後約10年、両親と共に三人で暮らし、著名な学者、高僧の本を読み無就労です。外出、買い物もでき、かつての〝同期〟数名とは年賀状の交換を絶えることなくしています。親は身近な人に「作家修業中」と言っています。

C男さんは「引きこもりではない」と言いつつも、類の著者である私に母親を通じて面接に訪れました。斜に構えていた彼が語ります。

「今、振り返ると中学からずっと心は不登校だった。勉強ができるという居場所があっただけで、友だちと争ったり、ゆるし合った思い出がない。自分の求めるものにしか興味も関心もなかった」

彼は就職後、孤独でも「生きる意味」を探そうと哲学書を読みあさり、薬物治療を終えることができたのです。そして最近、見ることもなかった新聞の読者欄を読んで自分以外にも「寂しい」人がいることを知ったそうです。

「両親は今も、感情的になることはありません。でもたまに話すことは、ストレートで逃げ道を与えない話し方をします。私は親といて楽しくなることより、緊張する経験をしてきました」

家族のように親しい関係になることに怖さをもつ彼です。でも面接で「価値がない」と思っていた感情の〝小出し〟ができて嬉しそうでした。

人間関係に不都合を感じるとあえて「自己中心」の世界をつくり、自分を守ったりすることがあります。頑固になり、まわりからは、こだわりに見えます。そして自分は正しく、他は間違っていると言い続けたりします。そんな時、少しの時間でも対話することで「自己中心」から抜け出せたりできるものです。

〈パーソナリティ・変容のポイント〉対話することをあきらめない。

3●心を持て余す若者が求めているのはねぎらい、察する共感の力

偏差値世代の男性が20年ほど前、対人関係の悩みをこう表現したことがありました。「一人称が守られていたら安心だが二人称、三人称を強制されるとその場から逃げ出したくなる。人間関係に襲われるたびに勉強という『安全地帯』に逃げ込んだ」。

私はこんな若者たちの心を、コミュニケーション不全による「引きこもり」と呼んでみました。その後、インターネットに代表されるＩＴ文化も手伝い、他者との生身のかかわりから距離を置ける〝安全地帯〟は、さらに強固に裾野を広げています。そして引きこもる若者の人間関係の見方は、人と人との関係性ではなく、数値、損得、勝ち負けで見ていく方向に変わっていきました。そして引きこもり的ライフスタイルは次世代に継承されています。

関係性の喪失は共感性の喪失につながっていきます。他者に思いを寄せたり、寄せられている実感が乏しいのです。相手の心を察したり、いたわることの体験不足です。

対人関係は防衛的、攻撃的になり、独りよがりな心の世界を築き、その長期化は孤独で生きることへのむなしさとエゴを肥大化させてしまいます。

相談室を訪れ「人格の解離」を訴える若者も目立ちます。「いろいろな自分が突然出てきて、自分が何者か分からず怖い」と言います。思考と感情と行動が不一致を起こし、空想（夢）と現実の見分けが付かなくなっています。自己都合でＴＰＯをわきまえない衝動行動を起こし、自分の心を

持て余しています。感情を〝調整〟する体験不足です。幼いころからの〝学習〟不足とも言えます。その中核の心理は共感の欠如であったりします。

経済的には恵まれていたけれど、中学時代から家族関係の希薄さを家庭内暴力で訴え入院していたD君（21歳）が突然、面接室で母親の鼻に鉄拳制裁し泣きながら言いました。

「手が痛いじゃないか。自分の鼻をかばう前に、なぜ子どもの手を冷やそうとしないのか。殴らせたのはお前だ」

「いい子」を求めた両親による心理的虐待と離婚から、人間不信を引きずる小三のE子さんは、気に入った大人を「ママ」「パパ」と呼び、親密さを確認すると、おねだりして虚言を繰り返しました。しかし罪の自覚はありません。

過去、現在、未来の人とのつながりのなかで、人間関係を形成できずにコミュニケーション不全を起こし、多面的な人格と〝和解〟できないでいる子どもや若者たち。共通している思いは共同体としての家族、地域、母性への回帰です。青少年による殺傷事件を矯正治療や犯罪防止活動で終わらせてはいけないと思います。自分の言動に他者への痛みを感じられない子には人を察することの心地よさを実感してもらうことです。

〈パーソナリティ・変容のポイント〉共感する喜びを味わうこと。

4●言っても仕方ない親への不条理は、甘える勇気で乗り切る

人は年齢に関係なく不条理なことを抱えて生きています。そして、不条理は、心に余裕があれば人生のプロセスの一つぐらいに思えますが、余裕がないと自分を持て余すほどこだわってしまいます。「生まれてきたことが間違いだったたんだよ」と親に向かって言いたい心境です。

親もたびたびその不条理の現実を子から言われると、ふびんさが募り、代わってあげられないわが身に耐えきれず励ますことしかできません。子の心に余裕が戻ってくるまで、「不条理」を「ただ居て、ただ聞く」ことはできそうで難しいことです。無力感の合わせ鏡になるからです。そのうちに親すらその現実が不条理に思えてきます。

そんな時は、親にはできないけれど他人にはできることとの違いで、乗り切りたいものです。

10年余、「求職者」とはいえ強い精神的な緊張感を抱え、対人関係から引きこもりがちになっている女性（30歳）がいます。定期的に通院して薬の処方を受けています。また、私の相談室を訪れてはカウンセリングとコミュニケーションの学びもしています。彼女は七五、五七調で自分の葛藤を歌にして面接で今日も母親への思いを語ります。

「朝ケンカ、昼まで寝たら、午後掃除、夕方微妙、いつ仲直り。母には私の人生のマネージャーにならないでほしいのです」

ケンカの口火を切るのは彼女です。母親からの「哀れみ」「おだて」が励ましとは分かっていても、

いら立つのです。話すことのない父親以上に自分の不条理を抱え込んで向き合ってくれていることには絶対的な信頼を持っています。ただ、自分の人生を悲観的に決めつけられている気がするそうです。

「母は私が結婚できないと決めつけている。薬を飲んでいるので子どもは産めないと思っている。その哀れみが嫌（邪魔）で、他で褒められていても素直に喜べない。私は生きようとしているのに……。でも、私の深刻さをこんな形で伝えようとして、父母に期待するのは『私好み』の変化を強いているのかもしれない。私、マネージャーから離れます。これ以上、期待するのは、共倒れ。あの世へは、燃え尽きてから、出かけよう」

親には言えないが、他人のカウンセラーだから言えて不条理に踏ん張れる彼女です。

〈パーソナリティ・変容のポイント〉人に甘えること。

5●猟奇的表現は別な感情表現に言い換えて

「大人」にみられる年格好をしていても孤立感を深め、引きこもり状態になっている若者たちがいます。

対人関係の悩み相談を通じて分かりあえてくると、「猟奇的」「犯罪的」表現を得意気に口にし、荒れた感情を吐き出す若者もいます。それは少し妄想的に思えたりします。また薄気味悪い映画のせりふや、文章の切り貼りだったり、人の深層心理をえぐった本のセンセーショナルな言葉であったりもします。時にはしぐさまで付けて表現するその言動に、どんな隠された気持ちがあるのかと、推し量り聞いていると、「かまってほしい」「相手にされたい」という心の寂しさが切なく迫ってきます。

そんな時、親しくなった間柄に免じて、私は苦言を述べてしまいます。「友だちや身近な人にそんなことをしゃべったらビックリするだろうね。まして、見ず知らずの人に言ったら避けられてしまうよ」

対話することが苦手で、拒絶や誤解も嫌なので、親にすら打ち明けていないという若者がほとんどです。だから独り善がりな妄想を、ぶつぶつと一人ごとで吐いて高まる精神的ストレスのガス抜きをしているのです。私という相手のいる面接室での吐き出しは、心の浄化と存在を肯定された満足感になるのです。

「グロ（グロテスク）」を話すと、身を乗り出して関心を寄せる私に興味をもって、たびたび面接に訪れた女性（23歳）がいました。彼女は普通の会話がしたくてもグロになってしまい友だちがいません。自信の無さのサインである「ひょうきん」をからかわれ、いじめられてきた育ちがありました。誤解の悔しさが増悪となり、グロにたどり着いて、落ち着いたようです。しかし、猟奇的な少年事件をニュースなどで見聞きすると、精神的な病を自らに感じることもあったようです。

私は「グロ」にして言ってみたい気持ちを、細かく他の表現に変えて言ってみるように面接しました。「腹が立つ」「むかむか」「心細い」「ぞっと」といった言葉です。彼女は「心のなかが優しくなった」と、友だちに声を掛ける勇気を得て、面接を終えていきました。

ただ、打ち明けていなかったとはいえ、両親はこの間の彼女の葛藤やコミュニケーション回復の努力を知ることはありませんでした。

〈パーソナリティ・変容のポイント〉表現を言い換えてみる。

6●おぞましい心を「ただ聞く」心得

人は孤独から解き放たれて心に余裕を取り戻したとき、口には出さないまでも「とんでもない恐ろしいことを考えていたものだ」「なぜ、あんな罪深いことをやってしまったのか」と反省したり後悔したりします。気持ちに年齢の差がないことを考えると、子どもも大人も同じ思いでしょう。

私たちは、おぞましい心と無縁ではいられないし、否定することもできません。だが、その心の奥底には「私の気持ちも分かってください」と人に求める願いがあったことを忘れてはいけません。

だが、恨みや憎しみの感情が一気に募ったとき、罪を犯すことなくその願いに気づき、立ち返ることは易しいことではありません。

そんなときに、おぞましき心を「善い」「悪い」とジャッジすることなく誰かが「危機介入」して、ひとまず「ただ聞いてくれた」というかばい合う人間関係がそこにあったら、救われると思います。さらに言葉の意味や内容や事柄を聞きつつ、そこに秘められている「そのように言いたい」気持ちを聴くのです。つまり、素直に聞いた言葉をそのまま間の手を打つようにして返しながら、心に聴こえてきた声なき声を自分の表現で再び返すのです。たとえば「その悔しいという言葉の中に悲しいという思いがいっぱい込められているのですね」と。自ら介入を呼び込むことができたり、愛情に立ち往生する親子のいずれかが我を押し通そうとすることなく、相手に「ごめんなさい」と甘える勇気で謝り、その場からいったん身を引くことができれば、悲しい事件になることもないでしょう。

しかし、こうした瞬時の立ち居振る舞いは、日ごろのかかわりの多様さのなかで学び、育まれていくものです。だから意外にも、家族一人ひとりが互いに迷惑をかけない〝いい人（子）〟の集まりである〝エリート家庭〟は困った問題に免疫がないために、見た目の平和、穏やかさに比べて瞬時の危機にもろいものです。

進学校に通っていたE君（23歳）は高三のときに「努力しても報われない」無力感に襲われました。卒業後、服薬しながら私の相談室を訪れたましたが、今は年賀状のやり取りで関係を維持しています。世間的にステータスの高い職につく家族、親戚のなかで、彼は時々、自らの〝異質〟さを感情的におぞましき表現で訴えます。

Ｅ君の夢のない話に、父親が励ますつもりで、「一度もお前を見捨てたりしたことはない。悩んでばかりいないで、もっと明るく人生を考えられないのか」と言いました。すると彼は「鈍感な父親にはこの悩みの苦しさが分からない。俺と父親の首を切り取って取り換えてやろうか」と切り返しました。

こんな会話に父親は今、やっと「その代わりにボケた頭になるぞ」とじゃれ合うことができるようになりました。父親がこの六年間を振り返ったときの言葉が思い出されます。

「本気で息子に『死んでくれ』と思っただけでなく、言ったこともありました。そのたびに泣く妻を見て正気に戻り『本気じゃない』と謝ってきました。おかげで恥のかける人間にさせてもらいました」

父親は自らもぞっとするような気持ちを吐いたことで、Ｅ君の恐ろしい言動が悪気でないことに気がつき、そして取り乱す生活のなかで、つながる術《すべ》を学んでいったのです。

〈パーソナリティ・変容のポイント〉恥をかく勇気。

7●生きているだけで実感できる自己肯定感

子どもに向けて発した言葉について、親や先生は「あれは励ますつもりだった」と〝言い訳〟することがあります。しかし、子どもにとっては「聞き捨てならないひと言」として、心に深い傷を負ってこだわり続け、人との交流に踏み出せないことがあります。

「言い訳するな」と即座に反発できたり、気心の知れた友だち同士でその傷を分かち合えたりできれば、気にする価値のないひと言として「聞き捨てる」ことはできます。また身近な大人が子どもの悔しさを察してかばい、話に耳を傾けたらこだわり続けることもないでしょう。

しかし、絶対的な指導性があり、子どもたちにとってそれなりの〝成果〟を挙げている親や先生に身を預けた、いわゆる「いい子」は、行き過ぎた言動も受け入れるように慣らされています。だから〝反発〟の感情があっても自責の念に駆られやすく、そのストレスから自らの主体性を見失いかねないのです。

成果と指導性が権威を持つ環境では、人の弱さに心を寄せる大人がいても、その存在価値を発揮しにくいのです。個人の成果が評価として競い合う関係のなかでは、友だちも「ライバル」であって、条件付きの信頼にとどまります。「いい家庭」「いい学校」、そしてそのなかで育ってきた「いい子」たちは、親や先生の「励ますつもりで言った」ひと言で、「生きていることだけでも十分に〝成果〟である」ことを誰とも分かち合えなくなってしまいます。つまり存在している、生きていることに成果、評価云々はないということです。そのまんまで尊いのです。

不登校の生徒や高校中退を中心に受け入れる通信制高校を併設した大学予備校に通うF子さん（17歳）は、帰宅すると二時間、ずっとシャワーで体を洗い流しています。その間、彼女の口元からこぼれてくる言葉は「クズ」です。心にわき起こる強迫性を浄化しているのでしょう。「どうしてこんな『クズ』と一緒になって勉強しなければならないのか」と予備校では特別待遇の個人レッスンの要望を通しています。「クズ」は、昨年まで通っていた私立の有名進学校で教師から連日言われていた「励ます言葉」でした。

彼女は風呂場で教師の口まねをして、こびり付いた「クズ」という「言葉のシャワー」を洗い流している――。両親はその姿から初めて「惜しげもなく中退者を出す」この学校の現実を知りました。両親は即座に退学願いを出し、それまで考えたこともなかった「生きていることだけでも〝成果〟」という見方で娘と向き合うことになりました。

避けるF子さんに「勉強教えてくれよ」とちょっかいを出す予備校のやんちゃな生徒に、彼女は「クズ」と言わずに「困った不良」と言い返すようになりました。少し親しみを感じる言い方になったのです。まもなくしてシャワーの蛇口を自ら自然に閉められるようになりました。

〈パーソナリティ・変容のポイント〉生きているだけで尊い。

8●強迫観念と難病に後押しされて〝楽〟になる

こじつければ原因もあるかもしれませんが、不明のまま小学五年から外出できなくなったG君

（25歳）が、待ち合わせの駅で待っていてくれました。家庭訪問で顔を合わせることはあっても、こうした人込みの出会いなど、私には予想外でした。

数ヶ月前、彼はそれまでの強い強迫観念に続けて、激痛をともなう難病に襲われました。死を意味するような痛みが自らを病院に向かわせ、そして今では通院治療も可能にしたのです。

「いや、本当に出てきたんだね。驚いたな」

私は改札口から思わず歓声を上げました。

「（家を）出るときは不安もあって大丈夫かな、本当に（駅に）行けるのかなと思っていましたが、来てしまいました」

彼は、高校生ぐらいの少年がよく肩に掛けているリュックを手に持ちかえると、照れくさそうに私の驚きに応えてくれました。

「ねえ、変な聞き方をするけれど、強迫の次は難病だろう。どうして自分の人生を恨まないでこんなに強くなれるの……」

このところ体調が思わしくなかった私は、彼のさわやかさが知りたくて自分本位の面食らうような質問をしました。

「不思議なんですね。どうせ死ぬならやること（治療）やって、生きてやろうと思ったんです。『このまま死んでたまるもんか、生きたい、出たい』と思っていたら、今では一人で通院しているんです。家を出るときに人の視線は気になるし、不安がないと言ったらウソです。でも、こんなにたくさんの人がいるんですから、意識しなくても視線は合いますよ。ネットで調べた店で好きなラーメンを食べて、お金を払っておいしかったと思えたとき、生きていると感じるんです。大学生の弟を見ていると僕は中学、高校時代を今、取り戻しているのだと思います」

彼は自分の心を丁寧に話し続けました。

「難病ですけど意外に落ち着いています。きっと小学五年生からの苦しさが受け入れる地ならしだったような気がします。（強迫と）15年間も付き合っていると気心が知れた感じで、自分の個性の一部にも思えるんです」

過去を否定した〝仕切り直し〟の春はないのです。病む彼の心が、私の疲労感をいたわってくれているようでした。

〈パーソナリティ・変容のポイント〉嫌な過去、現在にも意味がある。

9 考え直すチャンスとなった父親のこだわり

わが子のことで相談に訪れる親が、行き詰まったなかでこぼす言葉があります。「子どもの心が理解できない」「分かりづらい」と困惑しているのです。

人の心、気持ちに思いを馳せたりすることは、できそうでできないことです。とくに「あの子の気持ちは分かっている」と思い込んだり、高をくっていた親ほど、できると思ってできないショックは心身にこたえます。

自分が後生大事と守って信じてきた、価値観、人生観の枠からはみ出せないのです。相談場面の言葉では、「そういう発想が私にはなかった」という気づきであったりします。

父親（45歳）が、三男（中三）の二度目の不登校に理解できなかった胸の内を吐露します。

「夏休み明けから登校したのに、いよいよ受験に入る新年からまた行かない。過去の〝失敗〟を取り戻して巻き返しを見せる最高のチャンスではないですか」

長男、次男とも父親の職にならって進学を果たし、今はそれぞれ寮生活に学んでいます。父親はそれを自然な成り行きと思っていたのです。が、正月に三男は不登校だったこれまでを尋ねる父親に、こう言ったそうです。

「この家は、何か言えば大事になり、何事もなければ不機嫌な顔をしている。めんどうな家だ。だから僕も早く兄たちのように出たい」

励ますつもりで尋ねた父親は、意外な三男の返事に腹が立ちましたがグッと感情を押し殺してこう返事をしました。

「そのためにも、二度と不登校はしないで兄たちが入ったような大学に行くんだな」

この会話を最後に、今でも二人は同じ屋根の下で顔を合わせることもないのです。父親には「弱い怠けた心をフォローするのが母親で、人生を諭し持論を述べるのが父親の役目」という価値観、こだわりがあったようです。

父親は内心では三男の愚痴や悪態を理解していました。そして無視するのではなく、共感をもって語る学びのワークショップに参加を誘ってみました。すると私と対話するうちに、自分もかつて三男のように、父親に伝えようとしても伝えられなかった思いがあったことに気づいたのです。三男の事態に変化はありませんが、母親によると父親の子どもたちを語る言葉に、「学校より今は家族か」と自らに問いかける、やわらかなつぶやきが出ているそうです。

〈パーソナリティ・変容のポイント〉こだわりにも考え直す時期がある。

10 ふたしておきたい事もある

「弱音や悲嘆を口にすることは恥ずかしいこと」と思い、一人で抱え込んで苦悩している子どもがいます。そんな子どもたちには、「弱音を吐いていいんだよ。いや吐く『権利』がある」とまで言って後押しをします。

それでも、「弱音を吐いたら自分が壊れてしまう」と必死で悲しみを心の奥底にしまい込んで、ふたを閉めて生きている子どももいます。それも心のバランスを取る方法の一つです。そういった場合は、極端にはしゃいで浮き気味の「ポジティブ・シンキング」を目指さずに、素直に悲嘆できる日を待ち、今の世間話を楽しむことが大切です。

十数年間にわたって自宅に引きこもっていたH子さん（36歳）が、その日も約束の面接時間に相談室を訪れました。早いものでH子さんが来るようになって三年になります。最初は母親と一緒の通いでしたが、今は一人でも不安はありません。

H子さんのことで十数年間も私のもとに面接に通い続けている母親によると、H子さんは高校卒業あたりから人が変わったように閉じこもりがちになったようです。H子さん自身はその変化を何も語りません。母親が原因を勝手に探せば思い当たることもあるようですが、今もって不明です。もしかしたら、当事者のH子さんですら誰にも説明できない変化かもしれません。

だから、私は彼女と今の日常を話題にし、あえて過去や主訴を取り上げずに、ちょっと哲学っぽい面接を楽しんできました。その日、次回の予約を決めるときでした。H子さんがやんわりとつぶやきました。

「先日、私はデイケアでカラオケをしていたら、高校時代によく聞いていた中島みゆきやドリカムの歌を歌っていました。覚えていたんですね」

彼女が「高校時代」を初めて口にしたのです。私は驚くとともに彼女の精神的成長を喜び、中島みゆきさんの「時代」を歌いました。「不思議ですね。ちゃんと覚えていました」とH子さん。

「高校時代を思い返す心の幅ができたんだよ。十数年間、そのころのことをどこかに閉まっておいたのかもしれないね。もう出してもいい心の余裕ができたかもね。これから、そのころの辛いことが出るかもしれないけれど、心の幅ができたから大丈夫だよ」

私の歓喜にH子さんは面食らった様子でした。そして、これまでの面接を思い返すと、このところ多弁になっていたH子さんでした。

〈パーソナリティ・変容のポイント〉あえて葛藤を聞いたりふれたりしない。

11●気づけなかった「善かれ」の代償

親がわが子のために「善かれと思ってしたこと」の先に何があるのか。

「しつけも指導も何もしない親では子どもに対して無責任。厳しく育て、立派な子にすることが親の責任だと思ってきました」。高校一年生の娘をもつF子さん（43歳）はこう言います。

親は自分の「善」を子に指導しますが、その善に自信がなければ他の情報を借りてでも善の補強をします。だから指導が上手に運んでいるときは、子に「言ったとおりでしょう」と少し鼻高々になります。反対に指導が空回りして子との信頼関係が崩れたりすると「ほかの人も言うので、それを信じて善かれと思ってやった」と後悔気味に言ってしまうものです。F子さんもそんな親の一人です。

子どものなかには「勝手なことを言うな。善と決めたのは親である自分だろう。どうして他人の責任にするんだ」と反発する子も多い。なぜなら親の善が子どもの善になるからです。善の修正は親がまず自らの責任でとってほしい。そうすることで、子どもは親の操り人形ではない別人格の自分を歩み始めることができるのです。

偏差値世代とも言われるF子さんは、今春、公立進学校に入学した娘に「成績不振に苦しんだ自分のようなみじめな思いはさせたくなくて、かなり受験勉強をさせた」そうです。親の言う通りに生きてきて、主体性が育たず集団に適応できない娘は、高校で腹痛を訴えます。でも担任は「そんなことは良い成績を取ってから言え」と相手にしません。F子さんもその担任に対して疑問がなかったそうです。

そして六月に入り娘は不登校に。娘に対し、今度は両親で別の学校に行くよう進路変更を説得しますが、娘は「転校も留年も退学も嫌。落ちこぼれの今の状態も嫌」と会話も拒絶したのです。

F子さんは「善かれと思ってしてきたことの代償に、子どもの笑顔を奪ってしまった」と気づきました。「どんなことをしても娘を信じ、守っていきたい」と決意しましたが、「信じる」の意味に気づいていません。

私は問いかけます。「自分の願う姿に戻ることを信じるのですか。それともただ話せる、顔を合わせるだけでいいという関係を信じるのですか」

自分が間違っていたと自覚したF子さんが、一ヶ月後に微笑みながら言いました。

「娘が『お母さんが今までのお母さんでなくなった』と抱きついてきました」

親は、子どもの前途が自分の前途。子どもの幸せを思って「善かれと思って」自分の価値観を押しつけがちです。

子どもは与えられた親と子の関係を背負わざるをえません。親に必要なのは、子ども心に戻ることなのです。

〈パーソナリティ・変容のポイント〉反発が変化のチャンスとなる。

12●子どもの気づかいに学んだ母親

内心では両親がお互いを侮《あなど》っている。それを知りつつも、知らぬ振る舞いをする子どもの心は切ないものです。

小学三年の長女の不登校に悩む母親（39歳）が相談に来ました。「婚期を逃した私は、夫に関心がないまま、親同士の話し合いで結婚しました」

夫は世間で言う高額所得のエリートです。夫は常に自分の親には遠慮し、妻の両親を小馬鹿にします。「おれはなんでもできる」が口癖です。でも、妻は密かに「私の心をつかむことはできないでしょう。だって私はあなたに関心がないから」と思っているのです。だから長女の不登校が夫婦関係にあり、思い切って離婚した方がよいのでは、と思案していました。

会話のほとんどない両親に比べて長女や小六の長男はとてもおしゃべりです。父親が自慢話を始めると、母親の顔を見てニコニコ笑い相づちを求めてきます。二人で食卓を盛り上げようとしている感じです。夫は「騒がしい」と言って怒鳴ったりします。

それが原因なのか、最近、長女は父親と会話らしい会話もしなくなりました。一人で部屋にいることが増え、登校渋りから不登校。父親に反省はまったくありません。

「夫は自分に関心あること以外のことでは相手と向き合えない人」と母親は言います。子育てもこれまで母親一人で背負い、疲れたようです。

私は母親に、子どもの心になって尋ねました。「あなたは話し相手にもならない夫に関心がない。夫はプライドが高く、妻や子を見くびっている。そんな環境で子どもたちは必死に両親の心をつなごうと努力している。にもかかわらず、あなたも夫を見くびり関心を向けず離婚を考えている。子どもの健気な心を、夫だけでなくあなたも侮っていませんか。無関心同士の父と母の間に生まれた子どもはどうなるのですか」

私の少し荒げた言い方に、不満げだった母親がうなずくように言ってくれました。「夫をずっと〝坊ちゃん育ち〟の世間知らずとバカにしてきたことに、今気づきました」。寂しくて早く子どもがほしかったと言います。経済的な面では夫として認めても、父親としての期待は持たなかったのです。

「でもどんなに関心を持たない夫でも、子どもたちにとっては唯一の父親なんですね」と母親。

私は「だからあなたは夫に反省を求めた。それはあなたが無関心ではなかった証拠ですよ」と言いました。

母親には、離婚を思案する前にやるべきことが残っていたのです。母親がつぶやきました。「早速『夫でしょ、父親でしょ』とあきらめないで言って、夫と向き合ってみます」。長女の不登校をきっかけに、子どもたちのこれまでの努力がやっと母親までには伝わったようです。

〈パーソナリティ・変容のポイント〉あきらめないで関心をもつ。

13● 分かち合うことをつかめた母と娘

「お母さん、どうして家のなかで落ち着いてゆっくり歩けないの？　雑踏のなかにいるみたい」「どうして何でも一人で決めて、一人でやってしまうの？　見ているだけでこっちまで疲れてしまう」

三月まで都会暮らしをしていた一人娘は、〝突然〟仕事を辞めて故郷に帰ってきました。そして一人暮らしをしていた母親に向かって、思わず「見ているだけで疲れる」を〝連発〟し始めました。

母親にとっては親への依存を感じさせるいちゃもんです。

「疲れさせてごめんなさいね、やっぱりお互いに一人暮らしがいいみたいね」――。母親も、最初のうちは娘に謝っていましたが、次第に「もう限界」といった気持ちがこもった、少しトゲのある対応に変わっていきました。

「そういうことを言わせたくて言っているんじゃないの？　これじゃあ、一緒にいても話さない方がいいみたいね」

トゲのある言い方をしても娘は居続け、そして「会話しない」日常生活に、母親は心が疲れ、夜も眠れないほどの悩みになっていたのです。

母親は、小学校教員を定年退職し、今は「趣味も兼ねてのボランティア活動」をしています。夫は20年前に突然亡くなり、母と娘の生活となりました。娘は大学に通うために故郷を出て、卒業後も都会で就職していたのです。

娘はある時こんなことを口にしました。「不満があるのに〝いい人〟でなければと無理するので、心はいつも〝ひんまがった人〟だった。何でも一人で背負って〝いい人〟になるのは母親譲り……」

競争の激しい都会の職場で人間関係に疲れ、瀕死で母親を求めてきた——。〝突然の帰郷〟の意味を母親はこのつぶやきで知ったのです。

「夫の死後、私は九歳の娘を抱え、同情してくれる人間（特に男性）に心を許してはいけない、後ろ指をさされるぶざまな子育てをしてはいけない、と何でも一人で決めてやり尽くしてきました。この母親を見て、娘にもそんな〝強い人〟になってほしいと願ってきました。それが夫の供養になればと思って……。うぬぼれでした。私も素直になれない性格です」。

母親にもこんな気づきがありました。

ある日、娘はまるで幼子が母親を慕うようにこう言いました。「お母さん、何でも一人でやらないで。さみしいから、この環境でも一緒に暮らしていいかもしれない。お母さん、最近家のなかで走らなくなってきたね」

振り向いて娘を見る母親の目には、涙がこぼれ落ちんばかりだったようです。「一人暮らしが長かったせいで、何でも仕切ってきたお母さんを許してね」。娘に心を委ねる母親のつぶやきでした。

〈パーソナリティ・変容のポイント〉同じ悩みを分かち合う。

14 父親の成果主義と決別する息子

人間関係に評価や成果主義はなじみません。そして消費者感覚の損得で見ていくこともできません。

知り合いのお寺の副住職が困惑を語ってくれました。奥さんが子ども向けに書道教室を開いているが、「上手にならない。お寺なのにしつけが良くならない」と親が〝月謝〟を楯にクレームをつけてきたというのです。奥さんは、子ども同士で過ごす楽しさを話し、書の上達だけを急いで求めないように、とお願いしたそうです。

またある保育園長は節分の行事で鬼の役になった園児の保護者から、「子どもの心に傷がついたらどうするんだ」と怒鳴り込まれ、今後の「中止」を要求されたと言います。

子どもたちが群れて人間関係を学ぶために用意された空間が、消費者（利用者）感覚を過度に意識する大人の損得勘定によって、息苦しくなっているようです。人と人とが関係を築いている空間では「成果」は多様で数値化できないこともいっぱいです。子どもは鬼の「役」をすることで、鬼の悲しさに近づく感性を磨くきっかけになるかもしれません。

確かに、取り組んだことは評価や成果で割り切って見た方が分かりやすいでしょう。しかし、すっきり、さっぱりと割り切れない、いや割り切ってはならないのが人間関係の学びです。

私立の有名進学高校一年生のＧ君は、進級するかどうか迷っています。アルバイトをしながら夜学に通いたいという意識をもち、父親と対立しているのです。

「父は僕の学力では学校に〝投資〟した意味がない、と言うのです。僕は運動部に入っていますが、『学校の運動部の名を上げるために入学させたわけではない』と言います。僕は今の高校生活を十分に楽しんでいますが、父は友だちの名前を挙げさせ、『それは将来〝得〟な人間になるか、〝損〟な人間になるか』と尋ねるのです。僕にはすべて〝得〟な友だちでも、父にはすべて〝損〟なのです。だから僕の将来にとって、父は〝損〟というより〝邪魔〟な人なので、援助を打ち切って夜学に行くつもりです」

自分の友だちや学校を、損得で評価する父親に決別宣言するＧ君が、私にはたくましく思えました。父親がG君の面接依頼に訪れたときに言った「目指す大学に入学するまで、精神的援助を先生に御願いします。成果を期待しています」の言葉がなんとも寂しく、また恐怖に思い出されてきました。私はG君に現状のまま進級しつつ、進学一辺倒ではない高校生活を展開して、父親の価値観を覆してほしいと願いました。

〈パーソナリティ・変容のポイント〉問題とする側の問題に気づくこと。

15●機嫌が直らないのは子どもより親

高校中退をきっかけに引きこもり、すでに20年近くになる息子を抱えた母親が年に数回程度、相談にみえます。すでに妹も弟も家を出て家族は両親と息子の三人暮らしです。そして息子の話し相手はもっぱら母親です。

「あきらめや強がりではなく、人間には学歴がある、〝いい会社〟に勤めている、家庭を持っている、そういうことよりも、今日も笑って親子で話ができる関係がありがたいです。でも、本当にそう思えるのは、そう思えないときに息子とケンカし、何日も会話ができない状態になった後だったりします」

「これだけ長く息子のことで悩んだりしてくると、何が親子にとって大切なことか分かっているはずなのに、しばらくたつと『それでもせめて数時間ぐらいはアルバイトで働いてほしい』と思い、言っても意味のないことを息子に対して口にしてしまうのです。どうして私は息子を信じて暮らすことができないのでしょうか」

母親は私に、息子の将来を「信じる」ことができずに「安心感」が得られないと訴えるのです。

「息子さんの幸せを、ふっとお母さんの価値観で判断すると、信じられないかもしれませんね。親の老いを考えつつ、息子さんの幸せを思うと、経済的な自立が口から出ますね」

母親は深くうなずくと、また話し始めました。

「どうなることが息子にとっての幸せなのか、本人も分からないのに、親が勝手に決めているのですね。せっかく親子で仲良く話しているのに、それを親の方が不安を起こして、またケンカになるのです。息子を信じる安心がほしいです」

素直に胸のうちを語る母親に、私も自分の心のもろさを語りました。

「相手を信じることしか他に道はないと分かっているのに、それができずに私も同じ過ちを、日常生活のなかで繰り返している一人です。でも考えてみると、繰り返しケンカになることで、相手の心を再確認したり、こちらの気持ちを吐き出せて少し安心できたりもしています」

すると母親は意外な顔をしつつも微笑み、言いました。

「人の相談に乗る先生でもそうですか。少し気持ちが楽になります。正直に言うと、息子と笑い合っていると、この子は働けるんじゃないかと、苦しくなるのです。それで信じることに安心できなくなるのです。でも不思議です。ケンカしてもすぐに機嫌を直すのは息子で、私はずっと後です」

私は、母親の気づきを私のことば返しました。

「苦しい気持ちを吐き出すお母さんを、『それでいい』と息子さんは許して信じて安心させているのですね」

仲直りできる関係があるからケンカもできるのです。親子の幸せとは、そこに尽きると私は思いました。

〈パーソナリティ・変容のポイント〉許している方が許されている。

16● 〝偏屈〟な教育方針に育てられたと言い張る娘に気づかされて

「私は虐待さえしなければ子どもは幸せに育つと思い込んでいました」

五十歳前半で夫に先立たれた女性（69歳）が一人娘（42歳）の突然の反抗に悩み、相談室を訪れました。娘は独身のキャリアウーマンで母親とは離れて生活しています。母親の嘆きが続きました。

「きっと仕事の行き詰まりもあって母親に甘えてみたかったのではと思いますが、いきなり『小学生のころからずっと孤独だった』と、私には身に覚えのない出来事をまるで蒸し返すように話し、怒るのです」

娘はプライドを持て余し、人に素直になれないことを悩んでいたようです。そして、その原因は、両親の知的世界におぼれた〝偏屈〟な教育方針にあったというのです。娘は「贅沢な知的コンプレックス」で対人関係に行き詰まっていたのです。

母親は夫とともに子育てに熱心でしたが、それは「どのような人間（人格）に育ってほしい」ということよりも「本を買い与えたり、文字や計算の仕方を教えたことのみだった」と言います。「今、若い父親たちが母親以上にとても教育熱心だとうかがいますが、勉強以外に話題のつくれない教育熱かもしれませんね。当時、夫も私もまわりの人からみたら〝子育てに熱心な親〟として良く見られていたと思います。でも、娘から言えばあれは〝見えない虐待〟で、人を育てる子育てではなかったそうです」

母親は克明に「思い違い」の子育てを娘から責められて、「もう一度、子育てのやり直しをしたい」と、「言っても詮無いこと」を思い続けていたのです。

「もちろん私の娘であることは分かっていますが、長く、ずっとお互いに無事で離れて暮らしていると、年齢がいくつになっても、私が生きている限り子どもに変わりがない――という感覚がなくなってしまうんですね。だから、反抗してきた最初のころは『いい年して何を子どもっぽいことを言って』と突っぱねましたが、今は娘であるあの子の助けになりたいし、親の私に何も言えずに、ただ期待に応えようとしていたことに、わびたい気持ちです。子育ては終わった、と若い親の相談相手にもなっていましたが、死ぬまで子育てですね」

終わりがないとすれば、子育てにやり直しはきかないけれども、見直すチャンスはあるということです。

〈パーソナリティ・変容のポイント〉いくつになっても子どもは親が恋しい。

17●メールに頼りすぎて人間的な話し方ができないでいた父親

「コミュニケーションしていますか」と問われたとき、どのようなやり取りが思い浮かびますか。文字や言葉といった言語だけでなく、仕草、振る舞いの非言語からも多様なメッセージが伝わってきます。

だから合理的に言語だけをコミュニケーションの頼りにしていくと、相手の気持ちや思いを察する感性が錆び付いてしまい、生身で関わりつながっている実感が希薄になりがちです。

物事を結論、契約的に進めて成り立つ関係の職場なら、言語だけでもコミュニケーションしていると言えるかもしれません。ただ、人間関係を営みとしている家庭や子育ての場では、思い通りに進まないことが多く、そこでは非言語にも心を寄せる双方向で相補的なコミュニケーションが大切です。そして支え、支えられる手間をかけた関係が「コミュニケーションしている」学びとなっているのです。

二人の男の子（中一、小五）を育てる母親のH子さん（40歳）は、夫と〝意気投合〟して結婚。しかし生活が始まり、より親しい関係になるとお互いの差異が見えてきました。夫は自らの〝高給〟を匂わせてH子さんに〝子育て専業主婦〟をすすめたようです。その関係もあってか、彼女は夫との会話を避けはしませんでしたが、遠慮で反論することもありませんでした。

夫の教育熱心に応えてきた中一の息子が入学数日で、理由のない不登校になりました。夫はH子さんに対応の〝指示〟をメールで時間事に出しました。そしてその結果をメールで夫に返さなければならないH子さん。しかし事態に変化はなく、夫はついに息子に手を挙げたのです。

質問口調で夫が近寄ると、全身で震える息子を案じたH子さんは、夫に思い切って言ったそうです。「もっと人間的な話し方をして」と。すると夫は「離婚」を口にして、まったく家族と話さなくなったのです。

それでもH子さんは夫の出勤を見送るときに、子どものことでおどおどしつつ声をかけたそうです。でも、返事は決まっていたのです。

「メールにしてくれ。メールで話す」

「もうメールでは話せない。私も震えて言っているのよ。こっち向いて。子どもたちが私たちを見ているのよ。逃げないで」

H子さんの二度目の思い切った叫びがあがったのです。する夫が「俺も震えている」と涙ぐんで言ったそうです。H子さんの決意が聴こえます。

「夫も人間でした。私たち夫婦のコミュニケーションが始まりました」
この日から少しずつ息子は父親の前を〝通りすがり〟できるようになったのです。

〈パーソナリティ・変容のポイント〉遠慮過ぎると無関心になる。

18●協調することが分かった幼稚園教諭

自分以上に自分のことを愛しく思える人はいません。自分にとって自分が一番に愛しいということです。同様に自分の葛藤に誰よりも悩んでいるのは自分です。だからどんな親密な関係にあっても「私はあなた以上に、あなたのことを『心配している』『分かっている』」とは言えないものです。

そして他者とかかわることなく「自分のことは自分でやるしかない」と自己完結的に開き直っていくと、独り善がりな心になりがちです。他者を傷つけたり、おぼつかない自分の足もとも考えずに善意の押し売り的な行動を起こしたりすることがあります。自分の人生の当事者は自分であることを基本に、他者に思いをはせ、仲間集団のなかで助け合って生きたいものです。

幼稚園教諭一年目のI子さんは、とてもおとなしく優しそうな女性です。ところが心は「頑固で人に甘えることができない」のです。教材研究、行事の準備も一人で抱え込み、それでいて同僚の仕事を手伝い、ときには注意がましいことを言って、けむたがれている気もすると言うのです。そんなストレスからうつ症状にもなり、通院治療もしています。

「何だか私だけ〝損〟している気がするのです。私が困っていても、誰も助けてくれない。それで私は自分のことしか考えないようにして、完璧に仕事をこなしていました。でも最近園長から『協調性がない。園はあなただけで動いているわけではない』と言われたのです」

私は尋ねました。

「その苦しみを打ち明けて聞いてくれる同僚はいないのですか」

「いません。私は自分のことより他人のことを優先するのが正しいと信じてきました。今さらこの歳になって、自分から恥ずかしいことを言ったり頼んだりできません」

「その方が〝楽〟で、傷つくのが嫌だったのではないですか」

Ｉ子さんはうなずきました。

思春期あたりから人とのかかわりが希薄な上に「まずは自分のできることをして、それから他人を助ける」という自己愛的生き方を自己中心的と履き違え、自己犠牲的になることが「正しい」と思ってきたのです。その歩みの積み重ねがプライドの高さとなり、困ったときに誰にも自分から「助けて」と素直に葛藤を打ち明け甘えられないのです。

恥をかいても素直に人に「甘えられる」ということに、薬を飲んでまで苦しんでいる若者が増えています。


〈パーソナリティ・変容のポイント〉傷つくことを覚悟して葛藤を小出しする。

19●お金を無心する子

親も「お金」に余裕がなくては、子どもが大学進学を希望しても学費は払えません。だから、親は「せめて子どもが大学に行く4年間くらいのお金は用意しておく」つもりで、自分の「シルバーライフプラン」を設計します。それで老後は安泰というわけです。

ところが、そのシルバーライフプランには、繰り返される子どもの留年や、卒業後の無就労は予定されていません。それだけはなく、30代になっても親の「お金」を頼って経済的自立への意識が乏しいとなれば、さらに白髪も増えます。収入は極端に少なくとも、人間関係の豊かさが垣間見られれば、子どもの孤立しない将来像を描けて心に余裕がもてます。しかし、そんな感じもしないのです。

いま、高度経済成長の恩恵を受けて多少なりとも「お金」にゆとりのある年金生活の親が、わが子に働くことや人とつながることへの動機づけをしようと苦悩し、私の相談室を訪れることが増えています。その親のなかには、戦中・戦後の貧しさを人間関係で乗り切ってきた後期高齢者もいます。「お金」と「人情」のつながりが分かる世代です。

ところが、そんな経験が「お金」を無心するわが子に伝わらないのです。「無い袖」は振れませんが、有るので「親ばか」を覚悟で「これが最後だよ」と「お金」を渡し続けているのです。死ぬに死ねない心境です。

老いたる親がよく口にすることわざがあります。「いつまでもあると思うな親と金。無いと思うな運と災い」

子どもが何かに一途に取り組んでいれば、「道楽者」と世間からうわさされても親は見守ります。しかし、そこに意欲を感じなければ、「お金」を出し続けても自立にはつながらないと分かります。互いの存在を認め合う過程のなかで、たまたま巡り会った信頼の証の一つが「お金」。そのことを、親はあらためてわが子の「お金」の無心から学んでいます。人は「お金」だけで働いているわけではない――と。わが子が誰かから必要とされていると実感できる仕事との巡り合わせを「金満」ゆえに探しあぐねていることに、親は隔世の感で気づくのです。

親たちは、精神的、肉体的にもわが子に頼るしかない「老い」のシルバーライフプランの再設計を進めています。そこには「お金」では得られない親子のつながりと、支え、支えられる人間的自立への動機が生まれています。

〈パーソナリティ・変容のポイント〉時代背景を理解すると見方も変わる。

20● 「めんどくさい」をなにかと優先する子

あなたは子育てのなかで、子や孫に「ケンカしても仲直りできた」という自分自身の体験談を、理想論や美談で押しつけるのではなく、愚直に具体的に語っているでしょうか。それは、子どもたちが人間不信から信頼を取り戻していける大人になるために、大切なことです。

「ケンカしたら決裂」「自分の考えを譲ったら敗北」というゲーム感覚で身近な人間関係まで見ている子どもや大人がいます。だから、仲直りに向けてあれこれ手間暇かけて努力しないのです。そうなると、互いに察し合うコミュニケーションのイメージすら湧いてきません。結果、成人と言われる年齢になったとき、自ら人の輪のなかに居ても関係を取ることができずに孤独になってしまいます。

私の相談室を訪れる若者のなかには、小さいころから「ケンカした記憶がない」というケースもあります。そんな若者は、親から見たら比較的〝いい子〟でした。ところが、成人になっても「人と居るだけならいいが、話したり話しかけられたりするのは嫌だし、そんな自分は周りの人にも不快感を与える」と言ってアルバイトすら行けないのです。そして、彼らは私に気になる言葉をつぶやきます。

それは、「めんどくさい」です。

やんちゃな子が親や先生に反発するときに、捨てゼリフで吐き出す表現とは違います。人間関係を築くことよりも、そうやって言葉にすることなく、心のなかで「めんどくさい」という感覚を優先して育ってきたのです。親も、子どもが勉強や塾に励んでいれば、わざわざ忙しいなかで構うことはありません。すると、「めんどくさい」感の増幅が、ケンカもしなければ仲直りもできないような人間関係の未熟さを将来に先送りしていくのです。そして、成人になると、人間関係を修復できない生きにくさを人間不信の固まりに変えて身を守るのです。

実は、こうした若者の親自身も、子どもとのコミュニケーションのなかで「話したくない」「一緒に行きたくない」と言われれば、「そうなんだ」と受けとめて、話しかけない、誘わないという暮らし方を優先してきたのです。拒絶されても声をかけるのは「めんどくさい」からです。

親や大人は、子どもたちにコミュニケーションスキルの手がかりを得てもらうためにも、面倒くさがらずに、自分の人間関係の修復談を語っていく必要があるのです。

〈パーソナリティ・変容のポイント〉ケンカしても仲直りできた修復談を語る。

21●自分の「ムカつく」言葉と向きあえた母親

子どもも心に余裕があれば、親のとんでもない言葉でも聞き流せますが、学校や友だちのことで疲れ気味になっているときには、その言葉がこだわりになったりします。ただ、親にとってはいつもと変わらぬ「ささいなひと言」です。

こんなときは苦し紛れの「八つ当たり」だと思って少し丁寧な表現で接すればいいのですが、売られたケンカを買うような感じになると親子関係は複雑になります。一生懸命に「いい子育て」に励んでいる親ほど、後で自分でも驚くような傷つける言葉を口にしていたことで悲しむのです。

母親のJ子さん（34歳）は子どもが小学校に入るまでは、子育て中心に家事に専念しようと、年長の娘と夫と三人で暮らしています。人見知りするちょっと繊細な娘ですが、家のなかではやんちゃです。ところが、ここ二ヶ月ぐらい「幼稚園に行きたくない」と言い出し、友だちや先生への不満を口にするのです。

登園すれば元気ですが、毎朝ぐずられるとJ子さんも耐えられません。そして夫婦では普通に話している何気ない言葉を強く娘に言ったのです。「ウザい、聞きたくない、ムカつく」と。

すると、娘は園の送迎でもぐずり出し、母親の「ウザい」を口まねするようになりました。そして、夫と三人で夕食のとき、母親は少しむさぼり気味に食べる娘に向かって注意する思いと、やり切れなさの混じった気持ちで言ったそうです。「やめてよ、その食べ方。のどに詰まらせて苦しめばわかるわよ。ムカつくんだから」

娘は席を立ち、夫はJ子さんを諭しました。それにまた「ムカつく」J子さん。それから、娘は不満も言わずに登園しましたが、家では母親と以前のようなじゃれあいはありません。その心の寂しさもあってJ子さんは相談室に訪れたのです。心を整理するように言います。

「詰まらせて苦しめば、慌てるのは私なのに、どうして考えもしないであんなひどい言い方をしたのか。自分が子どもの立場だったらどんなにショックか、分かり切っているのに自分が嫌になってしまいます」

生い立ち、時代背景のなかで刷り込まれた「とげのある言葉」もあります。その向け方も省みて娘から、「お母さん、ムカつく」とちょっかいを出される日の来ることを心待ちに、これまで通りにかまってあげる母親であってほしいと願いました。

〈パーソナリティ・変容のポイント〉短い「ありがとう」的な「優しい言葉」を口ぐせにする。

22●自信のない親に自信をつける娘

せめて小学生のうちは、やんちゃなままで育ってほしいと思いますが、気がかりな親を持つ子は深く考えて、犠牲的な行動をそれとなくとっていたりするものです。

不登校気味の小学5年の娘と母親が相談に訪れました。娘は「親にも相談しにくいことがある」と、私と二人での面接を希望しました。母親は「お母さんもお父さんも頼りないから、相談できてよかったね」と娘に言い、席を外しました。

母親は、自分に自信がなく、何かあると「だめな親でごめんね」とか「ほかのお母さんのところに生まれていたらよかったね」と言うそうです。娘は「私はそんなふうに思っていないし、聞きたくない」とうんざりした様子。中学受験への意欲も消えそうとのことでした。

「悪気はなさそうだね。ただ、悩んだりしているときに言われると、うっとうしいね。勉強、勉強とがみがみ言われているのと変わらなかったりしますね」。私の話に、娘は大きくうなずき、「母は子どもです」と話しました。

母親は、ほかのお母さんたちと何かあるときも「みんなの足を引っ張る」などと言って参加したがらない。「そんなことはないよ」と励ますけれど、嫌な気分になると言います。「母は自分のことばかり心配するので、私に注意を向けさせようと不登校した」と娘。人とのコミュニケーションの苦手な母親を、他者に関心を向けさせるようにしたいと考えたのです。

話は切なく続きます。母親に休む原因を聞かれ、娘は「私の顔は変だから学校に行けない」と答えました。それはよく、母親が自身について言うことでした。すると母親は驚いて「そんなことはない。何かに自信をなくしているんだね」と返したそうです。娘は思わず笑ってしまいました。立場が逆転していることもわからないのです。「お母さんには手が焼けます」とあきれていました。

娘は〝休み癖〟から完全不登校になることも心配で、母親への自信のつけ方を私に相談したかったのです。これではどちらが親だか分かりません。

私は「お母さんの代わりに、あなたが自信のない子になっていく。不登校以外の方法でね」と提案しました。娘は「私の方が先にぐずればいいのですね。本当は私だって悩みはいっぱいあるのです」

評価、成果主義に巻き込まれて極端に前向き、あるいは自己否定的になっている親を見ている子どもは、自由奔放な部分を出せなくなります。悩みを友だちとの遊びのなかで吹き飛ばしていくような、やんちゃさが少ない気がします。

〈パーソナリティ・変容のポイント〉忘れているやんちゃな心を引き出してみる。

23●したり顔の父親と屁理屈の息子のいいところ

感情的に許せないことがあっても、親の死に際に見舞いに行くことすら拒む子どもがいるでしょうか。ある母親（60歳）が、長男（31歳）とその父親である夫（62歳）との確執に悩んで相談に訪れました。

「夫は自分の出身大学にプライドを持っていて、家族だけでなく人と話をするときでも、有名人を取り上げて『私が○○大学にいたとき、○○さんをよく見かけた』などと口にするような人でした」

長男も娘（29歳）もそんな父親を嫌っていました。特に長男は、大学受験に失敗したころから父親のしたり顔に反発し、一緒に食事を取ることもなくなりました。ここ十数年は、外出することもなく自室に閉じこもる生活です。

そんな父親も、定年後は長男の「生意気な屁理屈」にようやく耳を傾け、本を読んだり、親の講座に顔を出したりして長男のことを理解するよう努力をしてきました。「父親らしいことの一つもしてこなかった」ことへの気づきでした。とはいえ、長男にとってはそんな父親の態度はうっとうしかったようです。

「子どもたちのもっと小さいころから、父親の努力があったら」。母親は夫にそんな不満をぶつけていたとき、医師から夫の「死の宣告」を受けました。

母親は二人の子どもにも事実を話し、これまでの感情のわだかまりを越えて父親に安心感を与えてほしいと伝えました。嫁いだ娘はたびたび見舞いに来るようになりました。長男は家事と看病に疲れている母親を心配し、自分から買い物に出かけ食事の準備をするようになりましたが、「願い」は届きませんでした。

「私が見舞いに来ない長男のことを愚痴ると、夫は『あの子は大丈夫だ。おれが病気になってあの子が活動的になったのなら、それが最高の見舞いだよ。これで安心して（死を）まてる』と言うのです。夫は素直になりました」

ある日、思い余った母親は長男に「ずっと見舞いに行かないでいるつもりなの」と詰め寄りました。「息子は『父親とは親子の関係は終わっている。お母さんは夫だから行けばいい。ただ俺の母親だから、夫のためだけに体をこわされては困る』と言ったんです。素直になれない言い方が昔の夫に似ていました」

母親はかつて、夫を〝駄々っ子〟と思うことで接してきたように、長男にも甘えるように〝お願い事〟をしてみたのです。「お母さんの〝付き人〟になって病院まで荷物を運んでくれますか」。長男は戸惑うことなくうなずいたと言います。

素直になれない息子の心を、母親の方便が救ったのです。

〈パーソナリティ・変容のポイント〉「困った人だけど、いいところもある」という接し方をしてみる。

24●「薬」の話に不機嫌になる母親の理由《わけ》

メンタルヘルスという言葉が「心の健康」といった意味で家庭でも使われるようになりました。子育ての講演やカウンセリングで、親はメンタルヘルスについて「良くない」「危機にある」と言って相談しがちです。

健康を善玉、不健康を悪玉のように分けます。健全思考、優生思想的見方が「心」の領域にも影響している感じもします。すると「変わった人」は「メンタルヘルスが悪い」となったりしがちです。「心ころころと変わり」としゃれっぽく言われますが、人間関係がテーマの相談では、心を相対化して考えることはできません。

そして最近、精神疾患や心の病に関する情報が身近に入ることから、メンタルヘルスをまず「疾病」の枠にはめている家族が増えていると感じます。だから病名が付けられて少し安心し、その後の快復をカウンセリングにもとめて相談に訪れたりするのです。そのことを否定するつもりはありません。病に対する知識不足や誤解が偏見を生むことは周知の事実だからです。

ただ、悩みのほとんどは学校、職場、家庭内での人間関係から起きていることを考えると、メンタルヘルスは「手間を掛けて関係を理解する」心がけが大切です。短時間で効率的に〝結果〟を求めると後で行き詰まります。

「症状にも意味がある」という思いで悩みや葛藤をよく聞いて、まず関係性を理解することに踏ん張ってみたいのです。悩みは一人では起きないことを思えば、いわゆる「心の不健康」をゼロにすることはできないのです。そもそも健康、不健康を分けることはあくまでも方便である、という謙虚さを忘れてはいけません。

PTA役員からのメール攻撃でうつ病と診断され、PTA会長職を任期半ばで退いた母親がいます。その後、役員間で直接顔を合わせて話す機会が少なかった不満、理不尽さを引きずり、パート仕事まで休みがちになりました。でも、誠実な仕事ぶりは職場から喜ばれています。家事も文句を言いながら基本的にはこなしていますが、気分の波が激しく家族は困り気味です。

今、彼女の一番の不満は、多忙な夫と中学受験に躍起な長女から「ちゃんと薬飲んでるの」と症状を尋ねられることです。家族が、背景にある人間同士の関係のこじれを理解し「困っているんだね、お母さん」と自然につぶやいてくれる日を、彼女は待っているのです。

〈パーソナリティの変容ポイント〉疾病で見ないで関係性で理解すること。

25●成熟の中の心の危機

敗戦の混乱、貧困から経済成長を生き抜いてきた団塊世代。とくに父親たちには「努力して報われた」達成感があります。そして老後を支える年金とその余裕があればこそ得られる心の充実感は〝成熟〟そのものです。

相談に訪れるその世代の父親たちの傾向の一つに、中流意識を持ち成熟社会を築いてきたという自負があります。

物事を計画、実行すれば成果が得られました。「努力しても報われない」経験をしても、再度働きかけをしたら報われたようです。そして、日銭にあくせくすることもなく、自分の思いもほどほどに満たされる日常を迎えられたのです。

成熟を証明するかのように作成された高い倫理観のシステム、あるいは法的約束事に対して失敗や間違いの起きないことが〝普通〟の感覚になっていきました。成熟社会への過信です。

だから、東京電力福島第1原発事故も含め「想定外」という言葉が流行しました。

さらに「成熟した人間」と自らを思い込んでいた父親たちにも、身近な人間関係で「想定外」の事が起こってきたのです。わが子の引きこもりや無就労です。

A男さん（33歳）は官僚出身である父親の知人の司法事務所に勤めて二年目です。彼は他の職種で挫折し、あらためて「父の〝人生設計〟に乗った」と言います。

成長の過程で父親の意思は絶対的に優先されたそうです。高学歴、高収入でつかんだ父親の人生はいつも「充実」し、彼にもその感触を求めたようです。しかし彼にとって、「成熟した人間」と言われる父親は自己中心的で、家族の誰もが逆らえなかったのです。自分勝手な充実感です。

父親に倣って大学を卒業した彼ですが、自分らしさの充実感が他者と折り合わず、苦しみを生みました。人間関係はＰＤＣＡ的サイクルにならないことを職場で気付き、引きこもりました。そして10年を経て、「努力をしたら報われた」父親の誘いを受けて今の職場に入職したのです。しかし二年たっても思い通りに事が運ぶ「成熟」感は得られません。

本当の成熟とは計画や思いの通りにいかなくて「想定外」でも、その葛藤を引きずって、酸いも甘いもかみ分けていくことです。

〈パーソナリティ・変容のポイント〉分からないことがある。そのことを受け入れてこそ「成熟」。

26●探しつづけた信頼できる人

悩みを抱えて相談室を訪れる人の心には、世代を越えて、褒められたという実感の乏しいさがあります。詰まるところ、心の危機は自分で背負い、乗り越えていかなければなりません。そのとき、孤独な心にも、存在そのものを肯定された言葉や場面が「一人ではない」という支えを生みます。

旅先で、死刑囚歌人・島秋人《しまあきと》と彼の苦悩に寄り添い続けた長野県松本市出身の歌人・窪田空穂との心の交流展に偶然巡りあいました。

島（本名・中村覚）少年は、貧困、病弱、母親の死、そして学校にも通えぬ境遇のなかで16歳から放浪生活。ついに25歳のとき、飢えから強盗殺人を犯し、死刑囚になります。

展示会場には、二人の自筆の書簡や短歌が紹介されていました。島秋人という名前は知っていても、歌人になるまでの経緯は知らなかった私を、彼の一つの歌がくぎ付けにしました。

「ほめられし　ひとつのことのうれしかり　いのち愛しむ　夜のおもひに」

彼は死刑判決後に獄中で自らの誕生、生きる意味を自問し続けたそうです。そしてふと、中学生のとき、美術の先生から「絵は下手だが、構図がいい」と生まれて初めて褒められたことを思い出します。すぐに恩師に感謝の手紙を出すと、返信の手紙に先生の奥様の短歌三首が添えられていました。それを機に新聞の歌壇に投稿。その選者が窪田空穂さんでした。彼は新たなる恩師と出会い、短歌を通じて心の交流を重ねたそうです。

二人はこの世で直接会うことはなく、彼が33歳で死刑執行後、まもなく窪田さんも逝去されたそうです。窪田先生から死に苦しむ秋人への手紙を、私は必死でメモしました。

「夢におびえるということは有り得ることで笑えないが、いい年になった貴方だ、打ち克ちなさい。歌を作りなさい。（中略）作歌は投稿すると私が気をつけて見て上げる。貴方は不幸ではない。多くを言う要はない。しっかりなさい（以下略）」

窪田先生が心の底から彼に送る箴言。私はただ感動するとともに、気がついたのです。深い信頼関係のなかで、叱られたことは、褒められたこと以上に生きる勇気を与える。叱られた恩が彼の歌からよみがえります。

「くるしみの　中に生まれる歌あれば　死刑のわけの幸と云うべし」

繰り返される若者の自己否定的な事件、あるいは虐待といった苦悩の連鎖。謙虚に褒める。失って気づく叱られた恩――。共にかみしめる親と子の相談活動に重なります。

〈パーソナリティ・変容のポイント〉信頼を寄せられる人との出会い。

27● 一方的に求めていたこと

とてもいとしい存在なのに、状況によっては憎いという感情すらわいてくる。それは、身近な間柄における無関心ではいられないという関わりの深さです。心のどこかで「私の気持ちを分かってください」という願いを募らせ、苦しんでいるのです。そのとき、相手も同じ思いに葛藤していると察して、素直につながりたい気持ちを言えたらいいですね。

「夫婦の関係が、子育てのパートナーでしかなくなっています。外の人から見たら、うまくいっている家庭だと思いますが、私も娘たち（5歳、小学二年）も心はガチガチです」。母親は相談室で「夫はできた人」と言いつつ、「相談するのも嫌になる人」と語り続けます。

「離婚も考えましたが、他の人を説得できる理由がないのです。夫、父親としての〝業務〟は完璧ですが、私や娘の心に関心がないのです。だから相談しても、『それは○○だ』と答えがいつも同じで、一緒に悩んだりすることがまったくありません」

母親はあれこれ考えているうちに、夫の前で泣きながら食事をとってしまったそうです。すると夫は「赤ちゃんみたい」と苦笑。二人でいるときに、携帯オーディオプレーヤーで耳をふさいで音楽を聴いていても「安心するんだね」と言ったまま……。夫に構ってもらえないという話は続きます。そして、もう一つの胸の内を語ります。

「私も人間です。夫に愛されたい。だから真面目だけの夫が憎らしくなったりもします。でも、こんな自分が嫌いです。だって、いつも夫の心の奥ばかり探っているからです。それに、このところ娘たちは私をどう思っているのか、それが気になるのです。自分らしくいたいです。なぜそれが夫にはできて、私にはできないのでしょうか」

聞けば、最近娘たちも母親に相談することが少ない。彼女は一見、平和そうに見える家庭がバラバラになっている不安も感じています。

「自分らしく、は勝手気ままということではないと思いますが、夫も妻としてのあなたに手をこまねいていることもあるのでは、ないですか？」

「そんなこと、考えたことありませんでした」

私の問いに、母親は不意打ちされたように答えました。満たされない愛情の埋め合わせを、一方的に夫や娘に求めていたことに母親は気づいたようです。そして、「いつも〝正解〟の夫が自分らしくいたともいえない」ことを察して、「これは好きだったよね」と夫や娘たちに食事を差し出す母親になろうと努力していきました。

〈パーソナリティ・変容のポイント〉人とつながってこその自分らしさ。

28●受刑する両親を肯定するために考え抜いたこと

親子関係の相談をしていると、価値基準をどこに置くかで、ずいぶんと気持ちに変化が起こることが分かります。

例えば勉強や学力に基準を置くと「子育て大失敗」になりそうなのに、心身の健康に置き換えたら「大成功」に思えたりするのです。じたばた、かりかりしないためにも「生きているだけで十分」

と、その存在を心底、肯定できる親でありたいと思います。またそんな一人の人間になりたいものです。

刑罰に服した過去を背負う母親から、中学三年の一人息子のことで相談がありました。

息子は不登校を〝宣言〟し、高校受験をやめて就職するとのことです。母親は夫と繰り返す罪を断ち切るため、3年前に離婚し、息子と一緒に暮らしてきました。息子の高校進学は母親にとって〝夢〟だったのです。そんな母親をさらに落胆させたのは、息子の就職先が父親に関係するところだったことです。

「子どもは両親の罪をずっと目にしてきましたが、今もって一切そのことを口にすることはありません。偉そうなことを言える立場ではないですが、私は子どもに思わず『父親のような人間になるつもりなの？』と言ってしまいました。すると、こどもは父親そっくりの苦笑いで『親子だから似たくないと思っても似てくるよ』と言うのです」

母親の不安や焦りが、高校に行きたくないという息子の気持ちを、実際に行かないという意志に向かわせているように思えました。私は母親に尋ねてみました。「息子さんは両親の罪を口にしたり、不登校の原因にしたりして責めることは一切しない。そこには学力を超えた深い彼の〝思想〟がありそうですね」

するとと母親は何かに気が付いたように話し出しました。

「今回のことで子どもが変わったことを言ったのです。『親も子どもも互いに話せないことがある、それをあえて聞かない（触れない）ことも大切だよ。ずっと後になって振り返ろうよ』。両親の罪を責めない理由が分かり、その優しさに泣いてしまいました」

息子は「今」の存在をまるごと信じる大切さを伝えていたのです。「後になって振り返る」とは、信じてくれた心を裏切らないで一緒に生きようという意味でしょう。

「子どもは私と口争いになったりすると、立ち上がって『親子ということでこれ以上は……』と口元に人さし指を持っていきます。後は互いに信頼してということですよね」

母親の問いかけに、私はうなずいて言いました。

「人が生涯かけて学ぶテーマですね。たくましく生きる子育ては大成功です」

いつしか母親の口から父親と重なる息子への不安は消えていました。

〈パーソナリティ・変容のポイント〉今の「存在」を信じていく。

29●心の解離を救う原風景

実態は変わりませんが、不登校が大問題だった20年前のころ、思春期の子どもたちが私の相談室でつぶやく訴えの中心は「仲間のなかで、どのように自分を漂わせたらいいのか分からない」でした。つまり、群れという場における人間関係のつくり方です。

後にその子どもたちが成人になると、引きこもり、無就労といった悩みに変わりました。合理的、効率的に物事をとらえる文化が日常の人間関係を希薄化させたことが要因と言われました。

そして「子育て支援」の中で育てられてきた思春期の中学生や小学校高学年の子どもたちの相談室での葛藤は、生きる意味を問いかけるものです。子どもたちのなかには、不登校で親や周りの大人の関心を引くだけでなく、見た目の元気さと裏腹に、自傷、依存症、家庭内暴力といった「心の解離」で苦しんでいる子どもたちが多く、顕著になっています。

その根っこは赤ちゃんのまま思春期になったような「駄駄っ子」状態で「家族の家庭回帰」を口にするところにあります。他者とふれ合う悩みより以前に、親子関係に手間をかけてもらったという思いが、原風景として子どもに希薄なのです。

かつて「エンジェルプラン」が、保護者への子育て支援として、国から打ち出されました。延長保育、夜間保育などのサービスです。保護者が職場に遠慮せずに働ける利点がある一方、親子関係に何らかの影響がでるのではと危惧されていました。そしてこのサービスに子どもを預けたことで、かえって親子関係にもっと手間を掛けてほしいと願う子どもがいます。

中一のK男君はクラスのリーダー的存在ですが、家では衝動的暴力から、一ヶ月にわたり母親を家のなかに入れていません。母親は知人宅などから職場に通っています。父親は実母を呼び寄せ、K男君と小五の弟の世話を任せています。母親が相談室で嘆きました。

「殴られても向かってこい、けられても足を引きずったままで会社に行ってみろ、と子どもは言います。そんなことをしたら職場の人に迷惑をかけ、家の恥も言わなければなりません。だから家を出ましたが、私は子どもにいら立っていました。連絡事項や注意ばかり言い、外していたとは言え、ときには子どもに物を投げ付けてもいました」

子どもの矛盾した言動をそのまま受けとめ、向き合うよう親に求めるK男君。帰宅をすすめる私に、母親は「殴られたときのよけ方ばかりを先に考えてしまう」と泣き崩れました。子どもと同じ屋根の下で向き合うことを考え始めたようです。K男君の家庭回帰の願いがかなえられ、ひとまず暴力は鎮まりました。

〈パーソナリティ・変容のポイント〉心の危機を一緒に乗り切った原風景をつくる。

30● 「ただ居る」ことが尊い

人間関係を〝証明〟する一つとしてコミュニケーションがあります。そして、議論や自己主張のうまさ、知識・情報量の多さがコミュニケーション〝能力〟の豊かさで、人間的にも価値あることだと思い込んで、話せなくなっている若者たちがいます。

L子さん（23歳）は母親とは安心して家でも外でもおしゃべりできますが、産業社会で働く父親を含めて、ほかの人には「言葉が止まってしまう」コミュニケーション不全の悩みを持ち、〝引きこもり〟がちな生活をしています。

大卒後、見た目は「おとなしいお嬢さん」として就職した彼女でしたが、「笑っているばかりで、話せない」自己嫌悪から退職してしまいました。それからアルバイトで二社ほど勤めましたが、同じ思いが強まり、一日で辞めてしまいました。

自ら予約していた面接でしたが、「うまく話せない」とほとんど沈黙状態でした。私は唐突でしたが相談室に来た彼女と向き合い、こう言いました。

「ねぇ、『富田さん』と呼んでみてよ」

「富田さん」

彼女は照れくさそうに私の目をみて呼んでくれました。私は返事をして、また同じことを御願いしました。

「富田さん」

今度の私は「はい！」と言わずに、合わせた視線を意識して外し、首を横に向けました。無視する私の行為に彼女は面くらい、苦笑しました。

「ねぇ、今度は目を閉じて呼んでみてよ」

誘われるように彼女は私の名を呼びました。でも、私は返事をしませんでした。そして、私は目を閉じたままでいることをおねがいしている間に、ソファーから腰を上げて、こっそりと視線から外れるように壁側に立ちました。

「そのまま、まっすぐに前を見て、私の名前を呼んだ後に目を開けてごらん」

彼女は私に全幅の信頼を寄せて言われるままに実行してくれました。

「四回して何か違いがありましたか」と尋ねました。

「返事が嬉しかったです。無視されても、居ないときよりも居たほうがよかったです」。彼女の目元に涙が笑いとともにたまっていくようでした。

「だた居てくれるだけでいいんだよね。それって、居なくならないと分からないんだよね。コミュニケーションの基本は上手に話すことではなく、ただ、居ることでまずは十分に人間関係はとれているんだよ。仕事もできる、できないの前に遅刻しないこと」

いつの間にか人間関係を損得や数値で判断する価値観で育った子どもたちに、「ただ居る」ことの尊さに気づいてほしいと願っています。評価に疲れて帰宅したとき、彼女の母親はいつも「ただ居る」人でした。


〈パーソナリティ・変容のポイント〉「ただ存在している」ことをその人の〝持ち味〟として受けとめる。

＊＊本章は信濃毎日新聞社の教育ページの「コンパス」に長期連載しているコラムから転載し、加筆、修正した原稿です。

第2章

単刀直入　素直になる道を閉ざされた子どもの難問に答える
～子どもの心が分からない、　あなたのために～

相談活動のなかに子どもたちに向けた講演もあります。中高生が中心です。そこには、生きづらさが不登校とか問題行動といった形で表われてはいないけど隠された心の疲れを抱える子どもたちがたくさんいます。

家族や友人、担任との人間関係における心の「こだわり」や人に素直になれない「くせ」に一人悩んでいます。つまり素直に生きる道を閉ざされた子どもたちです。そしてまだその葛藤は医療やカウンセリングの援助を受けるまでにはないようです。ただ心のどこかで「私は変ですか」とパーソナリティへの問いかけがあるのです。

そんな、心を誰にも打ち明けられない子どもたちに向けて、講演を切っ掛けに「悩んでいること、聞いてみたいこと」のアンケートをこまめにしてきました。また返事の希望者には手紙で便りも出してきました。

そしてその悩みのほとんどは、家族、友だち、周りの大人との自我のせめぎ合い、折り合いです。抱える葛藤は、このまま内に秘めていたら強迫的な「心のこだわり」を生むものであったりします。また自我へのこだわりが「心のくせ」になっていきます。子ども達はそこから抜け出す人間関係にたじろいでいます。

そこでそんな心許ない気持ちを、希望をもてる人間関係づくりへと後押しするつもりで、保健室の先生方に読まれている雑誌に「保健室だより」用の掲載原稿として書いてきました。子どもたちの葛藤をまず理解してください。その上で子どもが決断を出していく勇気を信じて心のサポートをするのです。

カウンセリングでは「単刀直入」をひかえます。そんな関係になるには深い信頼関係が築かれてからです。講演での質問アンケートは生徒を特定したものではありません。それだけに個人的な人間関係もないことからストレートに回答しやすいのです。そのことで客観的に自分自身を見つめる手助けになるかとも思います。その意味で「単刀直入」はしがらみのある親しい関係より、旅で出会った他人一見《いちげん》さんに言われた方が期待しないだけに効き目があるかもしれませんね。映画『男はつらいよ』の寅さんも旅先では「単刀直入」に人生論を体験的に語っていますね。

子どもの「こころ」や「気持ち」が分からず、ふれ合うことに戸惑ったり、腫れ物に触るような日々を過ごしている家族や先生方の寄り添うヒントになれば幸いです。

1Q　自分で自分の心がわからない……

高校三年生、それも県内有数の高校の女生徒ですが、やっていることは人間的に幼いというか愚かというか、正直、中途半端の頭の良さです。私は自分という人間が一番頼りなく、誰かと交換したいくらいです。

先日、父親に「死にたい！」と言ったら「外で親に迷惑のかからないようにして実行しろ」と言われました。私は大笑いしてしまいました。だって、心のなかではその気はまったくなく、私を無視してきた父親を徹底的に苦しめてからでないと、死ねないからです。父親は自分が娘の私に対して罪を重ねてきたことに、ほとんど気づいていません。私はそんな父親の行為を見逃してきた母親にも生き地獄を味わってもらいたいと、小さな実験を重ねています。

それは好きになってはいけない、ずっと年上の男性と付き合っていることです。私は罪悪感でいっぱいです。私の心はどうなっているのでしょうか。

（高三・女子）

A　パーソナリティは出会いのなかで落ち着いていく

あなたの心がどうなっているのかは、本当のところはあなたにしか分からないでしょう。ただ、自分の心を一つにまとめていくことに、かなり苦しんでいると思います。ご自身のことを「中途半端」と言っているわりには、プライドの高さが伝わってきますが、きっと寂しい気持ちに堪えられなくて「死」を口にしたり、罪悪感をつのらせるような行為に走って、まわりの関心を引いているのかもしれませんね。

まず「好きなってはいけない」男性との交際をやめましょう。あなたが自分の心に落ち着いた人格としての一貫性を少しでも取り戻そうとするならば、「いけない」と分かっていることはやめることです。それに相手の年上の男性も、あなたが「罪悪感」に苦しんでいることに、まったく無頓着な人でしょうか。それとも、あなたが「罪悪感」に苦しんでいるだろう男性の気持ちを無視して、「いけない」ことを重ねているのでしょうか。

お父さんやお母さんとの関係についても、誰かと自分の心を「交換」したいほどの苦痛を抱えているようですね。お父さんに対して、どんな憎しみがあるのか分かりませんが、「苦しめてからでないと死ねない」という気持ちは、ただ事ではありませんね。その思いをわずかでも、お父さんかお母さんに打ち明けたことはありますか。自分の感情を誰にも話すことなく、一人であれやこれやと心を持て余していると、まるで独り芝居でもしているように空想的、妄想的になっていきます。そして、その空しさ、エゴから邪念すら湧いてくることがあるのです。自分が自分であることが分からなくなるのです。

このところ空想と現実を行ったり来たりしているような感覚に襲われることはありませんか。自分の思考や感情、行動がバラバラでまとまりがなく、自分の意識から突然離れたり、また帰ってきたりするのです。

だから感情の起伏が激しく、考えることもストレートです。行動も周りの状況を見ずに突き進んでしまいます。

もしあなたが、こんな日常にあるとしたら、「頭の良さ」に逃げ込むのではなく、寂しく孤独な気持ちになったら、身近な人に素直に甘えることです。そして、すぐに親密さを求めないで、わずかでも「ほっと」した気持ちを持てたら、それを大切に、いろいろな人と出会い、触れては離れていくのです。

この繰り返しの「心の旅」は、きっとあなたに「自分が自分であること」「自分らしさ」を獲得させてくれることでしょう。

2Q　自傷行為がやめられません……

　私、勉強や部活で追い詰められると、リストカットしてしまうんです。こんな不健全な私ですが、先生も友だちもみんな私に笑顔で接してくれます。だから私も笑顔で返事していますが、それがときどき辛くなります。両親の前でも明るくいい子になろうとしてしまいます。もういい加減にリストカットに逃げるのは情けないので、やめようと思っていますが、してしまいます。

　先日、いつもきちんと準備して切るのに、感情的になりすぎて処置ができずに「おか〜さ〜ん」と大きな声で部屋から叫んでしまいました。一番見せてはならない私を見せてしまい、後悔しています。

　母は床に付いた血をふいて、しばらく傷を両手で押さえてくれました。私は「ごめんなさい、おか〜さ〜ん」と言うしかありませんでした。私はいったい何を探してリストカットを繰り返してしまうのでしょうか。

（高三・女子）

A　自己否定するような〝遊び〟はやめて

　まず「おか〜さ〜ん」と呼べるのはお母さんの存在があること、そのお母さんが居てくれてよかったですね。世の中にはその呼べるお母さんが、もうこの世に存在していない人もいるし、居ても呼んだとき居なかったら自分で流れる血をふかなければなりません。その意味でもあなたは恵まれています。親に贅沢しています。

あなたがリストカットしてまで探しているものが何なのか、あなたが分からないのに、私に分かるはずがありませんが、勝手に想像すれば、生きる充実感を誰かに与えてほしいと、ないものねだりをしているのではないでしょうか。ちょっと寂しい言い方をしているかもしれませんが、それはリストカットを繰り返すあなたが「一番見せてはならない私を見せてしまい」と、ご自身の心をつかんでいるからです。

生きる、生きている充実感は誰かに褒められたり、認められたりすることでも得られますが、それは助けにはなっても、根本的な心の土台にはなりません。あなた自身が人から支えられていること、そして自分も人とつながっていることに気がついていくことが大切です。その喜びがつかめれば、わざわざ痛い思いをしてリストカットし、自分の生きている実感をつかむ必要はないでしょう。

相談に訪れる多くの若者は「自信がない、寂しい」を口にします。そのとき私は「自信」とか「生きている充実感」を過剰に思い描いているように思えます。

実は「ポジティブ」と口にして周りの人に鼓舞している人ほど、自信がないものです。自信とか充実感を成果や周りの評価でとらえていくと、それはいつまでたっても「自信はない」のです。生きる「自信」とか「充実感」は、人とのつながりです。それ以上のものでも、数値化できるようなものでもありません。

勉強や部活で「追い詰められた」とき、何か数値的な形で応えなければいけないと思っていませんか。一生懸命に取り組んでいるあなたの存在だけで十分なのです。今、あなたに先生や友だちが笑顔で接してくれているということは、今のあなたでオーケーということです。

リストカットしているわが子を手当てするお母さんの気持ちに、心を寄せてみませんか。

その手当てに踏み込む勇気は「どんな状態になろうとも、そのまんまのあなたでいいよ」というつながりの心が、お母さんにあるからです。もう自分を否定するような〝遊び〟はやめてください。

3Q　いつか死ぬ日がくると思うと怖くなる

僕は、たまに死ぬのが怖くなるときがあります。小一のころから一生懸命に考えてきました。こんなことは友だちにも話せないし、学校に行ったら忘れてしまいます。

授業で先生が病気や事故で死んでしまった子どもの話も紹介したりしますが、そのときも一所懸命に考え、友だちとも話しますが怖くなったりしません。不思議です。つい最近、両親に「死ぬのが怖い」と思い切って話しました。母は「いじめられたのか」と慌てて、父は「死にたいのか」と言ってもいないことを聞いてきました。死んだらどうなるのですか。いつか死ぬ日がくると思ったら怖くなり、勉強も手につかなくなります。

（中一・男子）

A　死んで戻ってきた人は一人もいません

生まれた者は必ずいつか死にます。そして死んだらどうなるのかは、私はもちろんですが、誰にもわかりません。死んで戻ってきた人はいないからです。それでも死んだ後にどうなるかを、知りたいですか。

これまで、あなたのようにたくさんの人が、このことに悩みつづけてきました。

生きるときに善いことをしていれば極楽に、悪いことをすれば地獄に行くから、人に優しく親切にしていこう、と説いた人もいます。また、人は死んだら全員が佛さまになって、生きている人を見守る働きを続けて行く、と〝善悪〟に揺れる人の心を救った人もいます。

こうして死後への不安にかられる人のさまざまな思いを汲み取って〝安心〟が説かれてきたのです。しかし、これはひとまずの〝安心〟です。あえて言えば気休めです。気休めがないところが死後のことは誰にも分からないことだからこそ、この気休めが大切なのです。気休めがなければ、とらわれてしまって何も手につかなくなるからです。

あなたは、友だちと話しているときは怖くならない、不思議だと言っていますが、これは友だちとただ話していることで気休めができているからです。仮に死後について話していたとしても、話題が広がったり、友だちも「怖い」と思っていることを知ったりすることで、気が休まる関係ができているのです。つまり「怖い」と思ったときほど独りぼっちになってはいけない、ということです。すると、突き詰めて考えても仕方のないことだと思えたりするのです。

人は目の前の〝小さな〟不安を回避するために、より〝大きい〟と思える不安を用意したり、作り出すことがあります。すると「勉強なんてしている場合じゃない」と、しない理由を合理化できるのです。そして、今、勉強しなければならないという不安から逃れることも出来るのです。

そこで問いかけの言葉は、このようにも言い換えられるのです。

「僕は、たまに勉強（受験）するのが、怖くなるときがあります」

結果が出るから受けない、ということにもなります。死後だけでなく、いろいろな「怖い」気持ちを誰かに話してみることです。たぶん、ご両親はわが子の突然の「死」という表現に心に余裕をなくしてしまったのでしょうね。きっとご両親も、二回、三回と話していくうちに「怖い」と思った経験があったことをこぼしてくれると思います。

こうして人とのかかわりを心に宿していけば、死後への不安、解明はすっきりしなくても、気を休める道は開かれていくと思います。

4 Q　臆病な私は、すぐ心を閉ざしてしまいます

私は友だちも含めて、人からの評価をとても気にして、否定されると、その場から逃げ出したくなります。口を閉ざすと丸く収まるので、自分だけが傷ついた思いになり、相手を思いやる余裕もなく心を閉ざしてしまいます。でも、日が過ぎると人恋しくなり、どうしたら修復できるかに悩んでしまいます。自分から人に話しかけたりできない臆病、小心者です。じっと誰かからの誘いの言葉を待っていますが、誰も私の心の扉をたたいてくれません。(高二　女子)

A　一気に仲直りしようとしないことです

あなたは小心というよりも、孤独に強い人だと思います。寂しくて、人恋しいのに心を閉ざして、それでも誰かの声掛けを待っているのです。その孤独感に堪えられなくなったら傷つくかどうかなど考えることもなく、人の懐に飛び込んでいくことでしょう。

ごめんなさいね。皮肉っぽく聞こえるかもしれませんが、人は孤独な存在です。だから人とつながるのです。その意味で孤独に弱い存在の自分を決して悲しむことはないのです。だから、その弱さを素直に認めて、人に甘えていくことが大切です。甘えるには、今日が初めての出会いと思って信じていくことです。それは〝信じる勇気〟です。

その〝勇気〟を先送りして孤独に堪え続けると、心がガンコになります。つまり、いじけて、すねて、素直さを心から遠ざけてしまいがちです。孤独に弱い人、と言いましたが、孤独に意地を張らないで弱い人になって、恥も外聞も捨てて甘えてください、ということです。「小心者」でいいのです。ただ、そこに立ち止まることなく〝甘える勇気〟を出してください、と私はあなたに御願いしたいのです。

評価のことをとても気にされているようですね。人から〝値踏み〟される怖さですね。きっと過去に、そのような経験を度々受けたからで、人を信じることにためらっているのでしょう。しかし、だからといって誰に対しても、そのような怖さをもった見方をしていくことは、あなた自身が人を〝値踏み〟していることになります。もっと人を信じなさい、ということです。また、傷ついた経験といっても、場合によっては独り善がりから起こっていることかもしれません。つまり、大きな誤解ということです。相手に対して「傷ついた」と言っている方が傷つけている場合もあるということです。あなたはこのあたりについては、もう十分に分かっているようですね。問題は「修復」なんですね。「仲直り」です。そこで具体的に一つ提案しましょう。

人から声を掛けられたら、まずは「声を掛けてくれてありがとう」と言いましょう。そして「私も声を掛けようと思っていたけれど、少し勇気が出なかったんです」と素直に返します。いきなりたくさんの思いを話そうとしないで、少しだけ話して別れ、また顔を合わせていく。その繰り返しが自ら心の扉を開いていくことになるのです。

5Q　私もキレようと思っています

私も、もうすぐ中学二年生です。これまで心のなかでは、いろいろ親に言いたいこともあったけど、がまんしてきました。だって体力的にも、お金の面でも私は子どもで弱かったからです。でも、友だちが〝家庭内暴力〟をしたら親が優しくなった、というので私もキレようかと思います。

母は私がテストで悪い点をとると、すぐに殴ります。ふだんはおとなしい父も脅迫的な言葉を言います。ほめられたことは思い出せません。　　　　（中一　女子）

A　キレやすい親をまねしないで

友だちの、たまたまうまくいった両親コントロール法の〝家庭内暴力〟に惑わされてキレようとするあなたでは、この計画は成功しません。だって、あなた自身にオリジナルな主体性がないからです。

それに、せっかくあなたに教えてくれた友だちを批判するようで申し訳ないのですが、「暴力で親が優しくなった」というなら、それは本当の優しさではなく、親を暴力という恐怖で支配、奴隷にしたからです。だから悲しいことに、その友だちの言いなりに親はなっているのでしょうね。きっと友だちも、そんなものが優しさとは本気で思っていないでしょう。ちょっと難しい表現ですが、友だちはあなたに〝洒落〟、言葉の遊び、冗談で言ったのでしょう。暴力は心を冷たくするものです。

暴力を本気であなたが実行するとは思いませんが、魔がさしてやってはみたものの、もっとギクシャクした関係になったとき、友だちに相談するのですか。

ところで、あなたのご両親は本当に困った人ですね。よほど自分のテストのことで嫌な思い出があるのでしょうね。だから外面はいい人に見えても、弱いあなたに過剰反応しているのです。

どうせあなたに触れるなら、殴るより抱きしめればいいのにね。今度、お母さんがいら立つのを見たら「殴るより抱きしめて、首締めじゃないよ」と言ってみてください。お父さんには「もう私は、脅して何とかなる年齢じゃないよ」と、静かに言いましょう。

テストの点があなたという存在のすべてではないのです。百点を取るためだけに、私たちはこの世に生まれてきたのではないのです。知識だけの「学力向上」運動に巻き込まれないように、知性に富んだ楽しい生き方を、いつか親や先生に見せてあげようね。

6Q　努力は必ず報われるのでしょうか

「努力は必ず報われる」。私はこの言葉が好きでした。そして先生も親も、みんな賛成してくれました。でも、ハンドボール部に所属していますが、いくら練習をして頑張っても、試合でその成果が発揮できないのです。いつのまにか「努力は報われない」と思うようになりました。

　それに上達していく仲間を見て「どうしてこんなに頑張っている私だけが……」と悲しくなりました。両親も「もっと工夫して頑張れ」と言いますが……。

（中二　女子）

A　努力できただけでも、恵まれた存在

「努力は必ず報われる」と思います。ただ努力した結果がどんな形となって、いつでてくるかは分からないし、報われた、と思えるかどうかは本人の気持ちが決めることだと思います。

試験勉強を努力したからといって、必ずしも成績に結果が反映されるとは限りません。勉強への意欲や努力が成績には直接つながらないで、他の面に生きてくることもあるのです。

　成績には報われなかったけれど、そのことで他のことに興味がわいて、そこで以前に「努力して報われなかった」ことが今ごろになって花咲くこともあるのです。また失敗もそこで次の学びに変えることができたら、失敗そのものにさえ「報われた」と感謝したくなります。

努力して報われることも、報われないこともある、ということです。それは巡り合わせ、組み合わせによっても変わってくるのです。報われないこともあるなら、やらない方がいいと思いたくもなりますが、それならそれでいいのですが、そのために報われるチャンスまで逃してしまいます。それに先に話しましたが、努力したことが全然違う、他の場面で大きな力になる可能性もあるのです。これは不思議なことで、長寿の方に尋ねてみてください。

つまり「勉強した努力が必ず勉強の成績で報われる」とは限らないということです。

そして成績や結果にとらわれなければ、努力できた自分そのものが、恵まれた存在であると実感でき、報われている、と思えてくるのではないでしょうか。「この程度のことができたって……」と思っても出来ない人から見たら〝神業〟ということです。

7Q　先生を困らせてしまう私は、最低の人間ですか

私は中学のとき、部活の先生に嫌なことをされて大人を信じられなくなり、世の中はこんな最低の人がいるんだなと思いました。そして高校生になったら今度は、私が担任を好きになり、先生を独り占めしたくなり、嫌なことをして困らせています。私も最低の人間になってしまいました。

中学で受けた教師・大人への不信が、高校生になって「好きになってはいけない先生を好きになる」という形に変わったのでしょうか。私が悪いのですか。（高一　女子）

A　自分の感情ばかりを優先しているのでは

悪いとは思いませんが、どうもあなたの独り善がりになっているのではないか、と思います。一人相撲といった方がわかりやすいかもしれませんね。中学の部活の先生、高校の担任と相手はたしかにいるのですが、その先生と体ごとぶつかり合った上での問いかけが見えてこないからです。

中学の先生があなたに向けて行なった「嫌なこと」とはどんな行為ですか。脈略もなく突然にあなたを否定、拒絶したのですか。「信じられない」という結論を出すには、少なくとも先生の悪意を事実として実感できていることが必要だと思います。その先生という個人ではなく「大人を信じ

られない」と飛躍して言うのですから、親も含めて「子どもに対して」ということでしょう。

すると、あなたが「大人」という年齢になると、見方に変化が起こるかもしれませんね。

また、あなたが高校生になって担任を「好き」になり、「困らせる」ことが、中学の先生と同じような「最低」の人になることでしょうか。

人を好きになったり、嫌なことを言ってしまうのは素直な人の感情です。もし、自分のその感情だけをもって「最低」とか「信じられない」と決めつけてしまったら、人とつながることは一方通行になります。

もしかしたら高校の先生は、あなたのことで何も困っていないかもしれません。そう言われると寂しくありませんか。先生に無視されているようで悲しくなるかもしれませんね。別に無視も意地悪もしていないのです。

自分の感情ばかりを優先し思い考えていくと、自分に都合のいい悩みをつくり出してしまいやすいものです。

8Q 「普通」がわかりません

僕は人の話を聞くときや話すときは、相手の目をちゃんと見るようにと親や先生から言われてきました。それでここ数ヶ月、努力していますが、前よりも緊張するし、避けられているような感じもします。

先日はクラスの女子に「キモチワルーイ」と言われ騒がれてしまいました。相談した先生は「普通に見て話せ」と言いましたが、僕にはその「普通」がわかりません。僕は「普通」の中学生ではないのでしょうか。

（中三　男子）

A 視線一つで心が揺れることが心の成長の証

相手の目を見ないで話したり、聞いたりする方があなたにとって〝楽〟なら、わざわざ目に力こぶをつくるようにして見る必要はありません。

その気負いが相手によっては「にらんだな」とか「何を威嚇してんだよ」と言いたくなる状況をつくることにもなるのです。また緊張感いっぱいのあなたの不自然さを見て「もっと素直にあなたらしく見て話してよ」といった気持ちで、女生徒も突拍子もないことを言ったのでしょうね。

あるお相撲さんの話ですが、「怖い」相手の場合は目を見ないで、あごから首、胸のあたりを見て飛び込んでいくこともあるそうです。その方が力を出しきることができて、意外に勝ったりするようです。目と目を合わせて火花を散らすのは、闘争心を煽る意味もあるのです。だから闘争する必要のないときに、あまりにじっと目を見ると相手も怖くなって逃げ出したり、反対に攻撃的になることもあるかもしれませんね。目をすえてじっと見つめるときは、闘争するときぐらいにしておきましょうね。

じっと見つめ合っていたり、「おれの目をみろ、何にも言うな」と口にできる関係になるには、時間もかかります。私も中学生のときに音楽の先生が好きで、授業中にじっと見ていたら「目つきが悪い」と言われたことがあります。

先生はどうも恥ずかしかったらしく二人でいたときは、関心を向ける私に喜んでいました。意識すると先生も「普通」でなくなるのですね。視線一つで心が揺れることが中学生の心の成長の証です。だからあなたは「普通」の中学生です。

9Q　いま一人ぼっちでキツイ

私は誰にも話せないような辱《はずかし》めを受けました。それで一人で悩むことが多くなり、心配した女子の友だち三人が声を掛けてくれたので、私の秘密を打ち明けました。でも、思い出すとイライラするので、授業中に教室を飛び出したり、先生や親にもひどいことを言ってしまいました。

友だちの三人は優しくしてくれましたが、日がたつにつれ快く相談にのってくれなくなり、今はまた一人ぼっちです。明るくしていますが、正直キツイです。周りの人に迷惑を掛けそうで怖いです。

（高一　女子）

A　「迷惑を掛けそう」ではなく、すでに「掛けている」のです

キツイのは辱《はずかし》めた人と直接向き合っていないからです。もしその人とすでに接触できない関係にあるとしたら、その出来事は忘れて流してしまうことです。忘れられなかったら、忘れないで記憶にとどめ、そのうえで〝心の冷凍庫〟にでも入れて凍らして置いてください。そしてあなたに心の余裕ができたら取り出してみてください。きっと出した瞬間に大きな人生の糧となるかもしれません。また今、身近にいるとしても、あなたに対してその人が辱める行為をすることがなければ、もう距離をおいて関わらないことです。相手にしてかえって引きずり込まれたら、他に向けるべき意

味あるエネルギーを吸い取られかねませんよ。

間違っても、これを逃げていることだと思い正義感で独り突っ走らないことです。これは〝吸血鬼〟から自分の命を守るために起こしている勇気ある行動です。むしろ嫌われたくないと同じ人に近寄り、辱めをふたたび受けることの方が、自分と厳しく向き合うことから逃げていることになるのです。

辱めと思うその程度は、比較したり、ガイドラインで決めたりできるものではありません。他の友だちも辱めと表現するかどうかは別にして、けっこう秘密にしておきたい過去をもっているものです。受けた辱めをきっかけに、人を辱めることのない誇りある凛とした生き方に、心を変えていった人もいると思います。そのような人は、辱めに対して毅然とする心が定まらない人を見ると、無関心ではいられなく優しく接し、その心の決断を見守っているのです。

「迷惑をかけそう」ではなく、すでにあなたは「かけている」のです。だから友だちは、あなたのその叫びにこたえて、声をかけたのです。今度はあなたが友だちの、耳では聞こえてこない心のなげきを聴く番です。

10 Q　単身赴任の父と二人でいることが嫌で……

僕のお父さんは中国へ仕事で行っています。一年に二回ぐらい帰ってきます。もうこんな生活になって四年になります。それで質問ですが、僕はお父さんのことが嫌いではありませんが、二人でいることがとても嫌です。何を話していいのか分からないからです。それに、お父さんも詰問するようなことばかり聞いてくるのですが、だんだん話すことがなくなるのか、僕と話しても商売にならないのか、黙っていることが多くあります。一週間ぐらいして中国に帰ります。「勉強しろよ」「お母さんに心配かけるなよ」と言って帰りますが、なぜか、うれしくもさみしくもありません。お母さんは「お父さんが（中国へ）帰ったら、のびのびできるね」と嬉しそうです。

僕のお父さんに、先生（富田）のいう「還《かえ》る家」はあるのでしょうか。（中二　男子）

A　〝還る家〟は一つだけではない

建物でなく人間関係として心の安心できるところが「還る家」ですが、それは自分が決めることです。お父さんの還る家は、お父さんの心が決めることなので、私には分かりませんが「ある」と思います。どうも君から見たら「ない」ように思えるのではないでしょうか。

君は「もうこんな生活になって」と書いていますが、お父さんにとって家族がいる日本の家が還る家になっていないのではないか、と心配されている心が伝わってきます。「お父さんは日本にいるより、早く中国に戻ってやりたい仕事があるのではないか」と思えるような様子を、君はお父さんから感じたのではないでしょうか。

お父さんにとって、中国の職場も今は還る家の一つだと思います。だから中国で働いていることができるのです。そしてお母さんやお兄ちゃん、君が住んでいる家庭も還る家なのです。

還る家があるから、再び中国に旅立つことができるのですね。君の住んでいる家だけが、お父さんにとっての還る家であってほしいという気持ちは、とてもよくわかりますが、欲張ってはいけません。でもね、最後に残る還る家は、家庭でしょう。そして永遠の還る家は、一人ひとりの心のなかにある、人とのつながりの思い出となるのでしょうね。

お父さんが日本にいる間のことで、二人でいると嫌いではないが、イヤになることがあるというのは、その場が緊張するということではないでしょうか。父と子という親密な関係といっても、ふれ合う場面が極端に少なければ、お互いにあまりよく知らない関係です。それが「何を話していいのかわからない」状態を生んでいるのです。きっとお父さんも、そのことに焦って詰問調になっているのでしょう。

だからお父さんも、君と上手にふれ合えなくて、口が重たくなっているのです。君がお父さんのことを「商売」というように、お母さんも嬉しそうな顔をして「のびのびできるね」と言うのは、緊張感を隠すための照れ隠しです。それにしても、ぼつぼつ中国から戻ってきてほしいですね。

11Q 両親へ離婚の打診をしたいのですが……

母はいつもガミガミ言っているような人ですが、それは私のことを誰よりも一番心配しているからだと思います。私が悔しがったり悲しかったり、困ったりすれば私以上に悩んでくれます。でも父は、母と違って自分勝手に「お前のために言っているんだ」と期待を押しつけてきます。私が本当に悩んでいるときに、それとなく話しかけてきても、ただ「勉強しろ」と言うばかりです。私は父が嫌いです。父と母は離婚して、私は母と、弟は好きな父と暮らせばいいと思います。こんなことを一人で考えても仕方がないので、両親に打診してみようかと思いますが、いい方法はありますか。

（中二　女子）

A いったん見限って新たな出会いに期待する

両親への離婚を打診する、いい方法はありますよ。最終的に離婚は二人の心が決めることですから、あなたの期待や願いはわかっても、その意志通りになるとは限りません。

そこで、両親は互いにどんな気持ちをもって夫婦生活をしているのか、子育てしているのか、そのあたりを探ってみることがいいと思います。そのためには「お母さん、お父さんと結婚して一番うれしかったこと、悲しかったことはどんなことだったの」と聞いてみることでしょう。

それぞれにこっそりと聞いてみてもいいと思いますが、とくにあなたのお父さんは照れ屋さんのようですから、まともに答えないで、つれない表現をしてしまいそうな気が、私にはします。例えば「くだらない質問はするな。そんな暇があるなら勉強していろ」とか、心にもないことを言いそうです。

「うれしいことはマイホームを手にいれたとき、悲しいことは子どもの成績が落ちたとき」なんて言い方をするかもしれませんね。そのとき、あなたが「最低の父親」と強く怒って言ったら、きっと「冗談だよ、冗談」と慌てて言い逃れしそうです。

どちらかというと、お父さんに比べて、あなたとべったりな感じのするお母さんは、いつも親子でバトルし、また仲直りしているので、こんなときストレートに正直な気持ちが言えると思います。つまり「大好きな子どもたちの存在は、お父さんと結婚していなかったら、あり得ないこと」という気持ちです。だから、打診するときは両親そろってのときがいいと思います。

私も中学卒業までは両親に離婚してほしいと思っていました。

父の母への暴力的なところが嫌だったのです。何かにつけ父は母を殴るのです。もちろん私は、それに対して体力的にも母を助けることができず、自分が悔しくて父への恨みを増幅させていきました。

私はあなたのように「打診」する勇気はなく、結局、就職という形で卒業と同時に家出するように故郷を後にして、寮生活にはいりました。父を見限り、母を置き去りにした感じでした。

10年後、両親と同居することになり、父は孫である私の子どもたちの子育てを、一所懸命することで、私や母への〝罪滅ぼし〟をしてくれたような気がします。

これが照れ屋な父の精一杯の生き方だったのでしょう。父に「親として」の期待をあきらめて中学時代を乗り切り、卒業で見限り、再び10年後にこれまでとは違った環境で、父と子の出会いを見つけました。

長くなりましたが、何かあなたの参考になりましたでしょうか。

12Q　短気ではすまない反抗的な行動を起こしてしまうのは……

私は自分の思い通りにいかないことがあると、泣いたり、親に反抗したりします。「短気」の程度ではありません。なぜなんでしょうか。教えてください。親は私のためにいろいろやってくれていると思いますが、どうして私の思い通りのことをやらせてくれないのですか。

私はイライラしているのに、もう一人の私は、どうしたら親の言うことを素直に聞けるのかと思っています。いったい親はテストで何点とれば喜んでくれるのですか。数日前に家のガラスを割りましたが、お母さんもお父さんも、私が割ったとは思っていません。それがちょっと寂しいです。子どもを大切に思わない親はいないと言いますが、本当でしょうか。　（中一　女子）

A　反抗的な心がわいてきたら「さみしい」と言葉にして言ってみよう

泣くのは思い通りにいかなくて、悔しいからです。だから泣き虫の涙は悔し涙です。深く考える必要はまったくありません。泣いているあなたが自然です。

親に反抗するのは、気づいてほしい刺激的サインです。そんな辛いときに一番受けとめてほしい相手が親なんですね。あなたの心は、大丈夫です。だって、反抗してまで親を求めているからです。

変わった表現になりますが、子であるあなたの前途が親の前途になります。あなたが困ると親も困ります。他人事にならないから、あなたのすること一つひとつが親には気になります。すると、あなたのすることが親にとって気に入らないと、いろいろ口やかましいことを言うのですね。だからそのときに、あなたの心が「イライラ」してしまうのは当然です。そして「もう一人」の自分は、その親の強い関心を「素直」に受けとめようとして葛藤しているのですね。あなたはとても優しい子です。反抗的な言い方が強く出すぎて、素直な話し方が引っ込んでいるのでしょう。「お父さん、お母さんが大好きです。だから私も素直になりたい。ちょっとでいいから、私の気持ちを聞いてください」と、丁寧な言い方で親にお願いしてみてください。親はあなたの真剣な態度に驚いて耳を傾けるでしょう。そしたら「ありがとう」と言ってから、ゆっくり気持ちを話していきましょうね。「テストの点数だけで、私のすべてを決めつけないでください」「お母さんはお父さんが好きですか。答えづらいことを聞いてごめんなさい。でもずっと気になっていたの。だって、お母さんは私のことばかりに関心があるから、お父さんが寂しそうに見えたの……」「ガラスを割ったのは私です。割れるとわかって割りました。寂しい気持ちをこんな形でしか表せない自分が嫌だな、と思ったりすることがあります」。こんな感じで、自分の気持ちを話してみてください。

子どものことをまったく心配しない親はいません。心配しすぎて親の価値観で怒鳴ったりしてしまうのです。親子って近い関係だから、お互いに期待を求めたり、応えようとして悩むものです。「変な関係」と思うかもしれませんが、離れていれば恋しくて、寂しくて、近づきすぎるとうっとうしいのが、親子関係です。それでつながっているのです。

13 Q 家族が立派すぎて息が詰まりそう……

僕の家はとても明るくて活気があります。友だちからも「仲がいい、うらやましい」と言われ、僕もそう思います。こんな幸せな家に住んでいながら、贅沢なことかもしれませんが、お父さんもお母さんも、大学生のお兄ちゃんもみんな立派すぎて、変な質問ができないのです。

家族に聞いてみたい質問というのは、お父さんやお母さん、お兄ちゃんは子どものころ悪いことをしたことがあるのか、ということです。未成年でお酒を飲んだり、タバコを吸ったことがあるか、ということです。また、親に暴力をふるったことはあるか、友だちをいじめたことはあるか、家出をしたことはあるか……。やっぱり「仲がいい家族」にこんなことを聞いてみたくなる僕は変わっているのでしょうか。

（中一　男子）

A 家族が好きだから聞いてみたいのです

私はあなたが家族に「こんなこと聞いてみてもいいのだろうか」と遠慮して、自分の心に不安や戸惑いを起こしている姿がとてもいじらしく、またちょっと痛々しくも思えます。それに、質問には「変」も「立派」もないのですよ。あなたは今、家族に対して本当に「仲がいい家族」とはどんな家族なのかを尋ねてみたいのではないでしょうか。

友だちが何と言おうと、それは一面的見方であって、ずっと毎日顔を合わせて暮らしているあなたには、これまで悲しかったり、腹が立ったりしたこともあるのではないですか。考えや意見が食い違ったりしたこともあるでしょうし、これから自主的に生きようとすれば、さらにそんな場面も増えると思います。もちろん、それは家族同士お互いにあることですが、一緒に暮らしている以上、どこかで自分の考えをゆずったり我慢したりして、仲良くなるための努力をしなければ暮らしにくくなります。

だから本当に「仲がいい」というのは、食い違って「ケンカしても、あきらめずに仲直りできる」家のことです。ケンカばかりして仲直りできない家は「仲がいい家族」とは言えませんが、何も対立しない、意見の食い違いもない家も「仲がいい家族」とは言えません。なぜなら「ケンカしたらもう終わりだ」と、ケンカしないように自分の心を押し殺している可能性があるからです。

あなたは最近、家族と少し会話が減っているようです。「ケンカしない」家族がいいと思いすぎて「変な質問」と勝手に決めつけているのかもしれませんね。

今、あなたが「仲がいい家族」に「変な質問」をしてみたくなるのは、あなたが「変わっている」子ではなく、本当に家族思いの子だということです。

そこで聞いてみたい質問についてですが、家族の人に「子どものころに悪いことをしたことがあるか」ということを尋ねてみたいということは、あなたが人として他の人と付き合っていくうえでの、モラルの身につけ方に関心を持ち始めているということです。

お酒、タバコは子どもにはいけないことなのに、なぜ大人には許されることなのか、ということ。これはまさにモラルの基本で聞いてみたいですよね。暴力、いじめ、家出はモラルよりももっと深い人としてのエゴです。家族の人もみんな友だちや親や先生に、聞いたりして悩んできたことです。

こういう大切な質問を家族にしてみたくなるあなたは、家族が好きで信頼しているからです。たくさんの見方に出会えるといいですね。

14 Q 家庭の事情を詳しく知りたい子は「ヘン」ですか……

父は「そんなこと聞いてどうするんだ」と言いますが、私も家族の一員だから聞きたいのです。お父さん、お母さんの給料はいくらなのか。家には財産はどのくらいあるのか。借金はあるのか。お父さんとお母さんは離婚を考えていないか。なぜお兄ちゃんは大学を出て何年もたつのに、家でゴロゴロして部屋のなかを暗くさせているのか、もしかしたら病気ではないのか。もしもお父さんとお母さんに不幸なことがあったら、私がお兄ちゃんの面倒を見るのか。

お父さんは「家族に隠していること、秘密は何もないから心配しないで、勉強していればいい」と言います。私も両親の給料を聞いたからといって、何もできませんが、でも知っていたいのです。お母さんは私のことを「そんなことを気にしている中学生はいない。勉強や運動に集中していないからだ」と言うのです。私は「ヘンな子ども」でしょうか。

（中二　女子）

A 両親に直接、あなたの気持ちを伝えましょう

あなたはまったく「ヘンな子」ではありません。とても家族思いで優しくて、私の気持ちで言えば、健気でいじらしい少女です。

あなたが言っているように、お父さんやお母さんの給料を知ったところで、それで給料が高くな

るわけではないでしょう。でも、「協力できることはしたい」ということではないですか。そのどこに、どんな協力をしたらいいのかを知りたいのですよね。

例えば高校進学にしても、私立と公立では学費にかなりの差があると思います。なるべく両親に負担をかけたくないという気持ちが伝わってきます。財産や借金までを聞いてみたくなっているのは、きっと「子どもにお金の心配をかけさせたくない」と無理しているような両親の心を、どこかで強く感じているからではないですか。

さて、離婚を尋ねてみたいのはどんな気持ちからでしょうか。給料のことを聞いてみたくなったことでも言えると思いますが、何となく家庭に会話が不足気味になっているのかもしれませんね。ご両親の仲がよい、悪いということよりも、あなたに二人の関係がよく見えない、ということではないでしょうか。

お父さんはお母さんをどうみているのか、お母さんはお父さんのことをどう思っているのか、さらに広げて考えると、お父さんはあなたのことを、お母さんは……ということです。反対に、あなた自身もお父さんやお母さんとどんな関係になっているのか、です。そのあたりがなんとなく見えなくて心配になったのでしょう。

お兄ちゃんについても、いろいろと考え込んでいるのではないですか。正直「暗くさせている」現実があるとすれば、あなたにとって無視できない問題が身近に起きているのかもしれませんね。

将来への不安も湧いてくることを考えると、ぜひご両親に直接、これらの戸惑いを打ち明けてください。それでも両親が「安心しろ」「心配しないでいい」と言われたら、その言葉を信じて、こう言ってください。

「信じるから、これからも私に不安が出たら聞いてね」と。

「親に言っても聞いてくれない」という感じになったら、その不安、心配を一人で抱え込まないで、担任や友だち、まわりの大人に相談してみてくださいね。

15Q　復縁したいという身勝手な母にどう接すればいいですか

父と母は数ヶ月前に離婚し、僕と弟（小六）は母の実家で親子、祖父母の五人で暮らしています。母によると、父は他に女性ができて「これからは家に帰ってこなくなる」ということで、泣きながら祖父母に頼み込んで助けてもらいました。僕と弟は気持ちを切り替えてみんなで一緒に生活していこうとしているのですが、母は毎晩「優しくて明るい人だった」と父のことで泣いています。弟は「もうパパは帰ってこないんだよ」と母を励ましたりしています。

僕と祖父は「復縁できるならしたい」と言う母にあきれて口も聞いていません。（中二　男子）

A　依存的な親には厳しく対応して……

心の定まらないお母さんで、君も弟も苦労していますね。

少しお母さんは思い込みの強い人のようで、様子を見たり、待つことができず、結論を急いでしまい、後から落ち着くとあれやこれやと、その決断の迷いが出てくるのでしょう。ただ、お母さんの身近にいる人は、その〝身勝手〟さに知らぬ顔もできませんから、状況によってはどうしても巻き込まれやすいと思います。

そう考えると、弟も君も混乱気味のお母さんを支え、「気持ちを切り替えて」現実検討の歩みをアドバイスして立派だと思います。友だち関係や勉強のことでも不安が起こってくる、思春期まっただ中の中二、小六の二人の兄弟。「しっかりしてくれよ、お母さん。お父さんも夫はやめても父親なんだから、何とかしてくれよ」と言いたい気持ちだと思います。

皮肉っぽい言い方に聞こえるかもしれませんが、今回の離婚をきっかけに親が子どもにどんな子育ての〝プレゼント〟をしたのか、そんなことを考えてみると、結構いっぱいありそうですね。

お互いが相手を思いやる努力をしなければ、家族といえどもバラバラになることがあるということ。そして、あらゆる面で親を頼るしかない子どもは、そこで不安や寂しさをいっぱい抱えていく。さらに、そんな悲しみを無視しないで、祖父母のように寄り添ってくれる人たちが世の中にはいるということです。この経験から得た実感、気づきはきっとこれからの二人の人生にとって豊かな人間関係を築く〝礎〟となることでしょう。

さて、おじいちゃんと一緒にお母さんの愚痴にあきれている君の今後についてですが、まず口も聞いていない自分を決して否定しないでください。それは悪いことではなく、お母さんのことを心配している優しさが、君にあるから起こる行動だからです。

だからといって、依存的なお母さんをこれからずっと気にかけていたら、君や弟の人生はお母さんのためだけに費やす人生になりかねません。君の気持ちがわかりそうなおじいちゃんと相談して、お母さんに巻き込まれない自分の人生をつくっていってくださいね。

それとお父さんのことですが、君の生き方とは反するような行動をとるところもある人のようですが、何か機会があって出会う日がめぐって来たら、とりあえず顔だけでも出しましょう。

ただそれ以上深入りしないで、夫の立場ではなく父親の責任放棄だけを心のなかで問いかけていってください。そして、いつか心に余裕ができたら両親に親の心を教えてあげましょうね。

16Q　自己中心的な母とどのように付き合えばいいのでしょうか

お母さんは、私のことを考えて子育てしてきたのだろうか、と疑問に思うことがあります。中学三年生にもなっておかしなことを言う生徒だと思われるかもしれませんが、私の分かってほしい気持ちを、まったくといっていいほど聞いてくれません。先日も「お母さんは立派とまでは言わないけど、〝普通の人〟として育っているから、あなたもお母さんの言う通りにすれば、最低でもお母さんの幸せはつかめる」と言いました。

うぬぼれもいいかげんにしてほしいです。私は〝物〟ではありません。母親とどのように付き合えばいいのでしょうか。

（中三　女子）

A　自分の幸せ感を育てるために「親離れ」しましょう

「子どもが大きくなったときに、『親のしつけが悪かったから、こんな困った人間になった』と言われたくないから厳しくしました」と、私の相談室で悔やむように言われた母親がいました。

確かにわが子の将来のためを思って、厳しくしたのでしょうが、それは親自身が困らないためでもあったのですね。だから、あなたのお母さんも、たしかにあなたの将来のことを考えて子育てしたのでしょうが、あなたの考えや気持ちは「子どもの考えていることだから幼い」と思い、後回しにしてきたことも確かでしょう。その意味で、あなたの「分かってほしい気持ち」の重さが母親には伝わらず、聞き流されてきた感じがするのかもしれません。

もしかしたら、あなたのことを誰よりも深く考えているのはお母さんかもしれませんが、その思いが強いだけに当事者であるあなたの気持ちや、考えが心のなかに入ってこないのではないでしょうか。そしてあなたも、これまではそんなお母さんの意思にまかせで〝楽〟だったのかもしれません。ところが、お母さんに対して「疑問」が出てきたのです。

それは自分のこれからの人生は自分で築いていきたいと思う主体性です。親への依存から抜け出す一歩です。だからお母さんへの「疑問」は「おかしなこと」ではありません。

あなたはお母さんではありません。お母さんはあなたではありません。お母さんの幸せ感があなたの幸せ感とはいえません。なぜなら、みんな育ってきた環境、人との出会いが、親子であっても違うからです。

つまり、性格は似ていても人格、パーソナリティは別なのです。きっと、お母さんも深く考えて言ったわけではないと思いますが、お母さんの幸せ感をあなたに「最低でも……つかめる」と押しつけるのは、心に余裕をなくしているからだと思われます。しかし、お母さんの言うことを、そのまま受け入れてしまったら、あなたはお母さんの〝操り人形〟になりかねません。〝物〟ではない、と言い切るあなたの感覚を私は応援します。

さて、お母さんとのこれからの付き合い方ですが、いただいた親の幸せ感に感謝しつつも、自分の幸せ感を育てていくことに努力していきましょう。そしてお母さんにその思いを伝えてください。

少し「親離れしたい」「子離れしてほしい」ということです。これに対してお母さんが「生意気なことを言って」とか言いながら怒ったり、冷たい態度をとるようなら、身近な誰かに相談して、押しの強さに巻き込まれないような心の距離のとり方を考えましょう。親も子も、生きていく当事者は自分なのです。

17Q　寂しがりやの私を母は嫌いなのでしょうか

中三にもなる私が、こんなことを言うのは変かもしれませんが、私は母と手をつないで買い物に出かけたり、体を母の肩に預けて坂道を上ったりしたいのです。でも母は、人の目のあるところではとくに嫌がります。「何してんのよ、しっかりと歩きなさいよ」とか「うるさいわね」と言って一人で歩き出したりします。家のなかでは手をつないだりすることはないので、炊事の手伝いをしますが、文句ばっかり言います。母は私のことが嫌いなのでしょうか。（中三　女子）

A　甘え下手な親には甘え方を教えてください

あなたはいくつになっても、お母さんの子どもです。子どもはちょっと心がもやもやしたり、不安というほど大げさではなくても、心細い気持ちが起こったときには親に甘えたいものです。

一人でもいいからつながる相手がほしいものです。もちろんその一人が友だちであったりもしますが、身近な、そして、確かな存在として親がいます。とりわけ親でも、母親は父親と比べて、お腹のなかで誕生の準備をしていた分だけお付き合いが長いので、不安になればそのお母さんのお腹に還る気持ちで、甘えてみたくなるのでしょうね。

それに甘えるには勇気が必要です。素直になって相手を信じる勇気です。あなたが、お母さんと手をつないだり、ちょっと抱きついてみたくなることは、信じる勇気がある証拠です。それに人間関係の基本は親子関係が始まりですから、あなたがお母さんに甘えたい気持ちが起こるということは、そのままお母さんにもあなたを信じる心があるということです。

きっともっと小さなころを思い出してみると、あなたはお母さんとの間でじゃれたり、ふざけ合って甘える勇気を育て合っていた時代があったのでしょうね。

さて、そのお母さんが、あなたの信じて甘える行動を嫌がるということは、照れ隠しです。あなたのことを「嫌い」になっていると受け取ったら、これは大きな誤解になります。

もしかしたら、今のお母さんは、仕事や他のことで心が疲れているか、もともと人に甘えたり、甘えられたりすることが〝苦手〟〝不器用〟な人かもしれませんね。

心の根っこはとてもおちゃめで、やんちゃな人だと私は想像してしまいます。不器用ということは、本当はあなたと同じように甘えたいし、その心があるのですが、ストレートに表現しにくいのでしょうね。

あなたには想像もつかないことかもしれませんが、きっとお母さんは演劇や朗読といった〝役割演技〟で自分を表現することには、とても心が動く人だと思います。つまり、人の前で娘からストレートに信じるメッセージをもらったりすると、その信頼にどう応えたらいいのか、思いがふくらみすぎて心が慌ててしまうのです。その心の表現が照れなのです。だから、他人の子に甘えられたら娘ほど緊張しないで、上手に遊んだりしているのではないでしょうか。

家で手伝うと文句を言うのも、あなたの優しさに応えられる母親にならなければと過剰反応を起こし、照れで不快な表現をしているのでしょうね。

申し訳ないのですが「親育て」と思って、このまま甘え続けて、少しでもお母さんがやんちゃに甘える勇気を出せたときには、「こんな感じのお母さんが可愛い」と褒めてあげてくださいね。

18Q 母親に暴力をふるう父親が大嫌いです

私は母親を痛めつける父親が大嫌いです。父親はすぐに手をあげて、自分の思い通りにいかない不満を母親にぶつけます。もう最低の男です。母親もあんな男と早く離婚すればいいのに、いつまでも離れません。それだけではなく、母親は父親から受けたストレスを私にぶつけます。だから母親も私は嫌いです。家にいるときは、自分の部屋で一人でいることが一番落ち着きます。と思っていたら、母親が一人で家を出て行ってしまいました。今は、父親と二人の私です。

（中二　女子）

A 逆境をバネに大人への一歩を踏み出して

お母さんに一歩、先を越されましたね。いろいろと出る状況というか、タイミングを狙っていたのでしょうか。

お父さんはあわてていませんか。それとも意外に落ち着いていますか。どちらにしても、中学二年生のあなたとしたら困ったものですね。いずれも勝手な親で、本当に子どもに苦労ばかりかけて、お会いできるならば「何を考えているんだ」と、叱ってあげたい気持ちです。

さて、嫌な父親だからといって一人でお母さんのように飛び出すわけにもいきませんので、とにかく親子二人で、お母さんの居場所を探しましょうね。きっと父親に嫌気がさして、お母さんは家出したと思います。

問題はお父さんの心です。

愚かな最低の父親だからといって避けないあなたは、お父さんにビシッと自分の意思をとりあえず伝えてください。これがきっかけで父親の別の面が見えて、あなたとの関係に希望が出るかもしれません。だいたい、手をあげたり暴力的になりがちな人は、どこかに心の傷をもって、その劣等感を口にできる安心した相談相手がいないものです。その相手があなたになってほしいと願うのも、酷な話ですが、子どもじみた父親を大人扱いするには無理があるのです。

この逆境をバネにして少し早いですが、大人的に振る舞ってみてください。

混乱しそうなときは、信頼できる先生や隣近所、親戚の人に相談してみてくださいね。きっとそのうちに、お母さんはあなたの前に顔を出すと思います。

19Q　兄と弟と母で、私を無視するのです

私は母と兄と弟の四人で暮らしています。母は昼間働いて、平日の半分は夜中まで勤めています。私は母に少しでも休んでほしいので、掃除をしたりしています。でも、母は何も私が悪いことをしていないのに無視したり、ときどきは、叱りつけてきます。兄はバイトから帰ると母と声を出して笑い合い、弟は手をつないで買い物に出かけたりして甘えています。

私は二人がうらやましいです。この家の子じゃない、と言われているような気もします。

（高一　女子）

A　お母さんを家事に巻き込みませんか

なにもいじける必要はありません。あなたにスネてしまいたい心があるとすれば、それはお母さんがあなたのことを好きだということを、あなたが分かっているからです。

これまでにどんな事情があったかは分からないけど、三人の子どもをかかえて、お母さんも心細いときがあったでしょうね。三人のわが子のことを思い出しては「一人じゃない」と踏ん張ってきたのでしょうね。三人の子どもの寝顔、笑顔、ありとあらゆる表情に励まされてきたのだと思います。

だから、そんなお母さんを少しでも楽させてあげようと、家のことをお手伝いしてきたのですね。なにかとてもほほ笑ましい親子関係が僕の目の前に浮かんできましたよ。

さて、ときどきそうでもない現実に、あなたは襲われているようですね。しっかりとお母さんに聞こえる声で話しかけているのに、無視するのですか。しかりつけているように聞こえるのは、ほめてほしいときに、あれやこれやと言ってくるからではないですか。

家のことはあまりしないで、外でアルバイトして帰ってくるお兄ちゃんばかりかわいがっているようで腹が立っていませんか。弟はいいタイミングでお母さんに甘えて、自分ばかり損している、と思っていませんか。思わずお母さんが誰の名前を一番多く呼んでいるのか、カウントしたくなったりしませんか。叱られたと思っている数も含めれば、あなたが一番多かったりするかもしれませんね。

ねえ、お母さんを「楽させたい」と、あれもこれも頑張って「なんでも平気だから」と言って、やりすぎていませんか。だからお母さんは「いい子」のあなたに「楽《らく》」しているのかもしれませんよ。今日から少し「お母さん、この家事を一緒に手伝って」と甘えてみませんか。

あなたなら特別にお母さんといる時間をつくらなくても、一緒にお掃除をしている方が似合っていると思います。

20 Q 親が学校にほとんど来てくれない

僕の親は、今日の先生の講演会にも来ませんでしたが、ほとんど他の行事のときも来ていません。小学校のときより、親と話す時間もとても減りました。せめて一日一回でいいから、自分のことについて聞いてほしいです。どうしたらいいですか。

（中三　男子）

A 親も生活に必死で子どものことを忘れていたりするものです

「今日の講演会にきてくれるよね」と、あなたは親に言いましたか。親だから知っていたら来るのが当然だ、と思っていませんか。

もしかしたら「どうせ言ったところで、いつも来ないから今度も来るわけがない」と、あきらめていることはありませんか。

あなたの親がどんな仕事をしているのか分からないけど、なかなか休みにくい職場に勤めているかもしれないから、あまり悪く考えない方がいいと思います。少しでも休むと、お給料やパート代にひびくのかもしれません。お金は天から降ってきたり、寝ているだけで入ってくるというわけでもありません。

私の両親は自営業（小売店）をしていましたので、月給ではなく〝日銭〟といって一日休めば、その日はお金のない生活でした。ちなみに私も自営業のような相談活動です。母は毎晩、一円や十円や百円札を丁寧に並べて家計簿をつけていましたね。

うちの両親も私が中学生になると、ほとんど学校に来ることはありませんでした。私のことは学校の先生に任せっきり、という状態でした。とにかく貧しい時代だったので、土曜日も日曜日も、いつも働いていた気がします。私の両親だけでなく、他の友だちの家の人もそんな感じでした。

あなたが親に対して寂しい気持ちがあるのは、学校に来てくれないことよりも、なんとなく、たわいない話をする機会が減っているからなんでしょうね。

親に関心を寄せてほしいということでしょう。「聞いてほしい」ことがあるなら遠慮しないで「話していく」ことだね。その努力に親が無頓着だったら「たまには、わが子のことに時間を取ってみなよ」と、少し怒り気味に言ってくださいね。

21Q 自分がした「いじめ」を謝りたい

私は級長をしていますが、クラスの女子に、とても悪いことを友だち数人としてしまいました。いじめをした自分が怖くなりました。

担任はクラスで、私たちにいじめられた子の了解をとって、そのことを話しました。沈黙のなか、私たちはその場で謝りました。担任は、あきれた顔をしていました。

その後に担任は激しく私をしかりつけました。ショックでしたが、担任は新学期が始まるときに「生徒のことがどうでもいいと思えば、しかったりしないから……」と言いました。この学年が終わるにあたって、私はクラスのみんなに、担任に、何と言って謝ったら許してもらえるのでしょうか。

（中二　女子）

A 自己満足で蒸し返してはいけません。

級長として、あらためて謝りたかったら、教壇のところに行って、ひざまずいて土下座をするくらいの覚悟で、心の底から謝りましょう。そして「ごめんなさい」と素直な気持ちで言いましょう。

そのときに「級長の責任だ」とか、どんな批判が襲ってきても、いっさい反論はしないで耐えてください。さらに、あなたに意見する級友がいても、決してうらんだりしてはいけません。また、不信感をもってもいけません。

すべては今、学年が終了するにあたって、謝りたい、級友や担任に許してほしいと願う、その自分の責任で心を鎮めていくのです。

厳しい言い方に聞こえるかもしれませんが、「いじめ」の件はすでにクラスで話し合われ、あなたたちが謝ったことで済んでいるのです。そして、そのことをきっかけに、お互いに信じて、許し合う関係をクラスで築いてきていると思います。だから終業式も無事に迎えられるのです。

そのときに、あらためて級友に、あなたが級長として「許してください」と言うとしたら、それはあなたの自己満足で、むしろあなたが級友に対して「許されていない」と思っているからです。級友こそ、級長から信じてもらっていないことになります。級長としての責任を、そこまで自覚しているなら「なぜいじめをしたんだ」と級友も過去を蒸し返したくなるでしょう。

いけないことと分かっていながら、過ちを犯してしまう弱い存在が、私たち一人ひとりなのです。級長だって一人の人間として見るならば、その弱い一人なのです。その弱さを許し合ったのがクラスでの話し合いのときだったのです。

そしてそのとき、いじめたあなたたちは、勇気を出して素直に謝りました。とりわけ、級長であったあなたは、その責任感を考えると、つらかったと思います。でも、級友や担任を信じて謝ったはずです。

そして、あなたは新学期の担任の言葉を思い出し、しかりつけるその行為を好意的に受けとめました。この心は、あなたが担任を信頼しているからこそわき起こってきたものです。だから級長としてもあなたは級友や担任に「信頼」をもって接し、なおかつ「許し」をいただいているのです。

だから私は、もう「いじめ」について、わざわざ触れて「許し」を声にしていく必要はないと思うのです。それよりも「いじめた」その事実の悲しさ、おろかさを心の中に抱えて生きていくことです。

すっきりさせないで、「ごめんなさい」と忘れることなく引きずっていくことが、本当のあやまりです。それでも、節目に当たって「もう一度、謝りたい」なら、級長ではなく一人の個人として、手紙なりで「ごめんなさい」と謝って、心に節目をつけていくことです。

22 Q　話を聞いてくれる人がいない……

私は中学二年の女子です。まわりの人は、私のことを「おとなしい、いい子」と言っていますが、それは何も私のことを深く知ろうとしないからです。もちろん私も簡単に付き合い的にそんな言い方をしてくる人に対しては、信じられないので「そんなことはない」と言って、わざわざ自分の心を話すことはありません。ひねくれていますか。

一人くらい、何に対しても話を聞いてくれる人がいてほしいと思います。せめて家族に一人ぐらいは、そんな人がいてほしいです。今、私は家の人たちと上手くいっていません。母の私への口ぐせは「もっと素直になりなさい」です。「素直になる」ってどういうことですか。父の口ぐせは「もっと自分らしく生きてみろ」です。「やさしい子で、頑張りやさんだった」の繰り返しです。父は私に何を言いたいのでしょうか。

（中二　女子）

A　すねている自分と向き合い抜け出すことです

ひねくれている、とは思いませんが、すねている、と思います。

つまり、「もっと私のことを知ってください」と思っているけれど、自分からは照れ臭くて言えないので、相手にもとめているのです。打ちとけようと自らしていないのです。だから、まわりの人に「おとなしい、いい子」に見えるあなたからの「話したい、聞きたい、仲良くなりたい」のメッセージが届かないのです。

これは立場を変えてみれば分かることです。あなたから見たら、とても幸せそうに映る友だちも、内心では「その姿が本当の私ではない」と言いたい気持ちでいるかもしれません。基本的に自分を人に分かってもらうためには〝自ら発信する〟努力をあきらめないことです。その努力が１００％かなえられるとは言い切れないので、ときどきすねて「別に分かってもらおうなんて、思っていない」と強がったりするのです。その〝発信〟する仕方は不信や否定、拒絶を前提にしないで、相手に「分かってもらえるように話してみよう」と信じて発することです。

自分の身のまわりの人で、一人くらい自分の話を最後まで他人事にせずに、聞いてくれる人がほしいですよね。家族がそんな一人であってほしいのですが、家族だからこそ他人事の関係になれないので、ときに口やかましくなってしまいます。

でもそれは、あなたの不安や悩みがすでに家族の不安、悩みになっているからです。これは他人ではないということです。ありがたい存在です。「素直になる」ということは、向き合っているその人を「信じる」ということです。

お母さんはあなたに「お母さんを信じて」と言っているのでしょうね。これはお互いさまですから、あなたも今度、お母さんに「私もお母さんを信じて素直になるから、お母さんも私を信じて素直になって……」と言ってみましょう。

「自分らしく」というのは「自分を否定しないで」ということだと思います。

お父さんに少し強がった言い方をしていませんか。

たぶん、そこに自分自身のことを嫌いになっているあなたを見て、お父さんもつらくなっているのでしょうね。

きっとご両親も、あなたと同じくらい、あなたのことで悩んでいると思います。その関係が〝絆〟を築くのです。

23 Q　心を開かないことは悪いことですか

私は大人に自分のことを相談しようとか、まったく思いません。それを先生や親は無理矢理こじ開けようとしますが、どうかと思います。世の中には私と同じで、心を開かないで生きている人がいると思います。

大人になれば自分の心を見抜かれないように、話すことができると思います。〝大人の付き合い〟で話せると思います。大人は子どもの心を開かせてどうしようとするのでしょうか。私は開けられたまま、みっともない姿を見せるのは嫌です。だから子ども時代は絶対に心を開きません。とくに父親が嫌いです。好きになろうとも思いません。まとまらなくてすみません。相談しても仕方がないと思っているのに、なぜ私はこうして相談しているのでしょうか。（中一　女子）

A　心の寂しさを、閉じられる程度に開けて話しましょう

大人に本当の話をしても、最後は子どもの責任にされるから信用できない、ということで、あなたの心はまとまっていると思います。ただ、いつでもそんな強がった感じでいるのも辛いから、大人になったら〝付き合い〟程度に本音を出していこうと思っている、そういうことではないですか。そして、こんな考え方を持つようになったきっかけは、お父さんとの関係にあったのでしょうか。

するとお父さんは、あなたの心の変化が気になって、しつこいぐらいにいろいろと聞いてくるのではありませんか。それはあなたにとって、まるで心を「こじ開けられる」ような感じなのでしょうね。今は無理して、お父さんを好きになる必要はないと思います。感情で感情を変えることはできませんから、なったら不自然です。それよりもお父さんを「嫌う」あなたに、それでもたびたび声を掛けてくるようでしたら、気が向いたときでいいから「おはよう」ぐらいの挨拶はしてあげてください。そのうちにお父さんの行動に変化が出て、あなたの感情にも変化が起こるかもしれません。

ところで、あなたは大人になったらそれなりに「自分の心を見抜かれない」会話の仕方を身につけられると思っているようですが、それは大きな誤算です。大人といっても、その成長は子どもの延長線上にあるのです。このままずっと人間不信で心を頑固にしていったら、見抜かれるも見抜かれないも、あなたに近づいて話しかけようとする人は減ってしまいます。相手に自分の心を「見抜かれない」会話の仕方という態度が、とても攻撃的でごう慢です。そんな人間関係のなかからは、大人同士の〝お付き合い〟ができるコミュニケーションは身につきません。

あなたの心をのぞき趣味でこじ開けようとする人は、相手にする必要はありませんが、すべての大人がそうであると決めつけるのは安易です。そう思えるとしたら、あなたの心がとても寂しい状態にあるのでしょう。自分の心の寂しさを100%満たしてくれないと、ふれたことがこじ開けられたことになるとしたら、誰もあなたに声を掛けられなくなります。自分の本音である心の寂しさ、傷口は自分で閉められる程度に開けて話していく生活を、今日から始めてくださいね。

24 Q　保健室の先生にあこがれる僕……

高校三年生の男子です。僕には友だちがいません。とくに女子は嫌で、たいていの場合、僕は女子の方から話しかけられますが、いつもからかわれている気がします。そして、がさつで品性の欠けらもありません。

それと比べるのもおかしなことですが、保健室の先生は僕にとってあこがれでもあり、他のどの生徒にも触れさせたくない女性です。正直、先生にお会いできることばかり考えて学校に通っています。先生も僕の気持ちを知ったようで、最近他の生徒の目を気にして、僕に冷たいのです。二人だけの時間をつくろうと自宅を探し待つことにしました。先生とお会いできなくなる卒業後が考えられません。

（高三　男子）

A　自分勝手すぎることに気がつきましょう

単刀直入に言います。その説明は後からしますから、まず私の言うことに向き合ってください。

一つは、あなたが先生を好きなるのは勝手ですが、あなたのとっている行動は先生にとって、がさつになっていませんか。荒っぽいです。

まず、保健室の先生は「養護教諭」の仕事をするために、生徒と一緒に学校生活をしています。

だからあなた以外にも困っている生徒がいたら、ときには全身でまるごと手当をしなければなりません。そこで生徒の選り好みをしていたら、先生は職場放棄になり退職してもらわなければ、それこそ困った先生になります。

あなたが「女性」として「先生」を見ているので、他の生徒に触れさせたくない気持ちは十分すぎるほど分かります。確かにあなたの好きな「先生」は女性であって、男性ではありませんが、「先生」に男性も女性もないのです。もしも、あなたが他の生徒に触れさせないようにしようとして、さらに先生に手当を求めて保健室に行ったら、それは大切な女性でもある先生をいたぶることになります。

これは、がさつ以上に品性のない行為です。先生の目を冷たくさせているのは、あなたのがさつさです。生徒であることをいいことに「女性」として生活しているご自宅にまで足を運ぶようでは、それこそ「男性」としてのあなたに、先生は失望するでしょうね。

二つ目は、仮に先生と二四時間いつも一緒にいたとして、あこがれたままでいられますか、ということです。

私が小学生のころの話です。

働きづめの母親に向かって私の父親が、あるTV女優に恋焦がれて、いろいろと失言を繰り返していたのです。すると堪忍袋の緒が切れた母親が「どんな美しい人だって、私と同じでトイレも行くし年齢もとる、いつか入れ歯もする」みたいなことを言いました。父親はそれを聞いて、「本当だな、みんな一緒だな」とうなずき、親子三人で大笑いしました。その女優にとっては父親に向かって、勝手にあこがれ勝手に失望し、人間って勝手だな、と言いたいところでしょうね。

この現実に目がさめるためにも、互いに節目節目で「卒業」が必要だと思います。離れていれば恋しくて、近づきすぎるとうっとうしい。これが人間関係の一つの真実です。あなたが「先生」ではなく「女性」として、その先生と新たな出会いが生まれるためにも、その日まで他のたくさんの女性や男性と心の旅をしていくことです。

25 Q 自分でも登校できない理由が分かりません

私は県内一と言われる高校に入学しましたが、六月から不登校気味です。夏休みが終わっても行っていません。見た目は元気なので先生方はあきれていると思います。

父親は医者で地元でも偉い立場にいて一度、酔って帰宅したときに「フザケルナ」と首を絞められました。母はテレビに出ている相談の先生のところに行きました。祖父母は他人事です。

正直、登校できない理由が、自分のことなのに分かりません。妹二人は私ほど勉強ができないのに、両親から何も言われません。今、一番心配なのは、これから私の家はどうなってしまうかです。アドバイスをください。

（高一　女子）

A あれこれ考え込まず、行動してみよう

さて、どこから話を始めましょうか。いろいろと〝正しい〟順番を考えても始まりませんので、気になることから向き合ってみましょう。何でも原因があって結果がある、という見方をしていくことは論理的、科学的ですっきりしやすいのですが、人の心についてはそんなに簡単に見られるものではありません。とてもあいまいだったり、割り切れないこともあります。つまり人の心、友だち、家族との人間関係には分からないことがある、ということです。事実、あなたも自分の不登校

気味な理由がわからない、と言うことですが、それはそれで、そのままにしておいていいのです。

ただ、はっきりしている事実に対しては、あれこれ考え込んでいないで、具体的にただ右か左かの選択をすることが大切です。人のせいにしたり、何も言えない亡くなった人の〝霊〟や、はやり言葉のカタカナ用語に躍らされて、責任や原因をおっかぶせるのは恐ろしく愚かなことです。

そこで最もあなたが今、気になることは「これから、私の家はどうなるか」ですが、そのようなことは、ご両親も含め世界中の誰も分かりません。それよりもあなたが何に対して、どんな行動を起こしていくかです。そこにやる前から正解を求めたら、何もできないということです。

まず、〝空《から》元気〟でもいいから、家族以外の誰かと素直に、はっきりしない心のモヤモヤを話してみることです。そして、相手の話も聞いて、自分の気持ちも聞いてもらってください。あとは即決で具体的に行動して、次なる展開に期待してください。行動を起こすと必ず人間関係が伴いますので、そのときは信じることができそうな人を信じて、自分の意思を決定していくことです。

ところで、あなたは自分の心とよく向き合っていると思います。「先生方はあきれている」と思えるのは、あなたが先生方や学校に心をひかれているということです。どうも学力が高いだけでなく人間関係にも魅力的な場なのでしょうね。父親の横暴さから「偉い立場」の人でも状況によっては、心はもろくなることを知ったと思います。祖父母の「他人事」は、ご両親への遠慮か冷静になろうとの努力か。あなたが祖父母、妹たちの日常に関心をもてたことは家族を思う気持ちがあるからです。だから、あなたの家族を思いやる気持ちがある限り、お家は大丈夫ですね。

26 Q　期待にこたえようと努力していますが、上手くいきません

私は部活で上手いと言われ、期待されてきましたが、最近、調子が悪いのです。みんなの期待を裏切ってはいけないと頑張っていますが、上手くいきません。家でも苦しいときがあります。三人姉妹ですが自分だけ親に嫌われている気がいつもしています。部活も一所懸命しているのに、親は「試合に勝てないなら部活をやめろ、遊びだ」と言います。勉強でも「なぜあんたは、お姉ちゃんみたいに頑張れないの」と言われ、もう毎日が苦しいことばかりです。（高一　女子）

A　スランプのときにはこれまで通りの努力をただ続けてみよう

それは、あなたが周りから寄せられる期待というレベルアップになかなか応え切れていない、ということです。調子が悪い、というよりもハードルが高くなったということではないでしょうか。だから、ちょっとあせり気味に前より努力してきたと思います。なんでも努力がすぐに結果に結びつくとは限りません。裏切るとか、裏切らないとか、そんな大げさに考えないで〝スランプ〟という長い人生にとって、大切な経験をしっかりとこの間に学んでくださいね。

さて、「期待」について少しふれておきたいと思います。まず人はよほどの苦い経験でもない限り、身近な人から「期待されている」と思われたいものです。別な言い方で表現すれば「必要とされた

い」「愛されたい」という感じ方にも似ているかもしれません。

親や、周りの人から「期待」も何もされていない、としたら寂しいからです。まして、それまでにそれなりの「喜んでもらえる」成果を出していたとしたら、なおさらです。だから「喜んでもらえない人には、なりたくない」という〝気負い〟が独り勝手に期待感を大きくさせてしまうのです。意外にも本人が思っているほどに、周りのひとは期待していない場合もあるものです。

まして、「調子が悪い」ように見える人に「追い詰める」ような期待はしません。励ますつもりの「頑張れよ」のひと言も掛ける方にしたら「追い詰める言葉」になっていないか、と心のなかはためらっているものです。なぜなら、調子が悪くても、うまくいかなくても、部活を続けている、その努力にもう応援する心は十分に満たされているからです。親御さんもずいぶんとあなたに厳しいことを言っているようですが、もしかしたら〝売り言葉に買い言葉〟になっていませんか。

私たちはとかく努力しても報われないと、まだ自分の努力が足りないのでは、と思いムキになって気負ってしまいます。すると素直な気持ちを言えなくなって、強気な表現をしたり、はったり的な言動をとりがちです。それは報われなさの嘆きだと思います。置かれているのは環境のめぐり合わせ、組み合わせで、努力の成果が目に見える形で表れない今というときはあるものです。意外に忘れたころに、形を変えて、その努力が実ることがあるのです。

とにかく人と競争するためにではなく、自分のこれまでやってきたことを、自分のために続けていくのが、この時期の過ごし方だと思います。

27 Q　誰からも心を聞いてもらえる人になりたい

僕は誰かに悩みを相談するときに、この人（家族、先生、友だちすべて）に言っても大丈夫だろうか、と疑ってしまいます。心のなかでバカにして話を聞いてくれないんじゃないかと、思ってしまうのです。そう思わないかもしれません。僕には100％信じることのできる人がいません。90％ぐらいならいるけど、100％はいません。だから僕は「何でも人から心を聞いてもらえる人」になりたいです。

（高一　男子）

A　話せる範囲で心の内を相談する

いきなりショッキングなことを言いますが、あなたは今のままでは「人から心を聞いてもらえる人」には〝絶対〟になれません。あなた自身が「100％信じること」をこれからもこだわり続ける限りです。

人を信じることは数値化できるものではありませんし、信じる勇気の程度は相手ではなく、自分に問われているのです。100％信じて話したのだから、100％答えてほしいと言われたら、あなたはどうしますか。相談した内容にもよると思いますが、必ずしも話した相手の気持ちを満たせるとは限りません。

人から「心を聞いてもらえる人」になるには、まず自分が自分の責任において、いろいろな人に話せる範囲で心の内を相談していくことです。「この人は相談して大丈夫だろうか」と疑ってしまうことは何らおかしなことではありません。疑うというから否定的に聞こえますが、相手があなたの相談を受けとめられる人かを、考えることは自然なことです。友だちには話せても先生には話せない、先生には話せても親や友人には話せないことがあっても当然です。

すべてはあなたと相手との人間関係で話したり、聞いたりするのです。その人間関係の信頼感はそのときの関係によって、いくらでも変化するのです。それを誰に対しても、いつでも「バカにされるのでは」ときまって不安になるとしたら、どこかでそんな体験を重ねているか、相談相手を考えないで話しすぎていたのかもしれませんね。

今日から短くても「ただ聞いてくれた」思い出を、信じた勇気として心の宝にし、増やしていってください。そうすると、きっとあなたに「心を開いて聞いてくれる人」が登場してくると思います。

28 Q　私だけを〝独占〟しようとする友だちがいる

私にだけ悩みを打ち明けてくれる友だちがいます。いろんな人がいるなかで、私を相談相手に選んでくれているのはうれしいのですが、最近はうっとうしくなってきました。その子は他に友だちをつくろうとしないで、私だけを〝独占〟したがるのです。

他の子も、その子に遠慮して私と友だちになるチャンスをつくろうとしないのです。悩んでいる人は心の寂しい人なので、見捨てないようにしよう思いますが、私にも他の友だちがほしいのです。

（高一　女子）

A　独占されている、と思いたいあなたがいるのでは……

あなたが他にもっと友だちを欲しかったら、悩みを打ち明けている子に遠慮することなく、つくればいいのです。そもそも誰が誰と友だちになろうと、そこに口挟む制約など誰にもできません。きっと、あなたのその友だちも「他の友だちをつくらないでほしい」とは、あなたに言っていないと思います。独占されている、と思いたいあなたがいるのではないですか。

いや、あなたの心と深く向き合わないで、勝手なことを言ってしまえば、あなたの心のどこかに「心の寂しい人なので、友だちになってあげている」といった、少しうぬぼれた気持ちがないですか。

あなたは自分自身の友だちの輪が広がらない責任を、悩んでいる子の責任にしていますが、これは友だちにとって迷惑な話かもしれませんよ。

意外にあなたの方から、その友だちに「ねぇ、トイレに行こうよ」的に誘ったりしていませんか。「こんなに相談にたくさん乗ってあげてきたのに、急に他に友だちを見つけて……」と見捨てられ不安を抱えているのは、あなたの方ではないですか。

正直な気持ち、いまあなたは、その友だちに「ねぇ、私たち友だちだよね」と言えない不安がありませんか。「ノー」と言われたらどうしようという、不安です。

友だちが欲しいと思いながら、その子を気にしてつくらないとしたら〝独占〟しているのは、あなたです。

チャレンジしてつながった新しいあなたの友だちが、まわりまわって、その悩んでいる子の友だちになる、そして今度は立場が代わって、あなたが自分の悩みを今のその友だちに聞いてもらう。こんな循環的な友だち関係をつくっていきましょうね。

29Q 先生は生徒一人ひとりのことを、考えていないのでは……

私は担任が好きではありません。講演のなかで先生（富田）は「努力や意欲は必ずしも成績や評価とはつながらない」と言われましたが、私はそのことをちゃんと担任にも知ってほしいです。その後の担任の言動を見て、先生の話を一番聞いていないのは担任ではないか、と思いました。私はこの高校では成績がかなり低いほうですが、「このまま勉強を続けていたい、この学校に居たい」という意志があります。でも担任は「意志があっても、この成績では意志がないものとみなしていく、こちら（学校）も、それなりの対処をしていく」みたいなことを言います。

成績はどうであれ、私の意志は意志です。担任は「この高校はエリート校なんだよ」と言いたいだけではないですか。結局は生徒一人ひとりのことなんか、考えていない人なんです。私はこういう大人になりたくないです。

（高二　女子）

A 悪気はないけど励ます言葉が傷つける言葉にもなる……

本当に将来、気まぐれな大人にならないために、結果と意欲をつなげたくなったときには、この悔しさを忘れずに思い出してください。そうすれば、あなたは願い通りに「一人ひとりのこと」を考えられる大人になるはずです。さて、とりわけ進学校でありながら成績に苦戦しているというのに、今の学校に居て勉強をしたい、と言える学校とは、なんとすてきな校風の高校でしょうか。ぜひ学校生活を大切にして卒業してくださいね。

その通学する意志を成績で見せろ、という担任の考えには、どうも私はすっきりしません。希望する大学があってどうしてもその大学に合格したい、というこだわりを見て、思わず「だったらその意志に見合った成績を上げろ」と言ってしまうことは、考えられます。しかし「通学したい意志」は「ある」だけで十分です。ただ精神的不安などから「通いたい、勉強したい」意志はあっても、学校に通えない不登校状態になる、ということはあります。この場合は、意志は尊重されますが、精神的不安への対応を優先して学校の運営上のルールで、対処することはあり得ます。それは、個人の意志と集団で決めたルールを守り合う関係上のマナーと思ってください。しかし、あなたにはこのような特別な事情はなく、ただ学校に「エリート校の生徒としては成績が振るわない」ということだけのようですね。そして、にもかかわらず通学の意志がある、ということは相当に強いもので、結局、担任としては涙を流して歓迎すべきことで拒否する心など考えられません。

すると担任の言い方には、まったく悪意はなく、あなたに対して励ましの思いが募りすぎて、押しつけ的になっているように思えます。「励ます言葉が傷つける言葉になる」こともあるのです。

将来、あなたも大人になって、親あるいは上司となったりしたときに、かわいいわが子や人にほど、励ますつもりで、押しつけ的な言動を「思わず」言ってしまうことがあるかもしれません。

今回の担任に対する思いを、そのときの教訓にしてくださいね。

30Q 親に「結婚するんじゃなかった」と言われたら子どもの僕はどうしたら

僕はお父さんとお母さんに「なぜ二人は結婚したのか」と聞いてみたいです。でも怖くて聞けません。僕がいるところではしませんが、遊びから帰ってきたり部屋にいると、いつもケンカして仲が悪いからです。「結婚するんじゃなかった、失敗した」と言われたら、子どもの僕はどうしたらいいのか困ります。だから聞くのが怖いのです。僕は、家族が一度バラバラになるのもいいかな、と思いますが、僕はお父さんとお母さんがいないと、住む家もなくなるので困ります。僕が居なくなっても、親は困らないのでしょうか。

（小六　男子）

A 「ケンカするほど仲がいいんだね」といたわってください

まず君がいなくなったら、お父さんもお母さんも困ります。困るから君の見ている前ではケンカしないように努力しているのでしょうね。それは「ケンカしているのは仲が悪いからだ」と君に誤解されてしまっては困るからです。ところで、君のお父さんとお母さんは、ケンカしたらずっと口もきかず、顔も合わせず、いつまでも無視するような夫婦ですか。意外とケンカしている時間よりも話している時間の方が長いのではありませんか。あのね、年齢を重ねた人たちがケンカばかりしている夫婦に向かって、ちょっと皮肉った言い方をする言葉があります。

「ケンカできる夫婦がうらやましい、ケンカするほど仲がいい」

もしかしたら君のお父さん、お母さんもこんな感じの夫婦ではないですか。ケンカしても分かれないで今日も一緒に同じ屋根の下で暮らしているということは、「ケンカしても仲直りできる」力を君のご両親はもっているということです。互いに「離婚」するなんてことは、まったく考えないで「分かり合うため」にしっかり感情を出してぶつかり合っては歩み寄っているのです。

私の両親は、私が幼稚園のころからずっと目の前で激しいケンカをしていました。かばい合う兄弟もいない一人っ子の私は、けっこうその緊張感に疲れていたのですが「離婚」ということは考えたこともなく、私の方が早く家から逃げ出したい思いでした。中学を卒業すると、ある工場に就職し、寮に住み込みで入りました。実は、私の両親は、一緒に住んでいながら離婚したり結婚したりを繰り返していた変わった夫婦だったのです。

「そんなにケンカするなら、なぜ結婚したんだ！」と私が両親に強く言えたのは、家を出て働いてからですが、君の「聞いてみたい」気持ちはとてもよく分かります。聞いて、どんな反応が返ってきても「離婚はしないよね」と釘を刺しておいて、あとは「ケンカするほど仲がいいんだね」といたわってあげてください。「こんな家はなくなればいい」と私も小・中学時代はよく思っていました。その寂しさを友だちづくりに費やし、結局中学を卒業すると同時に「就職」という〝家出〟をしたわけですね。そして約十年後に、今度は私が〝世帯主〟となって両親を故郷の静岡から、今、相談室のある千葉県に呼んで同居しました。

31Q　調子のいい大人の発言が皮肉に聞こえる……

僕の両親は学校の教員です。友だちの親は「いいわね、ご両親とも先生で、何か困ったりしたら相談相手になってくれるでしょ」と言いますが、僕には皮肉としか聞こえません。

両親は成績にしか関心がなく、相談する気にもなりません。したとしても、できもしないアドバイスと、最後は「自分で考えて結論をだしなさい」で終わります。「恵まれた家庭に育っている」みたいに大人から言われると気分が悪くなって「そうでもない」と返してしまいます。すると、その場が暗い雰囲気になり、冷めた視線で僕を見てから、どこかへ去って行きます。調子のいい大人は苦手です。

（中三　男子）

A　自分の心のモヤモヤを誰かに打ち明けてみましょう

確かにあなたの個別的な事情も知らないのに、見た目だけで判断して、「いいわね」と軽く言われてしまうと腹が立ちますよね。

きっと言っている大人に悪気はないと思いますが、あなたが「皮肉」と思えてしまうほどですから、ほめ方に真剣味がなく、またご両親についても、あなたはあなたなりに苦労しているのでしょうね。たぶん相手は当たり障りのない「おはよう」程度のあいさつで言っているのでしょうね。そのまま聞き流しておけば、いいと思いますが、本当に意地悪ならば「そのことで僕は困っているのですが、相談に乗っていただけますか」と、一歩踏み込んだ言い方で話してみてください。皮肉で言っている人なら、あわてて「これは困ったな」と、どこかに逃げて行くことでしょう。

でも「困っているなら話してもいいよ」と言ってくれる人なら、皮肉でも嫌みでもありません。ただ、こんな人の心を試すような言い方をいつもしていたら、それこそあなたの心は、疲れて皮肉っぽい人になりますから、気をつけてくださいね。

「皮肉としてしか聞こえない」自分の心とも向き合ってみましょう。すでに心が疲れるような現実があなたにあって、そこに友だちの親がふれる気はなかったけど、ふれてしまった可能性もあります。その場合は皮肉ではなく、その場の相性が合わなかっただけです。別の機会には、その親に救われるかもしれません。だから自分の心が疲れているときは、人の優しい言葉も嫌みや皮肉に聞こえてしまい、反対に自分の方が八つ当たり的に皮肉っぽい言い方で返してしまうこともあるのです。

もし、どの人からの言葉も何となく皮肉っぽく聞こえたら、自分の心のモヤモヤを誤魔化さないで誰かに打ち明けて聞いてもらうことが大切です。また、特定な人にのみに嫌みを感じることが度々あるようなら、その人をうとましく、ねたましく思っている自分がいないか、問い返してみてください。親や先生以外の大人は、あなたの心とあまり深く接する機会もないので、気軽に声をかけてきます。そこに悪気はありません。むしろ、あなたに元気がないと励ますつもりで、明るさいっぱいに声をかける努力をしてくるでしょう。それは子どもの心を無視した自分勝手な大人の調子の良さとは違います。「教員の両親だから恵まれている」という偏見に苦しんでいるあなたの心を、身近な友だちや先生に話してみる勇気に、私は期待します。

32 Q　カウンセラーや精神科医も信用できません

私は今、高校一年生ですが、中二の二学期から卒業するまで、ずっと不登校でした。今も親や先生に反抗しています。大人は私の話しを聞いて、何でも理解し、分かっているような顔をするのです。不登校だったとき、カウンセラーや精神科医のところにも親や家族に強くすすめられて、しょうがなく行っていましたが、信用できませんでした。わざと困らせるようなことを言っても、動揺しないで理解する言い方ばかりするのです。それに、その答えはありきたりで、おざなりなんです。

（高一　女子）

A　大人の世界に逃げないで同世代とぶつかり合ってください

子どもは、ときに親や先生や目上の人に反発しながら、心をたくましく成長させていくことがあります。反発するのは「人間らしく生きる」ことを追究する真摯な姿でもあります。反発することで自分の主体性に目覚めていくからです。主体性とは、自分の人生の主人公は自分である、ということです。

だから私たちは、自分が自分の人生の当事者になるために、親や先生にスプリングボードなってもらっていることがあるのです。きっと大人も、子ども時代には誰かに、そんなスプリングボードになってもらっていたはずです。でも年齢を重ねるなかで、いつまでも「親や大人は汚れている、うそつきだ、信用できない」と言っているわけにはいきません。なぜなら、自分も大人と呼ばれる世代になっていたりするからです。

かつて「大人になりたくない」というフレーズが、子どもの純な心を表す言葉として流行したことがありますが、親子関係だけでなく多様な人間関係に身を置く年齢になると、何でも自分の思い通りに、すっきり、さっぱり、さわやかに物事が進むわけではありません。その葛藤、矛盾をあきらめることなく抱えつつ、現実を生きていくことが大人には大切です。

年齢に関係なく、いつまでも子どもでいられるのは親子関係だけです。だから親は可能な限り、わが子の反発に付き合ってくれるのです。そのありがたさは親の存在をこの世から失ったときと、自分が親になったときに気づくものです。もしかしたら、あなたの話を聞いてくれていた「大人」は、反発しながら成長していくあなたの心が、とてもほほ笑ましく、いとしく思えて「なんでも」うなずいて「そうか、そうですか」と親心をもって接してくれていたのでしょうね。

単刀直入に言えば、それがあなたには物足りなかったのでしょうね。もっと自分の態度、発言に反発してはね返してほしかったのでしょうね。その方が主体性をつかめるように思えたのではないでしょうか。あなたに、それこそ反発されるかもしれませんが、大人にもっとかまってほしかったんですね。いや、大人とぶつかり合いたかったんでしょうね。

大人もいいですが、同世代とぶつかり合うことをしていますか。「レベルが低い」などとあなどって、何もぶつかり合っていないのではありませんか。そして、実は同世代に傷つきたくないので、大人にその寂しさの埋め合わせをしていませんか。

高校一年生として、同世代の輪のなかに戻っているあなたに、その気づきを期待します。

33 Q　自信がポキポキに折られた感じです

僕は中学を卒業してから、離れた進学校に入学しました。でも思ったように成績は上がらず、入院する状態にまでなってしまいました。そして入院をきっかけに地元に帰って、こちらの高校で二年生になりました。帰ってくるときは、それなりにプライドもあったのですが、今はなんとなく学校にも友だちにもなじめず、自信がポキポキに折られるような体験もしました。ただ自分には、もう後ろ向きは許されません。前に進むしか道はないのです。僕は別に突っ張ってはいませんが、突っ張る人の心が分かります。

（高二　男子）

A　心細さを人に相談することが前向きな行動です

まずは、地元の高校で再スタートを切ろうと具体的に行動を起こした、あなたの勇気と素直な気持ちに、私は励まされました。本当のプライドとは、そういうものなのでしょうね。プライドというと、どうしても「プライドが高い」という言い方があるように、強がり、気負い、無理している、といった印象があります。コンプレックスの裏返しという感じです。ただ、ボロボロのどん底からはい上がるには、それなりのうぬぼれも必要です。

「強がりなことばかり言って、周りの人に嫌われる、そんな自分を変えたい」と、私のところに相談に来た20歳過ぎの男性は、その一方で「プライドぐらい持たなければ、生きていけない」とも言っていました。本当ですね。その気持ちも痛いほど分かります。でも、そちらに傾きすぎると周りの人には、その態度が鼻につくのです。何もこびることはありませんが、新しい環境、友だち関係に入るには「仲間に入れてください」という謙虚な姿勢が大切なんでしょうね。

さて、今、あなたはちょっと孤立気味のようですね。「ポキポキ」にへし折られた「自信」とは、どんなものだったのでしょうか。部分的なところかもしれませんが、ある部分の「自信」が過剰に周りの友だちなんかに伝わってしまったのかもしれませんね。きっとあなたは、転校してきたころの心機一転の素直さを、親しくなる関係のなかで、見失っていったのではないでしょうか。言いにくい表現ですが、ある「部分」にうぬぼれの芽が出つつあったのではないですか。そこを「ポキポキ」と折ってもらったのです。きっと折った人も、あなたのことをどうでもいい無関係な人と思っていたら、そんなエネルギーのいることは、くたびれもうけになるだけで、しません。

だから、その人にいじけたり、すねている暇はありませんから、今のちょっと自信のない、寂しい気持ちを強がらないで、ありのままに打ち明けてみてください。弱音を吐くということは、とても勇気のいることです。それは相手を信じる勇気が必要だからです。だから、不安な気持ちや心細さを人に相談することは、後ろ向きではなく前向きな行動です。突っ張る人はそこを履き違えて、強がることが前向きだと思っているのではないでしょうか。「前向き」に生きるには「後ろ向き」のときに学んだ寂しさ、悲しさをそのまま受けとめ、その勇気を「後押し」にして歩むことです。

34 Q　癒し系の宗教に誘われて

高校二年生程度で、生意気なことを言っていると思われるかもしれませんが、僕は〝当たり前〟のことを言う大人が尊敬できません。だから「人に優しく」とか「自分を大切に」と言う大人に「何でもしゃべっていいんだよ」と言われると、心のなかでさげすみ、突っ張ってしまいます。そしてこんな感じで、一人で頑張っていることがカッコイイと思う自分もいます。

でも、正直に言うと先日、ある癒し系の宗教に好きな女生徒から誘われて行ってしまう自分もいるのです。

（高二　男子）

A　平凡が難しいのです

あなたは〝当たり前〟に生きることは平凡でつまらないことと、思っているのではないですか。実は周りの人と仲良く暮らしていくことが平凡、当たり前に生きていくということです。だから自分勝手にできない〝平凡〟〝当たり前〟は難しいことです。

生きるということは、高い理想を掲げ、深く哲学的に思索していくことだと思い込んでいませんか。思索は大切ですが、〝当たり前〟の現実を軽視していくと、身近な人間関係を希薄にして独りよがりな人間になってしまいます。

一人で悩みを抱え誰にも打ち明けられず「僕自身の問題だから……」と人に冷めていくと、鼻もちならないプライドをまた新たに抱え込んでしまいがちです。自ら「生意気」と遠慮気味に言っているので、このことはすでにあなたは気付いていると思います。

肩で風を切るところまでは行かなくても、プライドの看板を今さら下ろすわけにもカッコ悪くてできないでしょう。でも強がっている自分は寂しくて、人が恋しいはずです。甘える勇気がない、冷めてきた分だけ人を信じる勇気がもてない、そんなグラグラしている防衛的な自分をもう隠すことはやめませんか。

〝頭隠して尻隠さず〟の自分に近づいてくる〝癒し系〟の人が、本当にあなたを思う優し人なら、いきなり特定の価値観のなかにはめ込むような暴挙にでることはないと思います。もっと二人で向き合う時間をとるはずです。

だから、彼女だけでなく、当たり前のことしか言わない大人を毛嫌いしないで「どんな高校時代だったんですか」と、尋ねてみる時間をつくってくださいね。

35 Q 「塾をやめたい」と親に言えません

私の親は、勉強についての話しかしません。学校のこと、友だちのことについての話は、ほとんど聞いても来ないし、話しても相手になってくれません。

私の成績が悪いので仕方がないのですが、「塾に遊びに行っているんじゃないのか」「金かかっとるんやで」と親は言います。自分から入りたくて入ったわけでもないのに、「やめさすよ」と言ったりします。「別にいいよ」って言いたいのですが、言えないのです。家出も考えましたができません。

（中一　女子）

A あきらめずに、ときにはオーバーに話すことも大切です

親の勝手とはいえ、「いいよ、やめても」と言えば「じゃぁ勉強どうするのよ」と、また怒り出すのが面倒くさいから「言えない」のだと思います。まったく手のかかる困った親ですね。あなたが本当に気の毒です。

「言えない」のは、あなたに勇気がないとか、親に従順というわけでもないと思います。繰り返しますが、単純に親の混乱に付き合わされるのが面倒くさいことと、そこには親の悪意がないことに、あなたが気付いているからです。

家出をやめたのも、かえってそのことで家のなかが大事になる危険があるからですか。また家出、あるいは自殺、家庭内暴力と、いろいろな回避手段を思いめぐらしたこともあると思いますが、どれも塾に行くことや、成績を上げることが自分のすべてではないと思っているあなたにとって、「得」なことではないと理解しているからではないですか。

ところで、なぜあなたの親は勉強にしか関心がないのでしょうか。それは勉強さえついていけば、同世代の輪からはぐれることなく大人になれると思っているのでしょうね。だから勉強について、いろいろと口出ししていることが子育てをしていることだ、と思っているからではないですか。

勉強の場合は成績という形に表れるので、親にとって関心を向けるポイントがつかみやすいのです。でも学校、友だちとの人間関係などは、あなたが〝深刻〟に話さない限り、親には知る手がかりが極端に少ないのです。そこで話すことをあきらめないで、ときにはオーバーに話すことも〝親教育〟かもしれません。

とにかく、あなたが「バカな親に何を言っても意味はない」とあきらめていくことだけが、私の心配です。

36 Q　出会いに構えてしまいます

講演のときに富田先生は、「偶然を必然に変える出会い」と言って生徒だけでなく先生にも質問したりしていましたが、どうしてA先生をあてなかったのですか。僕は人の出会いを楽しめるのに、自分からつくることには構えてしまいます。あてたらとても楽しいことを言ってくれる先生です。残念でした。それと僕の親もよく「本当にどうしてお前は勉強の点が悪いの」と言います。なぜ親なのに、こんな悲しいことを聞くのでしょうか。

（中一　男子）

A　行きずりの出会いを楽しもうね

あてなかったことには、理由はなかったのです。A先生が楽しいことを答えてくれる先生だとは知らなかったのです。A先生は僕からインタビューされることを首を長くして待っていたようでしたか。もしそうであるなら、本当に残念でした。君は講演会場の体育館のどのあたりに座っていたのですか。もし僕の近くにいたとしたら、視線で合図するとか、こっそり耳打ちしてほしかったです。もしかしたら「小さな出会いが〝宝〟になる」チャンスだったかもしれませんね。

ねぇ、ちょっと古風な言い方なんだけど、『行きがかり』『行きずり』とか『かりそめ』っていう言葉を知っていますか。たまたま道ですれちがったコミュニケーションのない気軽な出会いということです。これから君も大人になって、何気なく町で通りがかった女性に顔がぽっと火照ってしまうことがあると思います。そのとき恋した気持ちを、『行きずりの恋』『かりそめの恋』っていうんだね。行きずりだから、ストーカーのように引きずってはいけないよ。もう二度と出会えるかわからない、その一瞬に心をときめかして旅をするのもいいもんだよ。

講演のときに生徒や先生方に突然話しかけたりしたのも、ときめくために『行きずりの出会い』を楽しんだだけなんだよ。だって、みんな初めて会う人ばかりだったからね。きっと君には講演会がとても身近で、先生方と僕が知り合い同士に思えてくれたのでしょうね。その気持ちがうれしいです。

親の件だけど、『点がいいのもおぼつかないのも、人生の行きずりの一つ、こだわっていたら、僕のいいところを見過ごしてしまうよ。お母さん、お父さん』と言ってあげてください。まあ、きっと親自身も点数の悪いときがあって、悲しい思いをしたのでしょうね。その心の痛みをわが子には与えたくないと思って悲観的な言い方をしてしまうのでしょうね。親の性《さが》ですね。今にして思うと、テストの点数も、一生涯を振り返ってみると『かりそめの点数』ですからね。大事なことは点数にできないものです。

本章は『月刊・オアシス』(健学社)の「単刀直入・子ども質問コーナー」に長期連載した中から転載し、加筆、修正した原稿です。

第3章

家族が「びくびくしない」本人も「させたくない」対処Q＆A

パーソナリティ（人格）の「こだわり」や「くせ」と向きあう家族や当事者本人との関わりや思いの交流を紹介してきました。それは人間の本性、本質との出会いです。一人ひとりがまわりから「困った人」「変わった人」と言われようとも、そのパーソナリティであればこそ暮らしてこれた、生き方があります。そこに共感し理解していくには相談室の「面接（カウンセリング）」だけでは限界があります。そこで場所、場面を限定せずに生活まるごと的に関係をとっていくように努力しています。

出会い、語る場が変わると思わぬパーソナリティに接することは多々です。つまり立場や関係が人を変えていくのです。電話相談もしていますが、面接してみると意外に口数が少なかったり、反対にお喋りだったりすることもあります。

医療の援助を受けている方とも面接していますが、私は関係（関わり）のなかで「その人らしさ」と「生きやすさ」、そして周りの人との「調和」を模索しています。それだけに私自身の暮らし方、生き方も「他人事」にしては深まりません。だから関係が私自身のこれからの生き方を自覚させるものであったりします。

第3章は引きこもりの長期化から、素直に生きる道を閉ざされ「こだわり」と「くせ」を強くもったわが子のことで「腫れ物にさわるような日々」を過ごされているご家族の悩みのいくつかを抽出してQ&Aにしてみました。

家族に「びくびくさせている」本人の「させたくない」心情を〝代弁〟しながらご一緒に心の旅をしていただければと思います。

また医療的立場にはいませんが、ご家族に向けて参考までに「パーソナリティ障害」について私なりの理解の手掛かりとして、精神疾患の分類と私の関わりをp378に紹介しました。Q&Aの内容を深める一助になれば幸いです。

先日「パーソナリティ障害」の勉強会を相談室でしました。そのとき、コミュニケーションに悩みもあり参加してくれた男性の若者が、「取扱説明書」のような勉強にならないようにとアドバイスしてくれました。「指導」「治療」というと、どうしてもされる側である「相手」の課題になりがちです。その危うさを肝に銘じておきたいと思います。

Q1　心の「こだわり」「くせ」に苦しむ子どもの気持ちとは（手記）

強迫性障害やパーソナリティ障害の特徴としてよく「こだわり」「くせ（癖）」が言われます。それは自分を呪縛しているようでもあり、とっても苦しい、と言います。苦しむ子どもの気持ちを教えてください。

＊

まず私の知り合う20歳の短大生が、こんな手記を寄せてくれました。彼女の気持ちに添いながら読んでみてください。

……「不安と暗示と潔癖」について……

△　△

今の私を縛っているものは、不安と暗示と潔癖性だと思います。これらは恐らく、かなり幼いころから続いていると思われます。

不安とは、とくに何を考えるでもないのに、自然に起こってくる感情で、意図的に自分にとって楽しいことや気に入っていることを考えているとき以外は、ほとんどこの感情に支配されているかもしれません。思うにこれは、他人とのふれ合いによって傷つき、またその出来事が信じられなくて、原因や対処について何度も考え直してしまうことが、幼いころから多かったために、常に条件反射のようにそういった感情が流れ出して来てしまうのではないでしょうか。

母は私が幼いころから、部屋が少し散らかっただけで、床に小さな傷が付いただけで大声をあげて叱り、必死になってそれを直そうとする人なので、自然に私も、整理整頓ができていなければ気のすまない子どもとなっていました。

小学校二年生のときは、たとえ傍らで友だちが待っていたとしても、学校から帰るとすぐに明日の準備を整えないと気が済まなくなり、母に「友だちがまっているんだから、そんなの後にしなさい」と怒られても、準備を済ませるまで次の行動に移れなかったことを覚えています。だって、準備をしてから家を出なければ、私は家に帰るまでの間、遊んでいても絶えず明日準備する物のことが気になり、何となく不安で落ち着かなくて仕方がありませんでした。

ですから、そういった極度に几帳面な性格が、対人関係において納得のいかない出来事の存在を許せないのだと思います。そして、その時に生じる、「どうしてそんなにひどいことが出来るんだろう」「他の子には、そんなことなさそうなのに、私にはどうして嫌なことばかり起こるんだろう」といった気持ちが、私の根底に染みついてしまっているのではないでしょうか。そして気づくと、また考え込んでしまっているのです。

二番目の暗示とは、自分で自分を強迫的に思いこませる言葉のことで、これも幼稚園児くらいのころから続いているものです。言葉の内容はその時期によりますが、「一度期待して考えてしまったら、もうそのことは起こらない（たとえば、願ったことは必ず達成・実現できる、ということかもしれない。嫌なことが二度と起こらないように、と願うと決して起こらない――著者註）」「慎重に、順序立てよく考えて決めなければ後できっと後悔する」等がそれです。ただの迷信に比べれば信憑性はあると思いますが、しょっちゅう思い出してしまうので、馬鹿馬鹿しいとは思いながらも、結局はその考えに服従してしまいます。

最後に潔癖性ですが、これは先にも述べたように、母親の強い影響による強度の几帳面な性格が、私の場合、当てはまるのではないでしょうか。

ただし、ただの綺麗好きではなく、自分や他人の言動や、ときには自分の生活形態や趣味の内容まで、自分の気に入ったものになるまで、納得がいくまで、何度も考えなおして実行するのです。自分でも、こだわり過ぎているとわかっていても、結局後々落ち着かないから、自分が納得のいくように、なおかつ他人が聞いてもある程度認めてくれるような答えを、探し始めて考え込んでしまうのです。

こんなやっかいな〝癖〟のせいで、高校時代は大変でした。とくに、朝は部屋のなかや持ち物や髪型を完璧にしなければ、家を出る決心がつかないので、毎日のように遅刻してしまいました。授業中も他の考えにとらわれ、一度気になったことは、やらないではいられなくなり、また欲しくなった物は買って試してみないと気が済まないので、帰宅時間はいつも遅く、テスト前も勉強出来ないという有様でした。どの〝癖〟もやはり、きっかけは中途半端を許さない几帳面さと、そうしなければ一番好きな親に嫌われるという環境にあったのかもしれません。

そのことは何度も親に話してみたのですが、それもむなしいものでした。いまの環境は幼いころに比べて、内容（年齢等）は変われども、ほとんど状況（生活）は変わっていません。

いま、この長年自分を束縛している習慣を少しずつなくそうと、生活の仕方を変えようとし始めていますが、やはりそのためには多くの我慢が必要なので、なかなかむずかしいです。

こうして自分で〝なくしたい、なくしたい〟と思いながらも、どうしてもこだってしまうのです。そして、すべてが母親の〝潔癖性〟やひどく悪態をつかれたという家庭環境によるものだけではない、ということも確かだと思います。

それは母親以外でも数え切れないほどの原因があるはずです。私の場合それは、幼いころからよく見ていたテレビ番組であったり、少女漫画であったり、同級生にいじめられた経験であったり、父親に投げ飛ばされた経験であったり、高校生時代、毎朝痴漢にあっていた経験であったり、挙げればきりがないのです。

真剣に考えれば考えるほどストレスがたまり、ほとんど無条件反射のように心臓が痛くなり、緊張してしまいます。そしてまた、落ち着くために心や身のまわりの整頓を始めてしまう……それの繰り返しでした。

そして極めつけは、そういった状態にある自分を正当化するための手段として、家族や友だちの利己的な言動を徹底的に責めるのです。

しかし、このままでは結局、一緒に生活している家族や仲の良い友だちにも、いくつかの嫌悪や不安を抱かせるような迷惑を掛けてしまうことにもなると思い、また、近い将来、保護者の代わりに児童の保育に関わる仕事に就くので、集団生活に適応するためにも、もっと要領よく行動するべきなのかもしれません。

これまで自分の気持ち中心だった生活を、早く周りの人々との協調性重視の生活に切り換えられるよう、頑張りたいと思います。

△　△

以上が、短大生の手記です。

……「プライドとコンプレックス」について……

まず、なにかしらの安心できない不安があり、その解消のために人から与えられた言葉や行動を冷静に考えることなく受け入れ思い込ませる、込みたいという暗示が起こるわけです。そしてパーソナリティが変化し、暗示通りの言動となるのです。

しかし考えてみれば人の言うことに影響を受けて成長していく私たちは、暗示と共に生活しているのかもしれません。だから暗示によってその人も周りの人の心も楽になるといいのですが、彼女の場合はそのようにはなりませんでした。そこで、〝潔癖〟にこだわることで、その苦痛を少し癒しているのかもしれません。だから潔癖は彼女にとって必要でありつつも、やっかいです。

さて、その不安の原因が分かれば解決への道筋も立つのですが、彼女は決定的な理由もはっきりしないなかで、とにかくいま現在の「不安」に襲われているのです。

原因を取り除けば不安がなくなるというものならいいのですが、強迫は次から次へとその不安に襲われ続けることに特徴があります。だからあえて「こだわり」を強化するのです。その強化をする必要が、なくなればいいのです。たとえば求めているものは得たいという「こだわり」に対して、ある友人の得られなかったら「それはたまたま縁がなかったんだよ」のひと言で、「こだわり」を強化していた自分が馬鹿馬鹿しくなった青年もいました。友人との関係性が機を熟したうえでの良き暗示となったのでしょう。彼女も、そうした不安のなかで、その苦しみを「意図的」に、楽しいイメージに切り替えて、どうにか乗り切ろうとしています。そのためのカウンセリングの学びでもあったのです。

彼女は、不安に陥る自分を振り返り、自分史をたどっています。すると、そこには人間関係のゆがみが浮かび上がってきます。彼女は、その歪みに傷つき癒されないまま、今日にいたっているわけです。そして、すっきりしないその感情を抱え、こだわり続けているのでしょう。

ただそのようなことは、他の人でも多かれ少なかれあることで、どうして自分はこれほどまでに強く「はっきりさせよう」とこだわってしまうのか、と悩みます。彼女は性格と、育ってきた環境を振り返っています。つまりパーソナリティ（人柄・人格）の変容、変化です。

そこで彼女が〝見たもの〟は、何事にもあいまいさ、不完全さを決して許さない〝強迫的〟な生活スタイルだったのです。ところが、それもそういう「しっかり何事もやる」スタイルを求めた親の期待に応えたい、嫌われたくない、という実に切ない気持ちのなかでつくられていったのでしょう。たとえば「同じ失敗は二度と起こさない」「後ろ指を指されない」生き方の強化です。P・D・C・Aサイクルの評価、成果もほどほどにということです。

だから彼女も母親の影響だけでなく計画、実行、チェック対策（予防）のPDCA型〝強迫的社会〟に育ったことも挙げています。さらに彼女は気がついていないかもしれませんが、劣等感の裏返しとしてのプライドの高さがあります。等身大の自分、素直になれないことが、最も苦しいことなんですね。いつも、周囲に対して、不完全な自分を見透かされまいとして、知らず知らずに背伸びした生活をし、態度をとっていたんですね。

無理するから、悩んでいたんですね。それが、他人の不完全さを見るとそれは自分の不完全さを投影したもので、自分の不完全さを責められるのではないかと心配になり、いち早く責められるまえに、相手を攻撃していくわけです。つまり傷つけられる前に傷つけるという「心のくせ」が働いていたりするのです。

でも傷つけられると思っているのは、自分なんですね。相手は何も思っていないので、どう対応したらいいのかに困ってしまいます。こんなときはとにかく物理的に離れて関係を維持することです。だから諺にもあります。「かわいい子には旅をさせろ」と。

いま彼女は童心に戻って、子どもたちの放課後に付き添い、家路につく姿を保育所から見送っています。強迫はたまたま互いの琴線にふれることによってドラマチックに、まるで引き潮のごとく治癒されていく場合もありますが、多くは時間をかけながら、人との関わりのなかで共感を学び自分と和解していくように思えます。

親も子どもから攻撃的に責められると、つらいものですが、プライドの高さがコンプレックスでもあることを受けとめて、悪態をついているときほど、何も話さなくてもいいから「プライドぐらいもたなければ、生きていけないものだ」と間をとってうなずいてください。

Q2 パーソナリティ「障害」の子は、かつて「いい子」と言われていることについて

うちの小六の娘はとても几帳面で勉強もよくでき、言われた事はちゃんとやってくれて、まったく問題のない子なんですが、子どもらしさ、元気さがないんです。小さい時に「いい子」と言われている子が、成長するにしたがって、強迫観念や周りとの人間関係で、こだわりに苦しむ場合が多いそうですが、何か気をつけることはありませんか。そして家族や周りの人の影響も大きいのでしょうか。

＊　＊

……「いい子」について……


まず「いい子」になりやすい子どもには「いい子にさせられた」場合と「いい子で〝楽《らく》〟している」ケースの二つがあると思います。

「いい子にさせられる」場合は、親や先生の子どもに向かう〝エネルギー〟が強い場合です。ただ一途に「わが子可愛さ」で、子どもの心に入り込んでいくことです。一般的に幼児・児童期は親や

先生に突き放されては生きていけないものです。だから自然に、子は親の意を汲んでいきます。大人は「言うことを聞いてくれやすい」状況に、子どもから置いてもらっているのです。これは後に子どもにとっては「いい子にさせられた」報われなさの「こだわり」となったりします。この関係を忘れないでほしいのです。

さらに性格だけでなく、親や周りの大人の強迫的思考を受け継いでしまった場合です。内気で、神経質で、几帳面で、完全主義的な傾向の強い大人に育てられた子どもは、とかく「いい子」になりやすいものです。ここで言う「いい子」というのは、親や先生の言うことをよく聞いて、大人の思い通りに動いてくれる子です。「小さいころは子育ての心配をしたことがない子だった」「手の掛からない子」「聞き分けのよい子だった」といわれるような子どもです。

最初の面接で親御さんから聞く子どもの印象です。自らの感情を抑制し、相手(とくに親や先生)に合わせていきます。そのために喜怒哀楽といった人間なら誰もがもっているはずの自然な感情をどう表現したらいいのかに迷い、自我、プライドが強くなる思春期になって「思い通りにいかない」と悩み出すのです。とくに「怒」(NO、嫌だという感情)と「楽」(自分のために楽しむはずなのに、いつも他人のために楽しんであげていく)の感情を抑え込んできたのです。

ところが、「いい子」だけに周りは本人のそういった葛藤、あるいは努力に気付かず、いつのまにか無頓着になっていきます。第一、苦しむ本人も、どういうSOSを出したらいいのかわからないのです。その意味で「問題のないことが問題」なのです。

そういう子どもに対して、大人はすっかり気を抜いてしまい、思いを馳せる感性が鈍くなっていきがちです。大人の方が「楽《らく》してる」と言ってもいいかもしれません。その結果、子どもは無理を承知で「いい子」を演じ続けるか、子どもとは、そんな存在とあきらめてなることもあります。これが結局は「いい子」で楽《らく》している子どもです。

不満を親たちに持ちながらも、それを問い返していくことは、子どもにとって親と子の力関係からいっても、対立するエネルギーが必要です。つまり「ケンカ」しても、その後の「仲直り」に苦労するからです。そこで、その苦労をしない方法として「親と争わないで、あきらめていく」のです。争わない「いい子」で〝楽《らく》〟しているのです。この自覚は思春期頃ですが、気持ち的には幼児期にもあると思います。

「いい子」ということが必ずしも悪いわけではないのですが、子どもが大人の「願いという欲求」を感じ取り、必死に親や先生に対して「いい子」を担い、融通の利かない余裕のない生き方をせざるを得ない状況になっているところに、問題があると思います。

たとえば、わが子がしっかりと親の願い（欲求）をこなせているときに、それはわが子のためになると信じて疑わない親が、「もっとのんびりと、言いたいことを言って、適当にやれよ」とは言えないものです。結局は親の望んでいる「いい子」になっていくわけです。

そして、それで親子の対立も問題がないわけです。だから、〝楽〟なのです。「いい子」で〝楽〟をしているのです。「遅すぎた思春期」と言われる成人してからの親への反抗は、こんな子どもたちの心に無頓着だったことが「報われなさ」としてその原因になったりします。

よく仕事に「依存していた」ことに気づいた親が相談室でこのことでつぶやく言葉が「うかつでした」「そんな考え方はしたことがありませんでした」です。

子どもはこの〝楽〟してきたことでの「ケンカして仲直り」の体験不足によって、思い通りにならない人間関係に直面したときに、折り合い方に苦しむのです。それをプライドもある20歳過ぎてから取り組むのは大変苦労がいるものです。それで親に〝だだっ子〟（退行）のようになって、子育て〝責任〟を問い「僕の人生を返してくれ」「親に殺された」と確認、反発したりするのです。

だから他の人から見ると、ちょっとした挫折（誰でもある行き違いや誤解など）でも、本人としては「折り合う」ことができず、親にその責めをあずけるのです。

勉強も運動も何事も完璧にできるなら、それに越したことはないかもしれません。しかし「そういう生き方（価値観）だけじゃないんだよ」「のんびり生きる子がいてもいいんだよ」「それだけが、すべてではない」という余裕が大人の側に必要だったのです。ストイックになったため、〝完璧〟でありすぎたために、見落としてしまった大切な〝無駄〟や〝遊び〟はけっこうあるものです。これが「酸いも甘いも噛み分ける」人間的魅力の源なのです。だからなんでも「より早く、より高く、より向上して、より正しく」と「強迫的になりやすい」親がいますが、そんな人こそ「期待しないという愛情のかけ方」に気づいてほしいものです。

ここで、あらためて性格的な、またそのような育てられ方の話をしたいと思います。

……内気な子どもについて……

内気というのは、相手と対立してしまうような自分の感情を迎え、その危険を避けるわけです。とくに「怒」と「楽」です。この感情を抑え飲み込んで、大人の欲求（期待・願い）を受け入れようとします。少々、子ども自身に不満（葛藤）があっても、顔では納得して、大人の言うことを聞きます。子どもはこれを察してくれなかったと、後に「報われなさ」で訴えるのです。「今さら言っても……」と思いつつ、まさに「強迫的」であるから「脅迫」するかのように責めてしまうのです。

……「神経質」な子どもについて……

神経質というのは、優しく細やかな神経をもっているということです。

たとえば、お母さんが別のことで悩んでいたとしても、自分が原因ではないかと思ってしまう。いつも人の心を必要以上に推し量り、その責任を自分自身に向けていく。

「僕が悪いんだ」「私は、いけない子だったわ」と、とても素直にそう思うのです。そのことが別に「いい子にさせられている」とも思えないのです。それがその子には自然なのです。この健気さ、幼な心に初対面で初耳の私はいつも心を打たれるのです。

一方で関係が日常、「マンネリ」化していた親や周りの大人は、そのことに気付きにくいものです。その日暮らしに必死な立場の親ほどなりがちで、気の毒と言えば気の毒です。だから一刻も早く「いい子にあぐらをかいて気づかなかった」と子どもに〝告白〟してほしいのです。

「ひょうきん」な子は明るいわけではありません。その多くが周りの大人や相手の気持ちを汲み取っているから、まるで親の気を引くように「ひょうきん」に振る舞うのです。心は過適応です。周りとの人間関係にバランスをある程度とれるはずの青年期になっても、この傾向のある人は、とても自分に自信がなく、親に依存的になりがちです。「はかなげ」な子もいつの間にか、それで気を引きつけて頑固になっているのです。

……「几帳面」な子どもについて……

几帳面というのは、しっかりしているということ。「勉強しろ」と、親や先生が尻を叩かなくても、勉強し、宿題もちゃんとやる。几帳面だから「しないではいられない」のです。親や先生にとってはこれほど〝安心〟で〝楽〟なことはありません。こんな子どもこそ「人間関係は几帳面にいかない」ということを小学生ぐらいから学んでおいてほしいものです。

……「完全主義」の子どもについて……

完全主義とは、正義感や倫理観が強いということです。とかく白黒をはっきりつけるのが当たり前になり、中間の妥協がゆるせなく、〝不正〟に思えて納得できないのです。そして、自分自身にいつも〝基準〟をもっていて、そこからはずれると「ダメになる」と自分を否定していきます。

この傾向が後に「報われなさ」にこだわる「いい子」の心の「くせ」のような気がします。「いい子」は大人からすると、「理想の小学生」「理想の子ども」ときには「賢い、利発な子」と思われるかもしれません。とくに几帳面と完全主義的な傾向が大人（親や先生）側にあると、子ども自身もその影響を成長過程のなかで受けやすく、いつのまにかその育ち方を取り入れていくのです。

ところが、これが思春期あたりに入って人間関係を意識しだすと、子ども自身「いい子」の自分を持て余してしまうのです。だから親自身が、このような性格をもちながらも社会性を身につけ生きてきた場合には、子どもの言動が理解できないのです。そこは時代背景にあった経済的な「貧しさ」や「向こう三軒両隣り」的人間関係が「仲間集団の中で生きる」術《すべ》を育ててくれたと思います。

……「いい子」の反転……

「大人」の入り口にさしかかる中学生ぐらいになると、親にとって「いい子」が突然として「理解しがたい子」に変化してしまうことがあります。人間関係が、子どもの実直、まじめ、絶対観から、大人の融通、中庸に〝脱皮〟する時期にあたるのです。その〝脱皮〟がうまくいかないのです。子どもが思春期を迎えると、大人の求める「いい子」の条件が変わってくるのです。「いい子」のままの子どもに対して、投げかけられる大人の言葉は、不安、葛藤を生みます。

「情けない子ね。言いたいことがあったら、はっきり言いなさい」

「それ（人間関係は割り切れないことが多いということ）くらい、もう子どもじゃないんだから、自分で判断しなさい」

内気な子は「何も言えない子ども」になり、神経質で優しい子は「いつまでもこだわり、しつこい」と言われたりします。「人付き合いはすっきりとはいかない、わずらわしいこともあるのよ」と親から叱られたりします。さらに、几帳面な子は「馬鹿正直」になり、完全主義的で強い正義感を持つ子は「融通の利かない子」となってしまうのです。

とくに「いい子だ、おとなしい子だ」と大人に認められてきた子は、そこを避難、とがめられると、

「優しくしてきたのに……報われないな」

という気持ちになってしまうのです。

人間関係は、すっきり、さっぱり、きれいに、とはいきません。几帳面に割り切るように物事は運びません。あいまいなものです。だから私は、〝あいまい〟（良いとも悪いとも決めつけられない）さに耐えられる子育てをしてほしいと、思うのです。強迫性やパーソナリティ「障害」に苦しんでいる人が仏教や宗教に心を寄せたりするのは、「ねばならない」から自由になりたいからだと思います。

よく親が子どもに「いったいどっちなんだ。やるのか、やらないのか」と迫るときがありますが、私は「やるとも、やらないとも、わかんない」という答えを出すこともあると、とりあえず受けと

めていける親子関係を大切に育ててほしいと思います。戸惑う子育てを大切にしてください。「いい子」がなぜ、悩み、退行、攻撃的になのか……ご理解いただけたでしょうか。ある子が言いました。

「親とは勝手なものだ。小さいころは『いい子』と褒めておいて、大人になったら『言いたいことも言えない気の弱い子だ』と。いつまでも『いい子』の僕に甘えないでほしい」

ところで、ご質問のなかに、「子どもらしさがない」とありました。屈託のない元気さでしょうか。ただこれも「子どもらしくいなければならない」となると、親のエゴから「こだわり」になる可能性も出てきます。「……でなければならない」と、あまり意識しすぎると無理が出てきます。

今の日本の社会というのは、まさに強迫的で、「……でなければならない」という社会に家庭、学校生活までなっています。改善と課題の意識をもつ日常です。グローバル社会を目指す合い言葉がそんな価値観をより加速させているように思います。「国際競争力に負けてしまう」という〝暗示〟にかかっているのかもしれません。言葉使いも絶対表現が多く、「ねばならない」「決まっている」「〜に違いない」「〜であるべき」などです。

「いい子」はその言葉を汲み取りすぎて、跳ね返せない（返してはいけないと思い込んでいる）子どもなので、精神的な緊張であるストレスは臨界点をこえて高まるばかりです。だから、いったんコントロールが効かなくなると、〝絶対的〟な表現になってしまうのです。「かもしれない」といった融通表現が乏しいのです。強迫的な人は「かもしれない」ことにも「そうだ、そうに決まっている、そうだった」と断定していく傾向があります。可能性を強引に必然に変えてしまう。これが本人を苦しめているのです。そして、その多くは否定的に働いていくのです。

「大学をでなければならない」「せめて高校は卒業しなければならない」「いい会社に入らなければならない」。「もしそうならなければダメだ」と結論づけて不安を先取りしてしまうのです。

そして、「ならない」ために必死になりつつ「強迫」的になっていく。

常に目標を定めて、そこに向かって追い立てられていく社会に、家族みんながさらされていると言えるでしょう。このステレオタイプの〝思い込み〟を「いい子」「いい人」が背負ってしまうのです。

大人なら「思い通りにいかない」経験があるから、多少はそのような〝思い込み〟を外すことができます。「まあ、いろんな生き方があるから大丈夫さ」と。ところが子どもはその術を学んでいないのです。

そんな融通やあいまいさを認めた生き方、考え方を親自身が自分の生き方と照らし合わせていく必要があります。そして、そのような「融通」のきく生き方を日常のなかで子どもに見せていくことが、とくに必要な時代になってきているのです。

何よりも子どもたちに保障しなければならない環境は「弱音や愚痴を吐いていいんだよ」という心であり、そう受けとめてくれる人です。

ただ「泣いていいんだよ、弱音を吐いていいんだよ」と言われても、吐けないのが「いい子」の苦しさです。それだけに「泣く」ことを否定してほしくないのです。

愚痴や弱音を吐くことは、現実から「逃げ」ているとか、人任せで「甘えている」と思っている大人（「いい母親」「いい父親」）は、少なくはありません。でも「泣く」ことは辛い現実をさらけ出して、そんな自分と向き合っている姿です。だから私はいわゆる「いい子」が弱音を吐いたり、甘えることができたら「勇気」だと思います。もともと人は泣いて生まれてきたのです。

とくに感情を抑圧している「いい子」には重要なことです。「感情の小出し」ができないことが「いい子」の辛さです。人間、誰だって言いたいことはあります。それが何も言えない、言わせてもらえないとしたら、何か別の形で伝えていくしかありません。

とにかく思いやりや気持ちを出させてあげて、それから関係性をとっていくことが、「あまり迷惑をかけない感情の出し方」なのです。このプロセスが希薄だと「いい子」がある日、突然にして「悪態」をつき、どこで抑えたらいいのか分からなくなり、いつまでも「感情むき出し」を続けることがあるのです。こんな「困った子」に変身していった相談は少なくありません。


……「親の強迫性」について……

強迫的なパーソナリティの形成には、親や家族の影響は大きいと思います。強迫的な大人に強迫的な子は育つとも言われています。あくまでも目安としてですが、次のような傾向をご自身が自覚されているようなら、子どもとの関わりをいったん見つめ直していただきたいのです。

これはアメリカの精神科医協会の「精神障害の分類と診断の手引き」による、強迫的性格と判断されるための症状です。（ジュディス・ラパポート『手を洗うのが止められない』から）

①思いやりや優しい感情をうまく表現できない。
②完璧主義すぎて、何が必要なのか、状況を的確に把握できない。
③他人にも自分と同じやり方を押しつけ、その人がどう感じるかまったく分かっていない。
④仕事ばかりして、愉しみを持たない。
⑤優柔不断で、決断を先延ばしにしたり、避けたり、いつまでもグズグズと決めかねている（おそらく失敗することを極端に恐れているのだろう）。与えられた課題はあれこれ考え込むばかりで、時間内にやり終えることができない。
⑥細部や規則、項目、あるいは日程にとらわれすぎて、物事の大事なポイントを見失う。
⑦極端に実直で、几帳面、道徳や倫理問題については融通性がない。
⑧人のために時間やお金を使いたがらない。贈り物も好きではない。
⑨使い古したものや無用のものでも、捨てられない。

ところで、「いい子」についてふれてきましたが、日本の高度経済成長は「高品質」の商品を「納期」までに絶対に「納品」することで、なしとげられてきました。それはすばらしく「良いこと」

で、支えていく人は「いい人」でした。そしてそれはそのまま失敗の許されない「強迫社会」を生み出し、子どもたちの世界まで「受験・合格」を目標にして覆い尽くしてしまいました。その強迫社会の期待に応えた子どももまた「いい子」なのです。「成長戦略」による経済の立て直しをはかる現代社会はよりこの傾向を強めていきます。

とくに「学力」は大人によって高く評価され、「勉強のできる子がいい子」に見られていく流れをつくりました。そのために勉強や運動のように成果・評価の出るものに関心が向き、プライドと劣等感を心に住み着かせています。これは勉強・売り上げ至上主義と似て、「トータル」にものを見ていくことの大切さを、失わせているのではないでしょうか。

しかし、万人がこのようなかで「いい子」になりつづけようと思っても、そう都合よく事は運びません。そこでの苛立ち、葛藤、焦り、不安。強迫社会にはこの苦しい状況に「弱音を吐いていいんだよ」と、休ませてあげる「逃げ場」がありません。このくやしさ、報われなさを面接室でつぶやく親も〝偏差値世代〟の「いい子」だったのです。そして親になれば「強迫的」な子育てをしているのです。

結局は完璧、完全、成功に「こだわる」、そして、そのこだわりが周りとの人間関係に生きづらさを生む「心のくせ」となっているのです。だからそこから抜け出すには、報われなさを吐き出していかざるを得ないのです。子育ても含めて人間関係ゆえに心の「こだわり」「くせ」がつくられたとしたら、人間関係で溶かしていくことです。

アメリカの医学者であるメイヤー・フリードマンはこうした産業社会を支えた「いい大人」を「タイプA行動特性」としていくつかを紹介しています。

【タイプA行動特性】

①自分の話したいことを急いで話そうとし、話したくなると一気にしゃべらずにはいられない。
②人と話すとき、急がさずにはいられない。
③歩いたり、食べたりするのがはやい。
④一度に二つのことをやろうとする。
⑤数日間（数時間でさえ）休んだり、何もしないでいると、悪いような気がする。
⑥自分なら早くできる仕事を、他の人がノロノロやっているのを見るといら立つ。
⑦道路が渋滞したり、列に並ばされたり、飲食店で席の空くのを待たされたりするとイライラする。

そして、この行動とつながっているものとして「いい子」行動特性があります。

「産業社会を支えてきたのはタイプA行動特性やイイ子行動といった行動特性をもつ人々であった。これらの人々は周りの人に気に入られようとして、自分の本音を抑えてもその期待に応えようとする度合いの強い行動特性をもつ。

自分の大切な人生目標を達成するために、周りの人、なかでも自分の肩をもってくれると思われる人に認められ、気に入られるために期待に応じようと、付き合ったり、頑張る行動をとる。こうしたいい子ども、いい親、いい先生、いい社員といった〝いい子〟であろうとする行動特性」（筑波大学・宗像恒次名誉教授）がストレス病をつくり出していると言っています。

【いい子行動特性】

①人から気に入られたいと思うほうである。
②自分にとって重要な人には、自分のことを分かってほしいと思う。
③人を批判するのは悪いと感じるほうである。
④自分の考えを通そうとするほうである。
⑤辛いことがあっても、我慢するほうである。
⑥人の顔色や言動が気になるほうである。
⑦自分の感情を抑えてしまうほうである。
⑧思っていることを安易に口に出せない。
⑨自分らしさがないような気がする。
⑩人の期待にそうよう努力するほうである。

このようにあまりに「いい子」になり過ぎた結果として、強迫観念に襲われたり、対人関係に極端な不自由さを感じてしまう心をもってしまったのではないでしょうか。

強迫社会は「いい子」を作り出しました。そのために幼い頃から「せめぎあって（本音を出して）、折り合って（譲り合う）、お互いさま（人は一人では生きていけない）」の人間関係の基礎づくりのチャンスを子どもたちに与えず育てたのです。「ケンカして仲直り」の体験不足は、ままならない人間関係をあきらめず、時間を掛けて修復し、その関係に我慢強くなることをおろそかにしてしまったのではないでしょうか。

「あいまい」で「不純」な人間関係も変わるものとして、いったん認めていくには、小さいころから適切に喜怒哀楽を出せる「感情」表現のできる環境を整えてあげる必要があると思います。

そのためには大人たち自身が、家庭のなかで「感情」表現を大切にするコミュニケーションを築いていくことです。

〝食〟にこだわる17歳の少女は、お互いに多忙で、食事も別々になり〝空気〟のような関係の両親に、「パパとママは、どこでつながっているの?」と不安を尋ねました。

このように不安をもって子に責められると、親は失敗をおそれて、言わなければならないことも、考えすぎて口に出せなくなることが多いものです。それで当たり障りのない関係になってしまいます。子どもの気持ちを「そうだね」と汲み取って、それから言いたいことを言えばいいのです。この手間が子育ての見直しになるのです。

Q3　父親として何かしてあげられることは（手記）

「不安だ」と言って、強迫行為を繰り返し、外に出られない20歳前の息子がいます。子どもと父親の私が、一緒にアルバイトでも初めて、それを切っ掛けに外とのつながりをもたせようと思うのですが、どうでしょうか。

＊　＊

……「不安」な心の防衛について……

まず、なぜ「不安」なのか考えてみたいと思います。

強迫性「障害」やパーソナリティ「障害」に悩む子どもたちと関わって思うことですが、何度も言うように行動や症状には必ず「そうせざるを得ない」理由《わけ》があるのです。ただ言葉にして説明できるほど心は安定していないのです。だから理由を知るには、ぽつぽつとこぼす「つぶやき」を拾ってつなげていくのです。また、その思いで、苦しみに寄り添うとき、子どもの心は癒されていくのです。

だから、症状や行動は「心」に起こった不安や葛藤から、その「心」を保護、防衛しているのです。そう思うと不安が「症状」をつくっているのです。だから「くせ」のある防衛的な態度が目立つのです。

そして、子どもたちはその心の防衛で、やっと今日までうまく生きのびてこられたのです。もちろん「うまく」とは都合良く、という意味ではなく、その手立てが「あればこそ」生きてこれたということです。だから、たやすくその防衛を手放すことができなくて、「こだわり」となるのです。大切なのはその「こだわり」が溶けるまでは、その子の「こだわり」を否定しないで、見守っていたという関係性です。見守る、待つとはただ指をくわえていることではなく、待てない自分と向きあっている姿を見せていくことです。

外出しないのも、外出することへの「不安」な心の防衛反応と考えることができます。問題はその度合いでしょうね。

さて、不安は誰もがもっています。そして多くはその理由がはっきりしているので、解決への希望ももてます。ところが、その不安の理由が自分にははっきりと分からず、向き合う他人にあり、自分に不安材料が向けられている……と感じると、問題解決は、複雑なものになります。

強迫性「障害」やパーソナリティ「障害」の訴えも、そんな感じです。

この場合、不安の当事者はあくまでも自分です。ところが、なぜこんなにも不安なのか、その原因がわからないことが多いのです。その不安なモヤモヤした心から、自分を防衛する（紛らす）行為が「強迫行為」であったり「こだわり」「症状」とも思えるのです。

たとえば、何度も戸締まり、ガス栓の確認を繰り返してみたり、あるいは食事の際に、決められた〝儀式〟をおこなったりします。この〝儀式〟は、他の人から見れば、奇異なものです。また、一日に何十回も手洗いをします。これが一人暮らしをはじめて数ヶ月後から出てきたとしたら、一人暮らしへの不安だと思います。でも、それが決定的とも思えないのです。そこでこの不安を受け入れたり、打ち消したりしながら確認を繰り返しているのでしょう。

通常の生活を営む上で問題にならなければ、「変わった趣味」「癖」程度で済み、周囲の人も問題の対象にしません。しかし「症状には意味がある」と思いつつも、指示されたり、暴力的に向かってこられると、困惑します。そして、本人にとっても、苦痛を伴う「したくない」行為です。こうした行為が、不合理で馬鹿馬鹿しいものであることや、親を束縛してもなんの解決にもならないことは、本人が誰よりも知っていることです。知っていても、どうにも抑えられない自分に、心の痛みを感じます。

このように、強迫性をもつ心の病は、強度の不安から頭のなかが「ある考え」で占められて「自分はエイズにかかっている」とか「家族の誰かが死んでしまう」等の観念に、囚われてしまうこともあるのです。そして、それを除こうにも、自分では除けないのです。それで「除霊」に救いを求める家族もいたりします。

また打ち消す意識的行為が、強迫行為にもなるのです。

多くの不安は、緊張した人間関係から生まれます。不安は葛藤をともなうものであるだけに成長の糧ともなります。まさに自我の折り合いをつける〝テキスト〟でもあるのです。だから、親離れして大人に向かう思春期頃から、こうした悩みが問題になるわけですが、それが、低年齢の子どもたちの周辺でも、すでにストレスが境界線を越えた状態として広がりつつあるのです。

……「父親のできること」について……

こんな不安を抱いている息子さんに、父親はどう関わってあげられるでしょうか。

ご質問の方と同じように考えて実行された方がいます。

その方は、定年退職して、宅配便の運転手を始めました。息子（22歳）を助手席に乗せて一緒に仕事をしようと考えたのです。もちろん真意は「わが子の幸せを願って」のこと。でも、そんな押しつけがましいことを、定年まで「仕事しか能のなかった」父親としては、言えません。言えないからこそ「お父さんも暇になるから、ボケ対策の一つとしてやろうと思うけど、お前も手伝ってくれ」と、回りくどく協力を依頼したわけです。

息子は、「定年になってやることがないから、俺と付き合う気になったんだろう。退職する前に付き合っていればよかったのに」と怒りました。しかし、その愚痴を父親にではなく、母親に「父への返事」として、伝えたのです。

「もっと前から、自分に関心を持ってほしかった」と言いたかったのでしょうね。

そのお父さんは、宅配便の運転手さんのように、こまめに体を使って動くタイプではないし、息子もそれが分かっていますから、心が揺れ動くわけです。

「無理しているな、申し訳ないな」

という気持ちになる場合もあります。しかし、

「自分の問題は棚に上げて、俺だけを悪者、問題の子にしている。だから、俺を何とかしようとし

ているな」と否定的な感情が出てきてしまうこともあります。親も迷うように息子も、迷って心が動いているのです。

だから、最初は息子も一緒に仕事をしてもいいようなことを言っていたのに、いざ始めてみると、乗らない。父親が本当に自分の余生を充実させるために仕事をしようとしているのか、それとも息子の自分だけを「犯人（悪者）扱い」にして、何とかしようとして始めたのか、チェックしているわけです。

「子どものために」というのは、嬉しい判面、一方では親の押しつけを感じてしまうのですね。

そこで息子が、「オヤジが俺のために無理をしてくれているんだな」と思ってくれれば、気持が通じたかもしれませんが、「俺を乗せよう（父親の方便）としているな」と反発されたために、失敗してしまいました。もちろん父親に「失敗」とか「成功」という損得勘定的な見方はありません。ただ本人が社会とつながる手立てを探してのことだったのです。

父親も、好きで始めようとした仕事ではないので、息子が乗らないとなるとやる気がでてきませんから、しばらく仕事をつづけていましたが、長続きしなかったのです。

ですから、こういう場合、息子がどう動こうが自分はやっていくという覚悟が必要です。息子に対して「期待しない」という愛情の掛け方をするのです。

……「父親の背をみせる」について……

先述しましたが『子どもは親の背中を見て育つ』と言います。あれは別に子どもに親の苦労を見せるためのことわざではないと思います。親の人間関係、人間観を見せる、ということです。曖昧で割り切れない人間関係のなかで、悲喜こもごもを伝えていくのが、〝親の背〟を見せることです。まさに人に傷つき、人に癒されていく姿といえます。

最初は意図的なことに反発していても、父親が生き生きと始めた仕事をしていれば、憎悪の感情で固まった心も揺れ動き、心の奥底に押さえ込んでいた慕う心も少しずつ出てくるものです。「こだわり」が溶け特別な「くせ」も必要なくなるのです。

父親の慎ましやかな仕事の話を聞いているうちに、「自分にもできそうだな。（父親を）助けてやりたいな。でも俺でも大丈夫かな。やってみようかな」との思いがめぐり始めるのです。特別な親子関係（心の成長に親の愛着がない場合）でない限り、子は親に頼られたいものだし、そのことで、親を越えられるのです。

よく子どもに内緒で相談に訪れたり講座に参加している父親から、「通っていることを息子に話したほうがいいでしょうか」と尋ねられたりします。私はこんな質問を受けるたびに、父親の言いしれぬ葛藤を思って「切ないな」とつぶやいてしまいます。そのように私に尋ねる真意と向き合ってほしいのです。息子のためではなく、「息子と向き合えない私のためにカウンセリングにきている」、その心を忘れないことです。

父親として大切にしたいことは「お前のことは決して見捨てないよ」という気持ちを伝えることと、それが「恩着せがましくなかったか」という謙虚なふり返りです。

混乱状態のなかで、いま言おうとしている思いが、どちらなのか判断がつかなくなることがあります。子育てに自身を失したのでしょう。父親の愛情、思いの深さとしてやってきたことが、ことごとく裏目に出て「押しの強さ」と子どもから言われてしまうこともあります。

また、「本も読んで、カウンセリングも受けたはずなのに、まったく父親は変わらない。無駄金ばかり使って……」と子どもから言われたら、父親としては辛いものです。でもそれは子どもの照れ隠しと思ってください。

言わなくても子どもは「親の愛情」を信じていたいものです。どこまでも子どもは、精神的に父親の肩車や母親のオッパイが恋しいものです。とくに、愛情に満たされなかった子どもほどそれを求めすぎてしまい、かなわぬ思いに「親は死んだ」と言ったりします。もう裏切られたくないのです。条件付きで愛されたり、認められてしまうのでは、耐えられないからです。あるがままの自分を見捨てないでほしいのです。

自分に合ったもの、続けられる仕事であれば、始めてみてください。そしてまずはお父さんが元気になってください。そして父親として何をしたらいいのか、子どもとの確執の中で見出せないときは妻をいたわってください。手助けしたり、共感の言葉がけをしてください。母親を大切にしてくれる父親をかいま見て和解していく子どもは一人や二人ではありません。

つまり父がいて母がいて、子どもがこの世に誕生したのです。父と母がお互いを肯定している姿を見て、子どもは自分の存在を自己肯定できるのです。子どもは親の喜ぶ顔を見て、成長するのですから。

大切なことは、家族は互いに影響し合って成長していくということを、忘れないことだと思います。そして家族とか親子といった身近な関係に「試す」心は禁物です。まずは家族で不穏を取り、安堵をプレゼントすることです。それが現状で限界にきているときは、第三者（カウンセラー・医者・友だち等）に、ひとまず親自身の安心をつくってもらうことです。

さてここで、読者からきた手紙をご紹介することにしましょう。参考になると思います。

……間違っているとは言えない「偏った見方」について……

△　△

『父の弱音が荒ぶる子を救う』（改題／ハート出版）いろいろな思いを感じつつ、読ませていただきました。富田先生の御著書はどれも、読み終わったのちに「生きるということはそれだけで素晴らしい。人間もまだまだ捨てたもんじゃない」と思わせてくださいます。

私の弟は、二年前の、空がようやく秋らしくなりかけた頃のある日、十年近く自分の世界に引きこもり続けた生活に、自ら決着をつけました。私の知っている彼は、今も寂しい顔の25歳のままです。

泣きながら彼の遺骨を拾う両親の姿を見たとき、「これは地獄だ……」そう思いました。人生には避けて通れない多くの苦難に満ちた出来事があります。しかし、この「地獄」はその種類のものではありませんでした。まだまだ弟は生きていて良いはずでした。私には、このあまりにも不合理な事実を受けいれるということが、どうしてもできませんでした。また、最後の最後まで気持ちの折り合いがつかなかった父との関係に対する、弟の無念さを思うと、父に対して憎悪の心を向けたりもしました。

近頃、やっと、四季折々の美しい風景を見たとき、弟もこの景色をどこかで見ているのだろうか……と、静かな気持ちで思えるようになりました。

そして最近、父と子育てについて話す機会がありました。多くのものに満たされた環境に生まれた私と、高度成長期を一匹狼で駆け抜けるように生きてきた父との間には、物事の見方に、お互い相容れない大きな隔たりがあります。そこをなんとか近づけないものかと、父のことも理解したいし、私のこともわかってくださいと心のなかで叫んでいた頃もありました。が、今では、例えば、父に比べて私のほうがゆとりのあるものの見方ができるとしたら、そのゆとりは、父が一生懸命身を粉にして働き、私に与えてくれたものだと気づき、父の偏った見方に対しても、間違っている、とは言えないのです。

先生がいわれる「犯人探しからは何も生まれない」その通りです。

今日を生きている限り、誰もが明日も生きていいのです。

真っ暗な海で、一筋の港の明かりを探して漂流している子どもや、若者たち。近くにいる誰かが寄り添ってくれることによって、早く希望の光が見つかることを心から願ってやみません。私も、いつかは弟に似た目を持つ子どもと向き合えるような仕事をしたいと思っています。（今は、わが家の4人のこどもの話を聞いてやることで忙殺されています）

拙い文章を最後まで読んでいただき、本当にありがとうございました。

△　△

Q4　子どもに申し訳なかったと気づきましたが、どう表現したらいいのか分かりません

息子が暴れた後で「苦労をかけてゴメンね」と言ってくれるときがあります。それを言われると、私も「勝手な親だった」と反省してしまいます。でも「申し訳なかった」と謝るべきなのか悩んだりしてしまいます。責められることが恐いからです。どういう言葉にしたらいいのか家族としての関わり方を教えてください。

＊　＊

……「**謝ること**」**について**……

人は心病み孤独感を強めると、第三者との関わりを拒絶していきます。人間関係から起こる刺激に恐れはじめるからです。つまり自分の心を保護、防衛しているのです。それだけに家族の関わり方が、快復に大きな影響を与えます。さて、関わり方には大きく二つあるように思います。

一つは、病む子を中心として、周りの家族一人ひとりが積極的に接していく態度です。これはとても大切なことですが、負担も多く「家族が本人に振り回されていく」場合もあります。ハラハラドキドキの〝家族神経症〟の状態です。

もう一つは本人をひとまず脇において、家族がまとまっていく関わり方ですが、注意すべきは、本人対家族という構図ができますから、本人は孤独な気持ちになることも考えられます。

いずれにしても、長所・短所があります。結局、これだ！　という関わり方はなく、その家庭固有の接し方を、現実のなかで見つけ出すしかないのです。このとき、一人で考え込まず、相談相手としての「他人の力」も、問題解決の糸口を見つける上では大切な要素となります。つまり、

「親だからできること」

「他人だからできること」

の使い分けが大切だと思います、

たとえば強迫行為を強引に止めさせることはできません。かえって、本人をパニックに招く結果になりかねません。それよりも、本人を安心させるためには、本人がとても苦しい状況にいることを理解して、ただ傍らで、何もしなくてもいいから、居てあげることが大切だと思います。「なにもしない」という援助もあるのです。

さて、親に自らの「ふがいなさ」をわびる息子さんに対して、謝ったほうがいいのか、謝らないほうがいいのか、ということですが、これは一概には言えません。関係の中で謝る気持ちが生まれ

ているかが大切です。子どもだって親からまったく期待を掛けてもらえなかったら、寂しかったに違いありません。でも度が過ぎると「親の操り人形じゃない」と言いたくなります。そして、そう思ったらそのときに親に反抗しておけばよかったんだ、と子ども自身、反省しているんですね。その葛藤が苛立ちとなって親に暴力で向かってしまうこともあるのです。しかしもう一度、自分の人生を考えたとき親への依存的態度に「苦労をかけてゴメンナサイ」となったのでしょう。

そんな子どもの健気な気持ちに寄り添うことが大切です。謝ったら、そこを突かれて責められるのではないか、という怖れは子どもにわびる思いが奥底からまだ湧いてこないからです。恐れを越えた信頼を子どもに寄せられるかが問われているのです。

ちょっと相談の状況とは違うと思いますが、よくみられる親が子どもに謝る状況について述べておきます。

たとえば、子どもが学校に行かなくなったりしたとき父親は、「ナマケだ」とか「甘えているんだ」、あるいは「母親の育て方がなっていないんだ」で片付けてしまい、後は仕事に「依存」し関わろうとしないことがあります。子どもがいろいろとSOSのメッセージを出しても父親自身、自分が〝父性〟として関わることの意義深さを認識していない場合があります。そして、子どもが常識では考えられない特異な行動に出る段階まで進んだり、病気だと診断されてはじめて、これは母親任せにはできないと自覚するようになります。

このとき父親のほとんどの方は〝全面降伏〟の状態です。「すべて私が悪かった」です。子どもの方も、あまりの父親の変わり身に驚きます。ある子はその態度に相談室で「勝手なものだ」と言いました。「謝れば免罪されて〝すぐに悩みも解決する〟とでも思っているんでしょうか」ともつぶやきました。

またある子どもは「父親が180度変わって自分のほうに顔をこわばらせながら近づいてきた」と表現しました。その父親の態度が子どもからみてもとても痛々しくて、「こんなに親につらい思いをさせていたのか」「こんなにまで努力してくれるのか」と、父親を受け入れたのです。

親が子どもに謝ることによって、傷つく状況もあります。親に頭を下げさせてしまって、もっと自分がしっかりしていれば……と。いわゆる〝いい子〟ほど自分を責めてしまう場合もあります。いずれにしても「素直」にこんな子どもの心に寄り添うなかで、わが子の心に気づけなかった父親の心を伝えられたらいいなと思います。

……「父性性を伝えること」について……

幼児にさえ、こんな例があります。

何か行動を起こそうと思うたびに「お母さん、ごめんね」と言う三歳の男の子がいます。彼には妹がいますが、お母さんは妹の誕生以来、妹の世話でてんてこ舞いでした。彼は母親に甘えたい気持ちがあるのに、それが叶えられない日々がつづき、妹を殴ったりするようになりました。もちろんお母さんは彼を叱りつけます。それから彼は何をするにしても「ごめんね」と言わないと落ち着かなくなってしまいました。彼にとってみれば「ごめんね」はお母さんが優しくなってくれる〝おまじない〟なのです。

ところで、父親の関わり方の大切さを何度か話していると、まるで父親が問題をつくりだした「犯人」のように受け取られそうで、私は心配です。決してそのようなことを述べているわけではありません。もう一人の〝親〟である、父親はこれまで影が薄かったと思います。それだけに、新鮮で父親に寄せる期待も大きいのです。不動の父親が変われば子どもも変われそうな気がするようです。とくに団塊世代の父親に理解してほしい父性を求める子どもの心です。

「こだわり」や「くせ」は、どの子も似ているように見えて、細かく見れば千差万別です。それだけに、私などもどうしても面接では心理的な面を知ろうと焦ります。「こだわり」が溶ければきっと身近な人間関係も良くなると「確信」してしまうことがあります。その「こだわり」の対象として出てきやすいのが父親です。そして「千差万別」なのに、父親に可能性を掛けてしまうのです。ただ最近は母親のほうが父親より仕事が忙しく父性性も強くなり、母親への「こだわり」も増えています。

どうしても母子の共依存関係を見ると「父親が積極的に関われば良くなる」と、思い込んでいきがちです。これが、結果的に父親を「犯人」扱いにして、傷つけてしまうことになるのです。

一方では単に子どもがある事情から一人ぼっちの心境になり、何らかの苦悩の現実から逃避するために、「こだわり」つづけていることも考えられます。この場合、イメージ的な言い方になりますが、「こだわり」をやわらげていくことが、かえって本人には以前よりつらい場合もあるのです。苦しいと言いながらも「こだわる」ことで、現実回避になっていることもあるのです。そんなとき、子どもの父親への「こだわり」に対して勇気をもって詫びることができたら、それは母性性と父性性を同時に伝えることになり、子どもの励みになることでしょう。

Q5　いくら励ましても否定的です

自分の「こだわり」や「心のくせ」に悩んでいる人は、自己評価が低いそうですが、うちの息子も親がほめても「ぜんぜん、そんなことないよ」と否定します。それでいてプライドは非常に高いのです。このギャップを埋めるにはどうすればよいでしょうか。

＊　＊

……「自己肯定感をつけること」について……

強迫性やパーソナリティ「障害」などに苦しむ子どもに限ったことではありませんが、子どもにとって、「自信」というものは非常に大切だと思います。とりわけ同世代からの置き去り感をもっている子どもは、自信喪失気味です。そして自信喪失している人は、どうしても自己評価が低くなります。自信とは「存在感」です。

たぶん自己評価が低いのは、自分で何かをしたという達成感や、人から相手にされているという肯定感が実感されていないからでしょう。だから心のどこかでいつも無力な自分を感じているのです。

ただ「このままでは終わりたくない」「低く見られたくない」と思うと、自分を軽く見られてしまう不安が起こります。その不安を打ち消すのがプライドなのです。せめてプライドぐらい持っていなければ、人前にも出られないといった心境ではないでしょうか。

私たちの親子関係を振り返ってみると、子は親の期待（理想像）に応えようとするあまり、無理してやってしまうことはないでしょうか。それがいつのまにか自己像と思ってしまうのです。プライドが高くなる原因の一つです。だから親には子の「親の期待に応えられない子の思い」を察する配慮、心がけが必要です。

期待に応えようとするあまり生じるプライドを素直に下げるには、自己肯定感との出会いが大切です。それは子ども自身が自分のいたらなさ、弱さ、不安な気持ちを「素直」に誰かとの人間関係のなかで、取り結ぶ必要があるのです。いたらない自分と付き合ってくれたという実感です。

そのためには、自分の〝陰〟を「素直」に出しても、その気持ちを聴いてくれる、受けとめてくれる環境が大切です。そしてそんな〝ガス抜き〟のような人間関係を親や周りの人がつくってあげることです。鼻持ちならないプライドも聞き流してくれる、という安心感が大切です。自己肯定感とは評価とか成果をともなわない存在そのものが、なぐさめやあきらめでもなく、「それでいいんだよ」と、受けとめられる実感です。

すると、親自身にも自己肯定感は必要です。その基本はパーソナリティの肯定です。自分を肯定できてこそ、わが子を心の底から、「自分にとって、楽な道をえらびなさい」と「待つ」ことができるのです。

……「取り柄」について……

ところが、この「待つ」にも〝納期〟がないと待てないものです。そこで、親なりに決めていた〝納期〟を子が「守ってくれない」状態が長引いたりすると、「うちの子はなにも取り柄がない」「取り柄がないから、せめて学歴だけはちゃんとしてつけてあげたい」と嘆きたくなったりします。親とはわが子と逃げられない関係を背負うだけに、このように切ない存在です。「待つ」と言うことは親の善かれと思っているエゴを、子どもが叶えてくれることを「信じて待つ」ということではありません。ただただわが子が「良し」とする日がくることを信じて待つのです。

この親にとってわずかな子への「善かれと思った働きかけ」が感情の行き違いを起こしたりするのです。もちろんこれがいい展開となることもありますが、少ないです。なかには意地を見せて、親を「見限り」、反発のなかで第三者との関係をとっていく子もいます。

実際にチャンスを生かして、隠しもっていた「取り柄」を発揮し、社会で肯定感を実感していった例もあります。

高校を中退して引きこもり、強迫性障害に苦しんでいた子がいます。彼はイラストを描くのがとても得意でした。デザイン的な取り柄があったようです。

それで私はお父さんに相談しました。その取り柄、才能を生かす仕事を見つけられないかと。お父さんは、知り合いのレストランの経営者に頼んで、壁に貼ったあるメニューを描く仕事をもらってきてくれました。

実際やってもらうと、なかなか上手で、パソコンを使い凝ったデザインのメニューをつくってくれました。本人もレストランに行って、自分の作品を見るようになり、「お客が増えたら僕のおかげだな」と父親に冗談を言ったりしていました。かなり自信ができてきたようです。

取り柄、持ち味のない子なんていないのです。p108の島秋人の話を思い出してください。意外に親や周りの評価で出しにくくされているのかもしれません。ニーズと取り柄の相性がその瞬間に揃うかどうかだけなのです。どうやって自分に向いているものを見つけるか、そしてどうやって自分が活躍できる場を見つけるか。〝主役〟になれる舞台が必要です。これは簡単にいくものではありませんが、自信をもたせるためには関わる周りの人々の配慮が何よりも大切であり、その心に本人も感謝し踏ん張るのです。

Q6 「一人がいい」と人との関わりを拒みます

息子は人に対して好き嫌いがはっきりしていて、どうも他人との付き合いが上手くできないのです。だから、「一人でいたほうが気が楽なんだ」と言います。でも「寂しくて仕方がない」とも言います。やっぱり友だちも欲しいのでしょう。どうすれば他人と関わることができますか。

好き嫌いははっきりしていてもいいのです。嫌いな人と一緒だと苦痛ですから離れていればいい。でも好きな人ともいつ嫌いな関係になるか分かりません。だから嫌いな人とも、どう付き合っていけるかが重要です。

嫌いな人の生い立ちに理解をもてたら、そのパーソナリティを受け入れ笑顔で接することもできそうですね。そして理解できても親しくなる必要はありません。心の中で関係の距離をとっておけばいいのです。

＊　＊

……「距離感」について……

さて「上手く付き合う」という言い方をすると〝要領よく付き合う〟といった、若干エゴイスティックな面が強調されているように思えて、不純だ、という子がいます。むしろ、自分の感情に素直に好きな人には好きと言い、嫌いな人には嫌いな態度を取る方が「正直」で純粋だというのです。

その気持ちを偽って〝上手に〟立ち居振る舞うのは〝偽善者〟だと言い切っている大人だっています。いわゆる人間関係の〝汚れ〟をそこに見てしまうんですね。この思い込みの強さで、好き嫌いのいずれの相手にも疲れてしまい、離れていき、結果としていつも孤独な状態でいるのです。だから人から孤独な心に何かの助けを求められると、とっても嬉しくて過大に尽くしたくなるのです。まさに、〝純〟なんですね。そのために、「いま、ここ」の距離感がつかめず、悲しいかな人にだまされたり、防衛的になり、逃避的な態度をとったりするのです。

本人の心には、裏切られた、傷つけられた、という感情だけが積み重なっているのです。なんとも切ないものです。

私はよく強迫性やパーソナリティ「障害」から人との距離感に悩む子どもや若者たちの相談にのるとき「具体的にどうやったら友だちと交じることができるようになるか」という話をしています。

とにかく素直に「人をほめろ」ということですね。まず、何でもいいから相手の良いところを発見し、それを言葉にしてみることです。ほめちぎることなくです。ほめ過ぎは嫌味にもなります。ほめることですね。「君、やさしいんだね」でもいいし、「素直なんだね」でもいいし、「素敵な笑顔だね」でもかまいません。身につけている物に関心を寄せてもいいと思います。

だから親御さんも、なるべくたくさん「感情表現」を使っていただき〝お手本〟を見せてほしいのです。とくに、相手を非難するのではなく、その人の気持ちに共感するという意味で、「その感じ、いいね」とか「つらいんだね」とか「腹が立つね」とか「そうそう、そんな感じ」とか、なるべく短い言葉で解説を加えないで言うとよいでしょう。「短い言葉で」というのは、長い解説をつけてしまうと、気持ちが冷めたり他に意見があるんじゃないか、と相手がうがってしまうからです。

ふさわしい距離感は関心を寄せあうことでみつかります。関心がなかったら心は冷めていきます。関心を寄せられたら関心で返すことです。パーソナリティ「障害」の一つのテーマは共感ですが、それは関心をもつことで会得されるのです。

Q7 強迫行為にいつまでも付き合わされてしまいます

うちの子どもは半年ほど前から、急に汚れにこだわるようになりました。それが最近ではだんだんとエスカレートしていきました。外から帰ってくるなり、石けんとシャワーでいつまでも手足を洗い、壁に汚れを見つけると、気が済むまで私に何時間でも拭き続けさせます。息子のこの行動にはどういう意味があるのでしょうか。

* *

……「汚れ」について……

汚れに対する突然の異常なまでの執着は、人間関係に行き詰まりを切っ掛けとして、先がみえず孤独で心細さに襲われたことによると思います。

ではなぜ、汚れにこだわるのでしょうか。

本書の冒頭に登場した少年を思い出してください。彼は、友だちも多く、クラスの人気者でした。それが転校を切っ掛けに、〝友だち遊び〟に失敗し、目立たない、友だちのいない子になってしまいました。あんなに楽しかった学校が急に暗い雰囲気の、苦痛を感じる場所になってしまったのです。彼は両親が中心になって決めた引っ越しに、ずっと強い疑問をもっていました。それが原因で、結局友だちをなくしてしまった、と思いたかったのです。

それがあるとき、おろしたての夏の制服を着て登校している最中、車に泥をハネられ、真っ白できれいなシャツに、ポツンと小さい汚れがついてしまいました。そのとき、全神経がその汚れに集中し、不思議にもいままでこだわっていたものがスーッと消えてしまったと言うのです。状況は変わらないのに気になっていたことが気にならなくなるということは、私たちの日常にもあることです。そして彼は急いで家に帰り、洗ってもらいました。その間、心のモヤモヤよりも汚れが気になっていたのです。振り返ってみると、そのときの心のモヤモヤは楽になっていたそうです。

つまり、汚れにこだわることで、それまでのこだわりから逃れることができたのです。汚れに常にこだわることで、抱えている悩みや苦しさというものを、紛らわせている、汚れにこだわることで心を安定させることもできるのです。だからもっと苦しくなると、さらに強く汚れを取ろうと強迫行為はエスカレートします。

すでに述べましたが、日本全体が融通の許されない強迫社会、「純」「すっきり」にこだわる社会になっています。そんな親の意識が子どものこだわりに影響している面もあると思います。子どもの成長にこだわり、世間体にこだわり、他人の評価を気にして生きている、そんなところはないでしょうか。何かにとらわれないでは日々を過ごせない。しかし、とらわれることで、その枠組みのなかに身を置き、安定している、というのも気持ちの一つだと思います。

すべてが思い通りにかなえられていくことはありえません。かなりの部分で修正を余儀なくされたり、また完全に崩壊することもあります。そんなとき、こだわり続けてきたことから、なかなか解放されない苦しさを背負うわけです。その代償行為の一つが消毒液であったり、手洗いであったりするのかもしれません。いずれにしても、世の中には白黒と分けられないような、分からないことがあるということを受け入れたとき強迫行為は鎮まっていくと思います。好きな都々逸を一つ紹介しましょう。「白だ黒だと、けんかはおよし、白という字も、墨で書く」。

Q8 判断を求めておいて答えると怒ります

通う目的が見つからないと、大学を休んでいる子どもが「僕は大学に行ったほうがいい？」「退学したほうがいい？」と聞いてきます。「そりゃ行ってくれたほうが嬉しいよ」と言うと怒ります。そして「あんたの問題なんだから、自分で決めるしかないだろう。それでやめると決めたんだったら、仕方がない」と言っても、やはり怒ります。子どもは母親にどういう答えを求めているのでしょうか。

＊　＊

……「何を聞くのか」について……

それはお母さんにとっては、子どもが大学に行ってくれたほうが嬉しいでしょう。でも、それが「死ぬほど」つらいことなら、それ以上を望まないのも、また親の心情ではないでしょうか。つまり、どちらも子どもの将来を案じているのです。

しかし、それはそのまま親自身の将来も、その方向であってほしいという願いが心の底にあるからです。子どもの前途が親の前途ですから、そこの部分が「あなたのため」と押しつけになっていないか、ときどき振り返ってみる必要があります。また素直にその心を吐露することも大切です。通学を励ましたら怒ったというのは、行けなくて苦しんでいるのに「行け行け」と言っているみたいにとられたのでしょうね。

それから、親は、子どもの自立が心配になると、すぐ子離れしようとするところがあります。子どもに干渉しすぎたのではないかと反省し、自立を促そうと、突き放したように「もう大人と言われる年齢になったんだから、自分で決めなさい」と言ってしまうことがあります。

これも子どもにとっては不安なものです。

ところで、相談室に来る子どもたちがひとしきり話し終えた後、つぶやく言葉があります。

一つは「僕の気持ちを親は分かってくれない」という訴えです。けっこう前向きに生きようと思っている、親の気持ちも十分すぎるほどわかっている、だけど苦しいから、その葛藤している不安をそのまま、心を寄せる親にぶつけているんですね。そしてその「苦しさ」は説明できないものです。こんな「弱音」や「甘えたこと」は他人（第三者）には言えない。否定されたり、激励されたために期待に押しつぶされそうになることが、見えているからです。

葛藤を条件付きなしで受けとめ、聴いてほしいのです。気持ちは受けて言葉は聞き流してくれればいいのです。だから、人はこの心が分かる信頼できる人にしか弱音や愚痴、悪態を言えないものです。だから、子どもから心の葛藤を訴えられたり、弱音を吐かれて「困っている」ということは、子どもから信頼されている〝証〟なんですね。

あえて言えば、子どもから弱音を吐いてもらえたことのない親（先生）がいたとしたら、その親はまだ親として心から信頼されているとはいえないのでは、ないでしょうか。自分で決断しかねる苦しい状態のときに、一緒にいてくれればそれでいいんですね。何も答えてくれなくてもいいのです。答えられるほど簡単なことを聞いているのではないからです。けっこう承知で困らせているわけです。

それでも親のほうは「親だからここは答えなければ、親として失格だ」と思い、つい答えたくなるものです。すると励まし、アドバイスになりがちです。戸惑っていることが、肝要です。答えきれない「苦しさ」を通して、その子の苦しみと出会えるからです。

だから子どもは親に「ただ（黙って）聴いてくれるだけでよかった」と言ったりします。アドバイスも励ましもいらない、聴いてくれるだけで気持ちが楽になるということです。もしかしたら自分なりの答えをすでにもっていて質問し、親を困らせることで、身近（傍ら）にいてほしいと心の奥底で願っているのかもしれませんね。

ところが、親は子どもに対して寄せる思いが深いだけに、親であることを自覚しすぎて対応することがあります。

親のなかには「子どもの気持ちをただ受け入れたら、子どもが甘えて、怠けて、堕落するのではないか」と思えてしまい、あえて〝壁〟になろうとする方もいます。またあるお母さんは、「ただ聞いているだけでは親ではない、と思い、子どもの言葉尻をとって突き放してきた」が、それは励ましのつもりであった、と言いました。
大人になり、親になった私たちは子育てに困ったときこそ、「子ども心に戻って、素直になればいいんですね」と、ある父親が言ってくれました。子のない人はいても、親のない人はいませんから、子ども心にはいつでも戻れるんです。自分の親と対話することが可能なら、いろいろ苦労話を話してみてください。すると子ども心を取り戻せると思います。その戻せた気持ちでわが子の心を察してみるのです。

結局、子どもは親との対話を通じて、親に分かってもらいたい、受け入れてもらいたい、と願っているのですね。一緒に考えてほしい、一緒に悩んでほしいだけなのです。そのためにも、子どもが苦しんでいるときには、ただ側にいてあげてほしいのです。何もしなくていいから、離れないでください。何もしないでいる苦しさが、子どもの抱える苦しさと思ってください。そこに子どもの心は癒されていくようです。離れないで、ただそこに居るということが、不安やささやかな喜びを「ただ聞くこと」なのです。

子どもは「不安」な気持ちをしっかり受けとめてほしいのであって「解答」を求めているのではありません。しつこいほどに同じことを尋ねてくるとしたら、それが「分かってほしい気持ち」なんですね。

「お母さんは何でも、私の話を聞いてくれるけど、つぶしにかかる」
とわが子から言われている母親がいます。その会話を聞いていると、こんな感じです。

子「私は保育士ではなく、カウンセラーになりたかったのよ……」
母「それなら、カウンセラーをめざして努力したらいいのよ」
子は母親に「対抗している」とも言えそうです。母親は言葉の意味を正しく聞いて理解し、返しているのですね。
しかし、子の期待しているのは「……」の部分の気持ちを聞いてほしいのです。「少し、進路について思い出しているのね」などといった、子の気持ちを察した言葉を返してほしいのですね。言葉のキャッチボールとは子の気持ちを受け、そして親の気持ちも添えながら、子が捕りやすいように返していくことです。

Q9　夫の理解、協力がありません

強迫性障害ではないかと思える中学生の息子がいます。息子が手を洗い続けていると、主人は「水がもったいないじゃないか」と言って止めさせます。注意して止めさせようとするとパニックを起こすので、黙ってそっとしておいてあげてほしいと頼むのですが、「甘やかせるな」と言われ、なかなか主人には分かってもらえません。

＊　＊

……「夫をまき込むこと」について……

同じような苦しみを抱えるご家族とお会いしていますので、そのお話をします。

その家庭は職人さんです。お父さん、お爺さんも職人気質というか口数は少なく一本気で完璧主義者です。物事を正確に考え、取り組むようなところがありました。お父さんは非常に頭が切れるし、努力してお爺さんの技術を受け継ぎ、後継者の地位を得てきました。そして、努力すれば必ず目標は達成できるという考えの持ち主でした。だから子どもの勉強ができないのは、努力が足りないからだと決めつけたりします。

努力しても、報われない、なじまない努力もありますが、その感覚がゆるされない家庭なのです。普通は、努力しても勉強のできない子もいますが、このお宅は代々できる人ばかりだったようです。努力して勉強のできた人には、努力しても勉強のできない子の気持ちは、なかなか分かりにくいものです。

子どもは精神科に通わないといけない状態になり、それが長引くにつれて、お父さんやお爺さんは、これは「不治の病」だと思い、こういう状態の息子を一生かかえていくのでは、三代目がなくなってしまう、と断腸の思いだったようです。

子どもは家から外出はしないし、母親には悪態をつく、病院につれていっても何も解決しない、という状況でお父さんのイライラは募る一方。お爺さんからは「あんな嫁と結婚するからだ」と言われ、自分のイライラをぶつけるところがなく、家族がバラバラの状態になっていきました。

こういう状況で、私がお母さんを通じてお父さんにお願いしたことは「とにかく一度講演会にきてほしい」と、誘ったことでした。

お父さんが講演に来て驚いたのは、「これだけ悩んでいる人がいるのか」ということでした。それは参加人数というよりも、自分たちだけではなかったという、安堵感のつぶやきでした。

さらに、お父さんが理解したのは、「家族の関わり方で子どもはよくなる。症状や行動には意味があり、寄り添うことでよくなる」ということです。講演で参加者の体験も聞いて、「あっ、そういうやり方をすればよいのか」ということを知り、希望が出てきました。すると子どもの気持ちも少しずつ受け入れられるようになってきたのです。実は理解して受け入れたら、子どもはダメになると思っていたんですね。

そして息子が、手を洗いつづけることも、濡れティッシュを何枚も使ってドアのノブを拭くのも、みんな現実では落とせない〝気持ちの汚れ〟をすっきり、さっぱり落としたいという願いを持っていること、さらに苦しみのあまり気を紛らわしているということ……に理解というよりも、気づいたのです。

しかし、これで問題が解決したわけではありません。それから、お父さんが子どもと関わるようになったのはいいのですが、別の問題が出てきました。

このお父さんの性格があまりにも完璧主義的であったため、子どもへの愛情の深さが裏目に出てしまい、関わりすぎるほど徹底的に関わるようになったのです。こうなると干渉です。むずかしいものです。

お父さんは子どもへの接し方に、努力すればするほど自分の願い（治る）が叶うと考え、「目標」

を立てて〝真剣〟になるわけです。もちろん真剣はいいことですが、過ぎると子どもの心に、うっとうしさが生まれてくるのです。

ただ、このような問題はありましたが、お父さんに希望がもてたというのは、とにもかくにも大きな快復への第一歩でした。子どもの環境が変わるからです。

……「第三者から聞く話」について……

質問者の夫も本当は、「もっと、子どもの教育に関心を持って」という妻の気持ちに気づいていると思います。ところがその一方で、聞きたくない、できれば逃避したい、あるいは子育ての「犯人」にされたくない、という思いがあるのでしょう。とくに苛立ちのなかとはいえ、母親を子育ての「犯人」にしてその責任を問い詰めてきただけに、いままでの自分の態度や行動に対してもつらくなり、かえって避けていこうとするのです。苦しい現実と向き合わない一つは、自分のおぞましさや弱みを見るのがつらいということにもあります。だから、先延ばしにしていくのです。

また、自分が子どもの問題の「犯人」にされたとき、どう責任をとることができるか、何ができるか、不安でもあるのです。そこで、どうしても子どもの現状から目をそらせてしまいます。

繰り返しになりますが、「関わり方によっては、子どもに笑顔を取り戻すことができるんだ」というメッセージを耳にすることが「協力」の動機になります。そして、家族以外の信頼できる第三者から、

「強迫行為は決して本人が好んでしているわけではなく、こんなことしたくない！　と叫びながらも、そうせざるを得ない苦しみを抱えている。だから父親のあなたが、あえて本人の〝満足〟するまで『安心して洗っていいいんだよ』と、子どもの苦しい心を察しながら、見守っていくことが大切なのです」

というような話を聞くことが、子を理解するきっかけになるのです。

……「理にかなっていると思うこと」について……

ところで一つ印象に残っている話をします。東京のマンションに住んでいる親子の話です。

強迫性障害に苦しむ中三の息子さんとお母さんは、気分を変えることもあって、夏に九州の田舎へ一ヶ月ほど帰省しました。

祖父母はまったく彼の苦しみを知りませんでした。そして母親は甘える気持ちもあて、東京生活での息子の様子を祖父母に打ちあけたのです。事の重大さは理解してもらえなかったようです。

そのうちに彼の手洗いの話になりました。そのことを祖父は「いいじゃないか、手を洗うことはきれいになって」と言い、祖母は「苦しいときは、男の子だって泣きたいもんだ。泣いてつらさを出さなきゃ、病気になってしまう」と、孫と母親の心をいたわるのです。これに気をよくした彼は、祖父母になつきます。祖父母は彼の体を引き寄せては遊ぶ日々をつくりました。

「おばあちゃん、俺、赤ちゃんじゃないよ」と彼が言うと、祖母は「そんなに早く大人にならなくてもいいじゃないか。おばあちゃんの前じゃ、小さいままでいておくれ」と言ったそうです。

そんなこんなで一ヶ月が過ぎるころ、彼の心は落ち着き、強迫行為もずっと減っていたのです。それが再び上京し、日中の母子の生活がはじまると互いに苛立ち、子どもの手洗いは戻ってしまいました。

この話は本当にいろいろなことを教えてくれました。安心して自分自身の「つらさ」（強迫観念や強迫行為）を表現できる、「してもいいんだよ」と認めてくれる〝ガス抜き〟の第三者の環境が必要なんですね。否定されたり、反対のことを押しつけられたりすると、関係を拒絶し引きこもるしか自分を守ることができません。それはそのまま「つらさ」が増すことになり、強迫行為も繰り返されるでしょう。

このどうすることもできない「つらさ」を安心して出して、受け入れてもらえることが、快復への第一歩なんですね。「お前の言っていることや、やっていることが、わからない」とならずに「それが言いたかったんだ、言いたいことがわかった」と子どもの〝症状〟を見ることができたらいいですね。子どもの苦しみの訴えは「理」にかなっていると理解していくことの大切さです。とかく子どもは「この苦しみは親には伝わらない」と思いがちなものですから。

子から責めつづけられることがあります。これでもか、これでもかと悪態をつかれると、心はロボットのように頑なになって、涙さえ出てきません。子を愛おしく思ったり、かわいそうに感じる心もどこかに消えてしまいます。

そして親のほうが家出したくなりますが、残された子の悲しげな姿はしっかり出てくるのです。つらいですね。こんなときは遠慮せずに身近な誰かに思いっきりその苦しさを訴えてください。そして、私たちのようなカウンセラーや相談室はその状況を乗り切るためにあるのです。

ときどき家を空けて、本人に留守してもらってください。

「この子から逃げるのではない。この子を守り抜くために、いまは家を空けて、また戻ってくるのだ」そんな思いを持つことが大切ですね。

Q10　妄想的な話にへき易しています

部屋に閉じこもっているわけではなく、親とも会話をよくします。そのとき気になるのが、非現実的というか妄想のような話をするのです。たとえば息子が近所の美人のお姉さんと結婚したら、「お父さんはうれしい?」とか「お父さんは彼女のことをなんて呼ぶの?」と空想的な話をして満足気味です。なのに人が恐くて他人との関係をとろうとしません。

私も息子に合わせ、冗談にして楽しく話しているのですが、あまりにもしつこくて、いいかげんに嫌になってきます。もっと実のある会話に方向転換するようにもっていかなくてもいいのでしょうか。それと思い込みも強く被害者意識には嫌になります。

＊　＊

……「疾病ではなく関係でみること」について……

「妄想」とは客観的にも根拠のない事柄を誤った思考で、自分と関係づけてしまうことです。〝関係妄想〟とか〝被害妄想〟とよく言われています。

さて、子どもがそういう話をするには意味があると考えられます。こだわるにはこだわる意味があるのです。家族は接する疲れから、すぐに「病気ではないのか」と疾病性で見てしまいがちです。まずは「そこにどんな人間関係が起こっているのか」という関係性で考えていくことを大切にしたいものです。

一つは「時間稼ぎ」です。実はこれが重要なんです。とりとめのない話をし、気を紛らわすことで、ささやかなゆとりを獲得できます。そうやって、お父さんと会話のパイプをつくっておけば、わずかに自信がついたときに、「オヤジ、俺、そろそろ就職するわ」と99%の不安をもちながらも1%の可能性を口走りたいものです。

自信のないときは、現実の話はできないので、いわゆる〝どうでもいい話〟しかできないのですが、それを親が「バカバカしい」と否定したり「妄想」「幻覚」「幻聴」と疾病にとらわれ過ぎてしまうと、本音を出せる〝安全弁〟をなくして独り部屋に閉じこもることにもなります。

お父さんの力がほしいから、パイプだけはつくっておきたいから、自分でも「くだらない話」と分かっていても、そんな話をするのです。不安と緊張の中にいるときは誰かに「懐《なつ》きたい」ものです。わが子に「懐いてもらえる」お父さんは父親の鏡です。「懐」は一字で「ふところ」と読みます。懐の深いお父さんで息子さんも安心できるのです。

二つ目は親が自分の可能性を捨てていないかどうかを、試していることです。子どもは自分に対する親の願いが何かを、百も承知です。でも、その願いをかなえてあげたくても、「いま」はどうにもならない状態があるものです。子どもの頭の片隅には「自分が親なら、これほどまでにわが子を受け入れられないだろう」という気持ちもあるのです。だからこそ、いつ親に見捨てられるかが、常に不安なのです。その不安が高ぶると親からの攻撃を心配して護身術を学びに外出したり、筋肉をつけるトレーニングに励む子もいます。そんなとき親が「世間並み」の接し方をしてくれるかを確かめたくなるのです。

話の中身はかなりその子の状況からは〝現実離れ〟しているかもしれません。また理解不能な突拍子もない奇異で風変わりなことを言ったりします。でもその心が、私には痛々しく思えるのです。「生きているだけで尊いよね」と確認している姿なんですね。言動も他者の心を救うことになれば「風変わりな名僧・達人」にもなります。そんな一人と思える一休さんや良寛さんを「パーソナリティ」なんとかと呼ぶことはないのです。子どもが「いま」しつこくこだわっているのは、「お父さん、僕、まだ大丈夫だよね」という絶対肯定の自信を身につける問いかけです。これほど「実」のある会話が他にあるでしょうか。

強引な形で現実の話にもっていくようなことはせず、会話の流れでそういう話が出てきたときは、プレッシャーをかけない範囲で〝風流〟に対応してください。「そのように言ってみたい」息子さんの気持ちを察してあげてください。

息子さんは、「迷惑をかけているけど、自分を認めて」という気持ちを抱えながら、「冗談」あるいは「被害者感情」をもち出して人間関係を模索しているのです。だから悔し涙を流しながら言っていると、心得て話してください。そして、その余裕からそれ以外の現実的、日常生活に即した話が出ればいいですね。

幻覚妄想に苦しみ医療の援助を本人も求めているときは、まずは親が機関を訪ねて信頼関係を築き本人と通院することです。

Q11 付きまとわれている感じです

子どもがよくDVD屋さんにいって、同じDVDを借りてきます。そして父親の私に見ろと言うので、一緒に見るのですが、「これ、どう思う？　どう思う？」と毎回感想を聞いてくるのです。何か意味があるのでしょうか。付きまとわれている感じです。

＊　＊

……「時間を共有すること」について……

こういう状況では、親の「面倒な子だなぁ」「いったい何を考えているんだ」というような感情しか子どもに伝わらない場合が多いですね。だから子どもは親から見放されてしまう不安を持ってしまい、まるで「付きまとう」ようになっているのでしょうね。母性を求めているわけで母親がこんな関係になりがちですね。母性があってこそ父性の働きが伝わるのですから、「付きまとわれているお父さん」は立派です。

さて子どもは何かを訴えようとしています。何度も試みるというのは、それだけ何か分かってほしいしいことがあるのです。とは思うもののしかし、親にも他にやりたいことや、やらなくてはならない日常があるので、何度も同じものを見せられるとうんざりします。まさに、〝強迫〟的になってしまいます。ときに予測してその事態を避けようとする場合もあります。皮肉にもそんなときこそ、逃げ出したい気持ちを見透かされてしまうものです。

しかし、子どもがなぜそこまで求めるのか、考える必要があります。何かにこだわっています。まず、単純にそのＤＶＤを父親と見たいのです。そのＤＶＤで時間を父親と共有したいのです。親密になりたいのです。もしかしたら、お子さんが見たいのは「ＤＶＤを見ている父親の表情」かもしれません。その表情を見ながら、何かなつかしいこと、楽しかったことを思い出したいのではないでしょうか。いや、本当に思い出せるかもしれません。それが切っ掛けで身動き出きない「こだわり」「くせ」から解き放たれることもあるのです。

また、ＤＶＤの場面を通して「大切なことを父親と確認」しようとしているのかもしれません。いずれにせよ、コミュニケーションを深めたいという子どものメッセージであることだけは確かです。子どもは親の感性に訴えているとも言えます。そうであるならば、それを汲み取る「関心」という努力をしてください。同じようなテーマのＤＶＤを借りてきて、子どもが一緒に見る、見ないは関係なく、まずは親自身が見てください。そして子どもに話題提供してみたらいかがでしょうか。

もし、あなたの感想が子どもの思いとピタッと一致すれば、その繰り返される行動は、少しずつ緩和されていくと思います。人は構える必要のない親しさを感じたとき心落ち着くものです。けれども、子どもは説明などしてくれませんのでその意味を〝知的〟に理解しようとするのは、なかなかむずかしいものです。それでも、親がどれだけ誠実に継続し受けとめてあげられるかが重要だと思います。

……「少女のような母親」について……

いつもカルガモ親子のように母親の後を追い「お母さん大丈夫、大丈夫」と確認しながらも、それでいて両手をどこにも触れたくないのか、家のなかをまるでお化けが歩くように、手を挙げて歩き回っている少年がいました。強迫性パーソナリティ「障害」とも診断されていました。

彼は20歳で通信制高校を卒業していきますが、初年度のレポートは母親がしていました。そして彼が提出レポートに書き写すのです。この時間が強迫観念に気を取られることなく「普通の親子」として家庭で勉強している気分になれたそうです。

それから二年は自らレポートを作成し、スクーリングにも出かけ、友だちもできました。「親友」ではなく「真友」をしつこく求めすぎて、自ら周りとの人間関係に傷ついてきた中学生活を振り返り、相手に「完璧」を要求しない人間関係を家庭訪問や面接を通して、私は彼と〝実体験〟してきました。そのほうが心地よい関係を作れるということを彼は知るのです。

その一方で、母親は彼の強迫に巻き込まれて苦しくなると、何度も相談室を訪ね、また電話を掛けてきては「本当に治るんですか、どうしたらいいんですか」と、私を〝強迫的〟に、いや〝脅迫〟気味に問い詰めてくるのです。

私は強迫行為・観念は脇において、少しでも少年の〝健気〟さに出会う面接を母親と重ねてきました。すると母親は来室のたびに、まず最初に「強迫」について苦しかったことを思う存分「一方的」に話し、「すっきり」すると手帳に書き込んできた彼の「かわいさ」「健気さ」を恥ずかしそうに、照れくさそうに、少女のように話すのです。今泣いていた子がもう笑っている屈託のなさです。でも、一つことにこだわっているときは困惑しました。

こんな日常の繰り返しのなかで、彼の苦しみは砂に水が沁み込むように癒されていったのです。彼は「お母さんは何も前と変わらない」と言いました。そしてときには〝被害妄想的〟に照れ隠しで言う彼は、確実に快復していったのです。子どもだけでなく、母親にも苦しみを吐き出し「すっきり」できる場が必要だったんですね。

ご飯のなかに髪の毛が入っていても取って食べることもできました。以前は彼が洗面所で手を洗うと、こする音が苦しくて耳をふさいでいたお母さん。親子で何でも言える関係になると庭の花も元気に見えると言います。

ときどき母親が苛立つと「お母さん、気持ちがこれだよ（上下に手を振る）。それを直さなければね。僕のことで気を使わなくてもいいから」と諭してくれるそうです。

そして私の相談室での面接や講座に行って帰ると、彼に向かって学んだことを必死に実行しようとする母親。それを見ては、「お母さん、仕方ないよね。（僕は）神経質なんだから」と確認する手を休めては、母親に語りかけます。

また、再び気が引けるように「お母さん、ごめんね。もう一度確認させて……」と甘えるようにささやくと言います。この絶対的肯定の関係を築けた親子に出会えた喜びを、私はいま再びかみしめています。結局、個別面接、家庭訪問、電話面接、父親講座と関係をもってきましたが、父親講座には母親が受講し、父親とは出会えないまま終結しました。私も彼と母親に父親の存在を度々尋ねることはひかえていた気もします。

子どもの行為、あるいは症状には、必ず意味があるという関係性で見ることです。すると「理」にかなうことが分かり「治療」というよりも「治癒」されていくことへの希望、可能性がもてるのです。

同僚のカウンセラーとカウンセリング（面接）のふり返り、分かちあいをします。ある時、面接場面で相談に訪れた人と親しくなり、その中で対立し行き詰まったとき、どうしていくかということを話しました。「自分ですら嫌になってしまう自分の感情でも、その心のなかに、やわらかい心（まなざし）を見つけることができたら、きっと相手のやわらかい心も、こちらに伝わってくる」と同僚のカウンセラーは葛藤を語ってくれました。そのときマザーテレサの言葉が思い浮かびました。

「愛の反対は憎しみではない無関心である」

むしろ相手をときに恨んだり、非難したり、叱ったりするのは関心があるからで、そこに「愛」があるということです。他人事にできない関係だから対立もするのです。すると嫌な自分も許せて、その心の余裕から相手を受け入れられるのです。

ぜひ一人ぼっちになりそうになったときは、講演会場へ、相談室へ足を運んでください。ある別の母親はこの少年について、「同じ強迫の子でも、この子はとてもやさしい言葉を表現できるんですね。私の子はずっと攻撃的で、私の心のなかを土足で踏みつけていく感じです」となげきました。

少年の母親にもそのような時がありました。しかし、あるときにわが子の攻撃は「拒否ではなく、触れてほしくないことに触れたとき」に言ってくると気づいたのです。しかし、触れたのは心配からくる親心だったのです。

母親は心配から触れたいときでもあえて触れないで、ほっとした時に、なにげなく微笑みを浮かべることに努力しました。その積み重ねが、少年の「こだわり」や「くせ」を溶かしていったのです。

Q12 ネガティブな話に付き合わされ親まで不健康になっています

いつも「何か不安だ、面白くない」と私の顔を見てネガティブな事を言ってくる18歳の息子がいます。やたらと「楽しそうなカップルを見ると殺したくなる」とか。評論家のように批判ばかりしています。〝流行〟にも敏感で、似合わない高額な服を買ってスター気取りです。音楽も退廃的なものが好きです。一緒にいると、こちらまで暗く心は不健康になってしまいます。本人はこれで大丈夫でしょうか。

＊　＊

……「同世代復帰」について……

人は順調に歩んでいると思える時は、自分にも自信があるので、他人の言うことや〝流行〟にもことさら関心がありません。でもいったん失望感を抱えると自分に自信がなくなり、他人のことが気になりだします。するとネガティブな心で自分を固めていきます。不満、不機嫌、不信です。そしてそのはけ口は身近な親や家族に求めていきます。ただ内心では「この時代に生まれてよかったのか」と自らに問い返していきます。そんなとき時代を意識し、流行についていけるのかが気になりだすわけです。

「同一世代」と「同一時代」を「同一空間」で生きる。パーソナリティ「障害」から解き放たれるきわめて大切なキーワードです。

この三つが揃うと、自分の気持ちに自信をもち「同世代復帰」していくことができるのです。「同一世代」とは、自分の年齢に近い人たちと一緒にいるということです。たとえば「中学生」とか「高校生」という枠組みのなかに入って居られるということです。だからネット、ゲーム、ラインといった仲間空間はバーチャルリアリティと言われるように、孤独な心にあっては、とりあえず「心の居場所」になると思います。ただその空間は「情報」のやり取りであって、そこから生身の関係にどう一歩踏み出していくかがテーマです。

なぜ生身のふれ合いを必要とするかは、そこに存在そのものを肯定されたという実感が得られるからです。たぶんにAKBの「握手」会もそこをビジネスとして企画したものだと思います。しかしそれは人間関係における「傷つくリスクを背負って得る」肯定感ではなく、傷つかない受け身を用意してくれたものです。思わず落語の「明烏（あけがらす）」に出てくる堅物の息子の話を思い出します。

サッカー好きの少年がいました。彼は同世代復帰で強迫性パーソナリティ障害の苦しみから旅立てました。「旅立つ」とは人を求めていく勇気を得たということです。その子の場合は中学校を卒業後、高校には行きませんでしたが、数年たって直接クラスメートから「いま何している」と聞かれる心配も減って、なんとか人の目を気にしながらもサッカー場にいけるようになりました。ただテレビにかじりついて見るのと、実際会場に行って、Jリーグのサッカーを見るのでは全然違います。一人で部屋にいるのではなく、同じ世代の子どもたちと一緒に居て観て、仲間の群れの動きのなかに自分も居ることを実感できて、少しずつ社会からの置き去り感を取りのぞく目途が立ったのです。

……「世代証明書」について……

もう一つ、こんな例もあります。

ある少年は、せめて自分も「高校生」でいたい、という願いで最終的には通信制高校を選びました。そして、入学式に参加して隣の席に座っていた人が60歳を過ぎていた人であったことが、彼にはショックだったのです。

なぜか、それは「ここは普通の高校じゃなかったんだ」ということです。年齢を越えて学び合うのが通信制高校の特色であることは分かっていても、現実にその状況を見ると「同一世代」との違和感をもつのです。高齢者の人に励まされていいではないか……としてしまうと、彼の苦しみは見えません。

私は、翌年の通信制の入学式ではこの例に学んで、相談に訪れていた少年たちのなかで、「世代」の近い人の席を何気なく探して、座ってもらうことにしました。そこの通信制高校の入学式は学籍順ではなく、どこに座ってもいいことになっていたのです。

「同一時代」とは、その世代がもつ「話題」です。

18歳なら18歳の話題をもてるということが大きいんです。サッカー少年の場合は、「Jリーグのサッカー」という話題をもてたことが、自分も当たり前にこの時代を生きている、と思えたのです。

「同一空間」とは、帰属する場、つまりグループに入っているという感じをもてるか、ということです。「同一世代」の身分証明書です。長くフリースペース活動もしてきましたが、その目的の一つは「同一空間」で「同一世代」と出会い「同一時代」を語ることでした。彼はサッカーのファンクラブの会員証がそれに該当しました。通信制高校に入って一番喜ぶのは、「学生証」であることは、これを意味しています。ただ現在は「どうしても高校に入りたい」という学歴へのこだわりが、子どもたち全体に薄くなってきました。この「学生証」に代わる「同一空間」の証明書はかなり幅広くなっているようです。

以上、この三つを獲得できることが、その子の成長にとって大きな心の安定になると思います。親から見たらくだらない不健康な子どもの言動にも「同世代復帰」への願いがあるのです。退廃的な音楽を聴くことも、「カップル」への憎悪、評論家気取りも、息子さんの強がりだけではなく、そのことで時代の群れのなかにいるということです。非常に大切なことです。「同一世代」と「同一時代」を生きていることの証明なんです。

くだらないと思う人は、すでにそれを獲得しているか、特別な才能を社会的に認められているからこそ言えるのです。あるいは、よほど自分自身に自信をもっているかであって、いずれでもない人にとっては、自尊心とのからみで、同世代復帰を得るのは難儀なことです。かつて「引きこもり」について都知事にもなった評論家とテレビで話したことがあります。その方は「勉強ができた」ことで引きこもりにもならないですんだ、と言っていました。でも、みんながみんな勉強ができるわけではないので、同世代復帰は生きる自信として大切な感覚です。

難儀なことだから、気持ちとは違って、口では結構「流行」を批判したり、極端に馬鹿にしたりする場合もあります。それは、「同世代」を獲得できないでいる自分を見透かされまいとカモフラージュする切ない表現方法です。だから、〝退廃的〟な音楽を切っ掛けとして仲間ができ、そして旅立てる日が来ることを願っているのです。

最初の問いかけに戻って、もう一度「不安だ、面白くない」という子どもの顔を見てください。

子どもは、自分自身のやり場のない気持ちを「この人なら無条件で受けとめてもらえる」と信じて、「不安」という自分の内面をさらけ出しているのですね。退廃的な音楽がやり場のない気持ちを出せる一方的な〝受け皿〟になっているのかもしれません。不健康な話のなかに「生きる意味を見つけたい」という思いがあることにまず、気がついてほしいのです。

アドバイスを求めているわけではないのです。ただ、うなずいてくれるだけで、いいのです。親に何かをして欲しい、とは思っていないのです。ただ「甘えている（依存）」「なまけている」と誤解しないでほしいということだけです。

Q13 「こだわり」や極端な「くせ」がとれたら日常生活ができますか

親も含めて、「こだわり」や「くせ」から解放されることができれば、異常とも思える行動もおさまり、日常生活が過ごせるのでしょうか。

＊　＊

……「ま、いいか」の効用について……

「こだわり」や「くせ」に悩む子どもたちは、よく「自分は考えてから行動するタイプだ」と言います。常に「何のためにするか」といった目的がないと、身動きがとれないわけです。目標を決めて取り組んでいく、そのときの枠組みを自ら作っているわけです。「とにかくやってみよう」などと、あいまいさを承知で船出することができないのです。失敗しない、後ろ指をさされない、より完璧であろうとするわけです。

研修会の題名（目的）が決まっていないと、研修に取り組めない〝企業人〟の親たちと共通するところがあると思います。考えてからでないと行動できないのです。だから自然な交友関係がつくれない、まず身構えてしまうということです。つまり、気楽な感じで話しかけていけないのです。枠組みが事前になされていないと、不安なのです。

「考えずに行動できたら、ずいぶんと楽だろうな」と、私の腰の軽さをさして言った子どももいます。だから、あまり考えずに行動している人を見ると「あの人はなんて無神経で辛辣な人なんだろう」なんて言います。

考えてからでないと行動できないというのは、心が川のように流れていないということですね。こだわりというのは子どもだけでなく、私たちの心のなかにもどっかりとあるものです。川を流れる流木のように、流れに乗ってゆったりスーッと流れればいいなと思います。

かつて『ま、いっか』という歌が流行りました。

歌詞の最後の部分がいいのです。「結局、やる時はやるしかねえな」っていう部分。「ま、いっか」って言っているけど、そういうわけにもいかず、最後はやるかって言っているのですね。この歌を聴いていいるとすごく気が楽になると、強迫性に悩む若者たちは言いました。

「苦しいけど今を笑って話せたら、きっと元気が近づいてくるような気がする」と言った子もいました。なかなかの名言です。

子どものことで深刻に悩んでいるご両親も、同じ悩みをもつ方々の集まりに参加して、「一日30本もタオル使っているんですよ。やんなっちゃう（笑）」とか、「手ばかり洗っているから、水道代がかかって仕方がない（笑）」とか、思わず笑いが出てしまえば、みんなも同じ苦しみを背負い生きている、私一人だけじゃない、それなら「ま、いっか」と感じてくると思うのです。

落ち込んではいたけれど、少し元気が出て、それでも受け入れてみようかな、と思えるのではないでしょうか。そんな気がします。しんどい時は、「ま、いっか」と口ずさんでもらうと、意外に効果があるかもしれません。

妻が夫に対して「あんた、本当に協力してくれないのね。ま、いっか」なんて言うと、夫は「おいおい、そんなこと言うなよ。俺も協力するから。俺を見捨てないでくれよ。ま、いっか（笑）なんて」、こんなふうにいくかもしれないですね。

私自身にも「こだわり」と「くせ」があります。そのことで日常生活が滞ることなくまわっていきます。しかしそのことにとらわれてしまうと生きにくさ、他者への迷惑にもなりそうです。つまり「こだわり」「くせ」がとれてしまったことで日常生活に支障をきたすこともあるのです。一口に「日常生活」といっても多様です。その場その場の人と人との組み合わせによる日常生活に差し障りがなければ「こだわり」も「くせ」も気にすることはないのです。自らこだわり、そのこだわりに自ら苦しんでいる。そんな時はそのことが「後生の一大事か」と自らに問い返すことにしています。そうすると、そのこだわっていることのほとんどは、実はたいしたことがないのですね。

「ま、いっか」と思えなくなったのが、強迫への第一歩だったんですね。

親の会を開いていると「自分だけがわからず屋の親ではなかったんだ」と思え、楽になったという母親と出会います。

あきらめで言っているわけではありません。どうせ生きるなら、どこかで〝丼勘定〟で優しく生きませんか、ということです。

Q14 親ではなく親戚の立場でできることは

甥が、強迫性パーソナリティ障害に苦しみ、引きこもり状態です。兄夫婦から相談相手になってくれと頼まれています。甥は小さいころから私になついていたからです。でもここ数年会っていないので、うまく付き合えるかどうか心配です。親戚の立場でできること、そのカウンセリングマインドを教えてください。

＊　＊

……「2回転ひねり」について……

たくさんの親子と出会ってきましたが、親は常に子どもの立場に立っていると思っていました。ところが意外とそうでもないんです。「善かれ」と思って親の幸せ観を押しつけていたりするのです。ただ、親に悪気はなかったのです。

だから親御さんのなかには、子どもから「俺の人生を返してくれよ」とか「善かれと思ってしたこと」を責められても意味が理解できず困惑するのです。そして、それなりにその〝生き地獄〟のなかで必死に子どもの前途を案じて、努力しているうちに「善かれ」の意味を子どもの側から気づくのです。子の幸せを願って、苦しい選択をしている場合も多々あります。カウンセラーとして親の切ない思いに、心を引き寄せられてしまうこともあります。甥ということになると、心情的にはもっと気になることでしょう。

子どもの理解しがたい異常なまでの行動にも、深い意味があると思い、寄り添うことで子どもの心は癒され快復していくと私は実感しています。ただ、彼らは非常に心が傷ついた体験をしています。そのために心は屈折して防衛的になっています。そのため訴えてくる意味は分かりにくく、2回転ひねりで理解するような意味だったりします。言葉を聞いて、気持ちを察したうえで、別な思いにも心を寄せてみることです。とくに葛藤が深いと幾重にも考えをめぐらせます。だからうがって見たりすることも多いのです。川柳のようです。好きな川柳です。「俺に似よ、俺に似るなと子を思い」。どっちも有りなのです。「叱るな」「笑うな」と言っているわけではなく、そのようになりがちな人の心を心得ておこうということです。

つまり、訳の分からないことを言ったり行動することがあります。しかし症状には必ず意味があることを理解し、その意味を汲み取ろうとする態度が、子どもの心を受容するという大切な心がけです。

とは言うものの、親や家族が川柳を味わうように付き合うには限界があります。たとえば父親が、朝早く出張に行かなければならないのに、同じＤＶＤを連日深夜まで観ることを付き合わされたり、疲れて仕事から帰ってきたのに愚痴や悪態をつかれたり、そういうことがどんどん重なってきますと、もうこれ以上は耐えられないとストレートに言葉や悪態を受けとめたりしがちです。時が過ぎ去って小説でも書けそうな余裕がでたら２回転ひねりで物事を思索できます。その余裕をつくるためにもカウンセリングで対話しながら思いを馳せるのです。

私も当たり前の常識世界に生きていますので、そんなつらい親の心情については同感してしまいます。はじめは子どもの立場に立っているのですが、たびたびカウンセリングしていますと、私も親ですので、親の気持ちに心が働いてしまうものです。そうすると２回転ひねりが難しくなります。

親なら真意は「わが子かわいさ」に変わりません。だから、そんな思いを抱きながら親子面接でもしていると、子どもの話を聴いているようで、大切な場面に親のほうを向いて意見をもとめたりしているのです。すると「こっちの話を聞いてください」と子どもから言われてしまったこともたびたびです。

本書の冒頭の部分に書いた少年の入院の話ですが、親の苦労が身にしみて分かっていたので、私はいつのまにか親の立場で行動していたのですね。親が「子どもを入院させるしかない」と結論を出した時、私もここまできたら仕方がないと考えました。そして子どもを無理に病院へ連れて行こうとした時は、本当に大騒動になりました。せっかく私のことを信頼してくれていたのに、それを裏切るようなことをしてしまったのです。入院治療への焦りが、子どもとの関係の丁寧さを欠いたのでしょう。

それ以来、あえて「親御さんの立場、気持ちに巻き込まれてはいけない」と自分に言い聞かせることにしています。誰よりも一番苦しんでいるのは子ども自身で、その子どもの心が楽になるための添え木となる役目が私にはあるからです。

まずは最後まで子どもの立場に立つんだ、ということを心がけていきたいと思います。それがまた親御さんの親以外の第三者への願いでもあるからです。子どもがなついていた親戚のおじさんとなれば、きっとその子の育ちも多少理解できるでしょう。親や家族に比べて「他人」でもあるおじさんには遠慮もあります。この距離感は知った仲で得られる貴重な関係です。パーソナリティ「障害」に悩む子どもや若者は、対人関係の距離感をいかにとるかに多くのエネルギーを費やしくたびれています。そんな時おじさんであるからこそ取れる相応しい距離感を、他者信頼への励みにできたらと思います。

あらためて、親だからできること、他人にはできないこと。他人だからできること、親にはできないこと、の葛藤を大切にしたいと思います。

Q15　いつまで空しい親への恨みを言い続けるのでしょうか

中学のときの不登校を切っ掛けに引きこもり、最近「親には愛情がなく、無責任だった」と言って無理難題を要求してくる17歳の子どもがいます。私たちの子どものころは、親が結構厳しく、また子どもにとっては理不尽なことでも怒られたりしました。そのことで辛かったこともたくさんありました。それでもなんとか育ってきました。

子どもの気持ちについても、今のように好意的にとりあげられることはありませんでした。この違いはどこからくるのでしょうか。経済成長の中で「愛着」はとても手間のかかるもので、そこを合理的に切り捨ててきた結果でしょうか。今の親の育て方に問題があるからなんでしょうか。子どもが弱くなってしまったからでしょうか。

いずれにしても、いつまで親への恨み事を言いつづける空しい時間を子どもは費やしていくのでしょうか。

＊　＊

……「愛着〝不足〟」について……

たしかに、親に恨みを言いつづける子どもを「他人」から見れば「いつまで空しいことを」と思ったりもします。しかし本人にすれば「空しい」ことに時間を費やすことにした責任はどこにあるのかと言いたいものです。だから「空しい時間」と本人に言ってあげられるのは「他人」のみです。

さて相談を通じての私の実感です。関係性の希薄、コミュニケーション不全から不登校、引きこもり化が進み、成人になるにつれ自己防衛から周りの人に不安や恐怖を感じさせるパーソナリティを形成したのではないか、と思います。〝だだっ子〟になることで関係を取ろうとしているわけです。愛着の要求です。だからそこには人に対して甘える、素直になる、信じるという道を閉ざされた悲痛があるのです。詳しくは拙著『新・引きこもりからの旅立ち』(ハート出版)を読んでいただきたいと思いますが、分かりやすく考えると、ケンカしても仲直りできる(信頼)ということが分からないのです。

絡みあって育ってきた体験があまりにも少なく、どちらかといえば「自分の思い通りにすすめる」人間関係(一人称)のなかで成長してきていると言えます。たとえば一人っ子であったり、比較的生活面で人を頼らなくても良い環境に育った子どもです。人と付き合えば、当然自分の思い通りにいかないこともあり、時にはケンカは起こりうるわけで、わずらわしいことも伴います。したがってパーソナリティ「障害」に苦しむ子どもや若者はそういう状態になったときに、また仲直りしていくというプロセスがつかめない、ということなのです。

子どもたちにケンカして仲直りするということがイメージできたら、とても人間関係が広がっていくのではないかな、と思います。この、ケンカして仲直りしていく営みのなかで、人はわずらわしさや、あいまいなものを引きずりながら生きていく存在であることを知るわけです。

それは、そのまま自分の醜さ、いやらしさ、エゴ、悪意といった、〝汚い〟部分も認めることにもなるわけです。だから人と人の絡みが希薄だと、こうした場面に出会い、逃げられなくなったとき、どうしようもなく湧き起こる自らの〝汚れ〟た部分を受け入れきれず、自分だけはきれいであると、親や大人に対し正義や理屈を並べて自分のプライドを守ろうとするのです。もちろん自分も含め全面否定する場合もあります。

その〝屁理屈〟から抜け出したり、相手になってくれる人を探すことは難しいです。本当に子どもの成長期に人間同士のケンカして仲直りの生活は大切です。

とりわけ今、50、60歳代の親が子どもの時代には、親の関与しない子どもたちだけのグループがあって、そこで実際にケンカをして、仲直りしていくプロセスを経験することができました。その仲直りも愛着の一つです。

ところが、今の子どもたち（とくに高度経済成長以降に誕生した子どもたち）と話をしていて、彼らがよく言うのは、「友だちは家族で満ち足りていた」ということなのです。これはこれで当たっているな、と思います。

だから、親に対する不満、愚痴を親以外のところで吐き出せればいいのですが、友だち関係はそのはけ口にできないほど希薄なものとなっていたのです。そして一人っ子の家庭は「思い通り」の人間関係が保証されやすいわけです。だからといって家庭と無条件に肯定される愛着は感じられなかったのです。愛着は非効率的なものだからです。

しかし結局、戻るところは親しかない。親の役目も、友だちの役目も、先生の役目もすべて「親」がしているのです。どこにもそれを人と人との絡みのなかで消化しあう関係が育っていないのです。

……「親以外の受け皿」について……

そして、少子化の流れのなかで、親がなにかにつけ子どもを丸ごと抱え込んでいこうという態度が強くなってきました。強い言い方をすれば、「神経質なまでに」子どもを「わが子かわいさ」だけで「私物化」し、自分の「納得」できる範囲のなかで育ててきたわけです。それはそのまま他者の関わり（ときには介入）を許さないわけで、「死ぬまで子は一緒に」という共依存関係をつくってしまったわけです。自助の心を育てることなく抱え込んだ状態です。

だから子どもは「困ったら親がなんとかしてくれる」と主体性なき依存を繰り返したりするのです。さらに、周りの人間関係で疲れると、現実回避をして全面的に受け入れてくれるはずの親のところに、共依存的な関係を求めて逃げ込んでしまう、ということです。

ただ、「最後は必ず受け入れるから、それまで耐えてごらん」といった主体的自助の心に支えられた信頼関係が親子にあれば、「逃げ込む」という感覚はないわけです。そこが不安定になったり、信じていたが見捨てられそうだと感じると不安になり、「逃げ込む」ことでそれを確認（たとえば取り引き）しようとするわけです。しかし親が生きている間に「親離れ」しなければと心の内では思っています。それを自覚できるには親の「老い」が必要です。

私は子に責められることに対して、慣れてほしくはないのです。それで子を想う気持ちが楽になるとは思えません。髪振り乱して「私」の心も語ってほしいのです。そして一息入れるように、心を寄せる第三者に、ときに自分の心を吐いて、聞いてもらうことです。その繰り返しで、等身大の親子になれるのではないでしょうか。「あなたは私ではない。私はあなたではない。でも、つながっているのよ」と親が子に言えて、子がうなずけると良い親子関係が育ちます。

中学を卒業し親元を離れ、工場の寮生活に入った私の親子体験から言うと、「勝手な親」なら見限ってしまえばいいと思うのですが、今の子どもたちと出会うと、それが不安で不安でいつまでもすがりついてしまうのです。親以外の人間関係に受け皿がないからでしょうか。

「そんなに親が嫌いなら、家から出て見返してみろ！」と子に言い返したいときもあると思います。すると意外にも「そんな強い人間ではない」と落ち込むような言い方をされたりすることもあるでしょう。そのときなんです。こう言ってほしいのです。

「だからお母さんがいるのよ。そしてお母さんも強い人間ではないから、強がってあなたに甘えていたのかもしれない」と。

これが切っ掛けで会話の出来る親子になったケースは数多くあるのです。つまり子どもの琴線にふれる関係性を深める言葉がけです。

ご質問の答えとしては親以外の第三者との結びつきの希薄化に原因があるのではないか、と思うのです。人は友だちの数が多いほど、孤独や先への不安に強くなれるということではないでしょうか。

Q16 顔や体型にこだわり過ぎているが……

息子は最近とてもよく鏡を見ます。顔や体型にかなりこだわっているみたいで、「ダイエットする薬がほしい」「ヒゲが生えないようにする薬ってないの?」などと言っています。別に特別な顔立ちというわけでもありません。しかし、男が容姿を気にしすぎるというのは、どうも好きになれないのですが、何か精神的な病気と関係しているということはないでしょうか。

＊　＊

……「比較する心」について……

先述しましたが人は勉強ができたり、仕事が順調に進んでいたりすると、あまり他人の言うことや流行といったことを気にすることはありません。なぜなら、順調に進んでいるということは、社会から認められていると思えるからです。その自信から、自己肯定感という言葉を引用して人と比較したりすることは愚かしいことと安易に言ってしまうことがあります。

自己肯定感という言葉が今、とても身近につかわれています。存在そのものが尊いと思える感覚です。

ところが自己肯定感を口にしていた人が何かの切っ掛けや、めぐり合わせで挫折したり、失意のどん底に落ちたりすると意外にも比較に苦しんだりするものです。

「自分は認められていないのではないか」といった疑問や不安、自己否定感が起こりがちです。そして自己肯定感もあわく消えてしまったりするのです。そうすると自分のなかで他人と比べて何か欠落したものはないかと探しはじめるのです。社会とのつながりが希薄な10代、20代の子どもは同世代の感性を気にします。そして「流行」に乗り遅れていないか、自分はファッショナブルか、と気になりだし、内面の自信のなさを外見で埋めていこうとするようです。これが過適応になり、着こなしがチクハグになって、かえって失笑を買ってしまうこともあります。

「同一世代」「同一時代」「同一空間」。この三つがそろうと、子どもは自分の気持ちを安定させることができる、という話です。

さて、おしゃれにこだわるというのも、これらを満たすための行為なのです。時代に対して敏感に反応し、同一世代から置き去りにならないようにと頑張っているのです。自信のなさの裏返し状態の子どもと出会うと、それは痛々しいものです。たとえば女性週刊誌をすべて買い込んで、その表紙を飾っているアイドル、また皇族になろうとマネする女性もいます。同じような感性をもった仲間たちと同一空間にいられるようにと必死なのです。

だから、親の価値観にあわせないからといって、それを単純にやめさせることはできません。子どもが同一世代から置き去りになり、自信のなくなった気持ちをまず汲んでほしいのです。「男らしくない」「どこが太っているの」などと言わないで、むしろそんな「努力」や「悩み」を同世代復帰の願いとして認め、その子の人間的な魅力を再発見して、自信を回復させていくことが必要です。

顔や体型にこだわっていることに、一番嫌気がさしているのは他ならぬ本人なのです。頭のなかでは自分の存在を肯定しようとしているからです。したがって、素直に自己肯定できないから起こるこのような気持ちは、強迫やパーソナリティ障害でなくても抱えるものです。それでもパニックを起こすほど混乱が強く出たときは、カウンセラーや精神科医と相談してみることも大切かと思います。また強迫性障害やパーソナリティ障害の「症状」には脳の器質的、機能的障害も指摘される場合もありますから、心配なことがあったら親御さんだけでも受診することです。

また、もって生まれた気質として強迫性があり「その人らしさ」「持ち味」「人柄」で済ませられないほど、周りを混乱させ、本人も深い心の傷を背負っている心の病もあります。

不安定で極端な対人関係、繰り返される自傷行為、他人に見捨てられることに対する極端な不安感、「怒り」のコントロールが困難、慢性的な空虚感などです。程度の差で医療の援助も必要となります。

Q17　受診する気がありません（手記）

娘を治療のために、カウンセラーか精神科医のところに通わせようと考えていますが、本人にその気はありません。そのためのアドバイスをお願いしたいのですが。また治療にはどんなものがあるのですか。

＊　＊

ある男性の若者から、次のようなメッセージが届きました。

本書を読んでいただいている読者の方への参考になればと、自分自身の体験を綴ったもので、強迫性パーソナリティ障害に苦しみながら、回復への手がかりをつかめてきた心境を、書いてくれました。彼の成長を願いながら、ご一読ください。


……「自分で決めること」について……

△ △

自分のいままでの人生を、子どものころから振り返って書いてみる。

小さいころ、三年間都内の上石神井に住んでいた。アパートだったので、ドアを開ければすぐ近所の人と接する機会があり、近所付き合いは割と親密だったと思う。仲のいい女の子もいたし、毎日が楽しくて仕方がなかった。いま思うと、俺の心も家の雰囲気も底抜けに明るかった。子ども心に、世の中というのは明るく、人生は楽しいものだとナイーブなくらいに信じ切っていた。

だが六歳のとき、N市に戻ることになり、これ以後俺の人生は暗いほうへと傾き始めた。

まずこっち（N市）の保育園で、生まれてはじめてイジメに遭った。東京の幼稚園では子どもをよく外で遊ばせていたが、ここでは室内の生活がほとんどだった。そのせいか、保育園の雰囲気も暗くジメジメしていた。園児たちは陰湿な奴が多かった。俺自身も息が詰まりそうだった。いつも窓から空ばかり眺めていた。

小学校に入っても、なかなか友だちはできず、またイジメられた。手にアトピーを発症したのもこのころで、それをけなされたりして嫌な思いをすることも多かった。

中学に入ってからは、ある事件から不良に目を付けられるようになり、イジメもだんだん激しくなった。それは訳もなく叩かれたり、物を隠されたりといったもので、マスコミで騒がれているようなひどいイジメではなかったものの、やはり、学校に行くのは苦しくて仕方がなかった。でも成績が良かったこと、わずかだが心を許せる友だちがいたこと、片思いだが好きな女の子がいたことが、心の支えになっていた。だから苦しくても、毎日通った。

高校では、心配していたイジメや体罰はなく、皆イイ奴ばかりだった。この環境のいい学校で勉強に運動に励むぞ、と張り切った。だが、それも束の間の幸せだった。やはり中学のときのイジメで、そうとう心が病んでいたのだと思う。

勉強も手に付かないし、友人もできなかった。せっかくの高校生活も苦痛でしかなくなってきた。毎日ムシャクシャして、どうしようもなく苦しくて、家で暴力を振るった。母の腕を殴ったり、ジュースやビールを床にブチまけたりした。もう高校生活をつづけることはできなかった。

それで、夏、ある精神病院に入った。

院長が「ここではスポーツをやったり色々なことをするんだ」と言っていたので、思い切って入院したのだが、実態はひどいものだった。およそ家族や社会の「やっかい者」とされる人の「捨て場所」だった。カウンセリングはほとんどなく、薬をたっぷり飲まされた。そんな病院の在り方に疑問をもちながらも、退院してやっていく自信はないし、それに退院を決める権限は実質的に医者と親にあったので、結局半年入院した。

そんな入院生活が自分にとってよかったのかどうか、いまでも疑問だが、一応苦しい症状は取れ学校に復帰した。しばらくは学校のほうもうまくいき、友だちも一人できたが、それは表面上の付き合いで、本当の気持ちを語るような深い関係にはならなかった。精神科に入院したことを人に打ち明ける勇気もなかった。

そのうち、人間関係のことや勉強が手に付かないことで苦悩し、また暴力を振るうようになった。そんな俺の気持ちをわかろうともせず、力で暴力を抑えつける父。こんな奴はいないほうがいいと、何度も思った。

高校も退めたいとも思ったが、「高校だけは出ておかないと」と思い、何とか卒業までいた。そして卒業を機に、引きこもることになる。

このころ神経症が一番ひどい時期でもあった。部屋（あるいは家）に誰かが入ってくるのではないか、といった強迫観念が波のように押し寄せてきて、無意味な確認を一日に五〜六時間も費やしていた。何をしていても集中できずつらかった。

引きこもって一年くらいして、親せきの紹介で富田さんの相談室のことを知った。でも最初、富田さんに会ったとき、相談室では人間関係を訓練する、みたいなことを言われたので、それは神経症とは関係ないじゃないかと思ってしまい、通う気にはならなかった。

だがその後よくよく考えると、俺のいままでの苦悩の根元は、人間関係にあったのだと気がついた、というより、学校時代からそのことに薄々は気付いていたのだが、人間関係を築くことなど自分には無理だと、放棄してしまって問題から目をそむけていたのだと思う。

それから、神経症も少し軽くなってきたので、相談室に通う決心をした。最初はなかなか馴染めなかったが、自分で決めたことだから無理矢理通った。半年くらいしてようやく少しは慣れてきた。

いま、俺は週に一～二回程度のペースで相談室に通っている。ここに来てどうなるのか、まったく分からないが、いままでの学校や病院と違い、初めて自分の意思で決めたことである。自分のために。

△　△

……「治療を受けるということ」について……

治療というのは、「君の人生を君のものにしていく方向を見つけよう」と、本人と周りの話し合いのもとで行なわれるものです。それは周りが勝手に決めるもの、本人の意思に反して行なわれるものではありません。本人の自覚に沿う形で、こういうやり方が必要だということを医師やカウンセラーが話し、子どもが納得して親が支えて行なわれます。

だから治療を受けるにあたって、医師やカウンセラーに対して信頼感がもてなかったり、親の寄り添いがもてず、「良くなる」といった気持ちをもてないまま始めても、何の「効果」もありません。子ども自身が「ある程度」は自分の気持ちを語り、そのうえで治療の可能性を見つけ出せればそれにこしたことはありません。

少しでも症状が良くなれば、本人はもとより、家族にとっても「目的を達成した」という自信を獲得し、さらに治療意欲を高めていくと思います。

彼の手記を読んで、そんなことを思い出しました。みなさんはいかがですか。

それにしても、まず本人がカウンセラーや医師のところに通うかどうかの問題があります。まだ「心の病」というものには多くの偏見があります。誰よりも偏見を持っているのは当事者の自分自身かもしれません。気軽に「歯医者に行ってくる」と言うように「ちょっと精神科に行ってくる」といった感覚に私たちのまわりはまだありません。クライアント、患者にされたくない、ラベリングされたくない、との思いは「特別な人」と見られてしまうようで、抵抗を感じるのです。

とくにパーソナリティ「障害」と見られている人は、対人関係に戸惑いが強いので、ぶれないようにと自分の意思にこだわります。そして一人ぼっちという想いがプライドを高めます。だから自分のパーソナリティの形成をあれこれとカウンセラーに指摘されたり医師に診てもらうことには、強い抵抗があります。また、「親やまわりの人間たちによって歪められた」パーソナリティを「障害」として治療できるならしてみろ、と「開き直る」こともあります。

ここで素直になるというハードルを越すには相当の決意が必要です。「自分を自分でコントロールできない」ということを認めるようで不安なのです。だからパーソナリティ障害や強迫性障害の「治療」に医師や病院側も手こずって、あえて退院や子育てのやり直しをすすめることも多々あります。すると「治療」に対する不信感は強くなります。

そこでこうした抵抗を理解しわずかでも和らげるために、家族は子どもに対してどんな配慮をしたらいいのか紹介したいと思います。

まず、いきなりカウンセラーや医師のところに本人をつれていかないことです。かなり勇気をだして本人は受診するわけですから、初回の相性がとても大切です。

世間が噂する「よい医者、カウンセラー」でも、本人と合わない場合はいくらでもあります。人は一人ひとり個別な人間観をもっているわけですから、見切り発車しないことです。とくに付和雷同になりがちな人は、まず自分が行って本人はつれていかないことです。

とにかく親がまず会って、わが子の状況をしっかり受けとめてくれる人であることを確かめます。そのためにも、遠慮せず不安や疑問を医師またはカウンセラーに投げかけてください。また「病気にされる」という抵抗がありますから、「診療」とか「カウンセリング」ではなく、「相談」などの言い方で了解を取ってもらうことを、私はすすめます。

そして、これから子どもと共に歩み、治療を受けていく親として、自分自身が納得できる「よく話を聞いてくれる」医師でありカウンセラーを選んでください。

通いはじめたら、〝ドクターショッピング、カウンセリングショッピング〟は控えて、しばらく通ってみてください。不審に思うことがあったら、どんどん質問してください。その感触に人間味があればそこを信じてみることです。結論はその後からです。パーソナリティ障害や強迫性障害は時間をかけて「こだわり」や「くせ」の変容を期待していくものです。そこに付き合う人間関係づくりは治療、治癒にとって大切な要素となるからです。

……「親の安堵感」について……

次に、本人は通っているのに内緒で親が受診したり、カウンセリングを希望したくなる時があります。その多くは「こっそり子どもの話を聞きたい」ような状況に襲われた時です。たとえば外と内で本人の言動に違いが大きい場合です。本来的には「親として直接聞いておきたいことがある」と子どもに正直に相談するのが基本です。そのほうが相互に「霞《かすみ》」のかからない関係になって、いい親子関係になるだろう、と思います。しかし、なかなかそうはいかない事情もあります。

もし困ってしまったら、医師やカウンセラーに子どもへの説得の仕方を相談してみることも大切です。また親自身が悩みの当事者としてクライアント、患者になることを自覚すればいいのです。

ところで、子どもが受診、カウンセリングに通いはじめたからといって、医師、カウンセラーまかせにしないでください。緊張感のとれた開放感、安堵感はわかりますが、その当事者意識を忘れた〝他人事〟の態度に子どもは見捨てられ感を持ってしまうのです。それだけではなく快復への後押しの機会を見逃すことにもなったりします。

また、悪循環もそんなときに始まるものです。ある若者が、母親から相談施設に行くことを求められたとき、つぶやきました。

「親がもてあましたこの俺を、他人にあずけてどうする気だ」

もちろん、自分のことを思って、良かれとの思いで施設をすすめていることは、子どももわかっているのですが、心の片隅にある「悲しくて切ない気持ち、思い」を言いたいのですね。「大丈夫だよね。見捨てないでよ！」と。

弱い立場に置かれると人は、自分が他人事にされてしまうことを敏感につかむものです。援助者である他人を頼るときはしっかりと頼ってください。頼るとは信じ切ることです。

さらに、子どもがすこしでも快復すると、親はどうしても子への自立のテンポを早めるものです。早まるその気持ちはわかりますが、子どもは二度と同じ症状を抱えたくないと慎重になることを察してください。

……「様々な手立て」について……

パーソナリティ障害や強迫性障害に長く苦しんでいる人への治療については、決定的な原因解明や薬物療法があるという状況ではないようです。ただ最近、脳機能改善のための薬物療法がよく紹介されているので、医師にも受診のときに聞いてみてください。また、認知・行動療法では快復したという話もあります。また私のように心理的なアプローチから親と子に「自助」する形で取り組んでいる相談機関もあります。ですから、少しでも治療の期待がもてたら、良くなるとの願いをもって取り組んでみてください。様々な手立てがあるのです。治療は自分の好みでいいと思います。

薬物療法についてですが、精神安定剤の他に向精神薬といわれる脳の精神機能に効く薬が使われているようです。人によっては眠気や倦怠感などの副作用もあり、薬によって「自分の人格が変わってしまう」との不安から服薬をやめてしまっている人もいます。詳しいことは精神科医に相談することをおすすめします。とりわけ「こだわり」や「くせ」の強い子は脳の働きが活発なためか「脳が弱くなる」といって薬物を拒否する話もよく聞きます。

それらも含めて薬について相談から気がついたことを少し話してみます。

まずよく薬のことについて医師から説明を受けたり、尋ねたりすることです。そのやりとりが子どもにとっては苦しい状態をよく考えてくれている、といった安心感になるからです。

何回も通院すると2～3分診療になることが多いようですが、なるべくそうならないようにコミュニケーションを取ってみてください。また、親御さんが薬をとても拒否的に見ている場合があります。それはかえって子どもに不安を与えてしまいます。

また子どもの苦しみを背負いきれなくなると、医療を求め、診断に期待をかけすぎる親御さんもたくさんいます。そこには、医療や薬に対する過大な願いがあるようです。ただ強迫性障害やパーソナリティ障害に接すると、人間関係のとらえ方に片寄りを感じます。相手の気持ちを察する「共感力」の欠如です。それだけに、薬を飲めばそれで治る、というものではないと私は思います。

次にカウンセリングです。

なんとも安定しない感情と、それに伴う自分でも不思議な強迫観念や行為をまわりの人にどっしりと受けとめてもらい、こだわりを認めてほしいということです。こだわりたいだけ、こだわらせてくれる、そんな場がカウンセリングに求められていると思います。対の関係に立って、誰かに安心して自分を受けとめてもらえることができたら、次は多様な関係性になじむために、小さなフリースクール、フリースペース、サークル活動（ボランティア活動など）へと、つなげていけたらと思います。

さらに認知・行動療法がありますが、いま「薬物療法に匹敵する」心理療法としてよく耳にします。認知のゆがみに焦点を当てるものです。

考え方、見方、行動パターンの片寄り、ゆがみを「治療を受ける側」と「する側」が理解し「克服」してすすめていくもので「宿題」が与えられます。たとえば行動療法では、不安が消えるまで恐怖状況にさらして、いかなる反応が起きてもその状況を回避せずに、向き合っていく方法で、計画的に進められていきます。これはある面、認知を変えられないことも含めて「苦行」にも思えてしまいますが、治療者がその苦しみや不安のなかにどれだけ共に居られるのか、また、子ども（被治療者）が居られるかが、治療にとって最も大切だと思います。わずかといえども苦しみのなかに一緒にいたという関係性の積み重ねに期待したいです。

この他にも有名な精神療法として「森田療法」がよく紹介されています。また、あまりの苦しみのなかでときどき「狐つき」「祟り」「霊」のような話に心が揺れ、お祓い、清め、祈祷、占いにすがることもあります。そんな時もとにかく、医者やカウンセラーとよく相談してからことを起こしてください。

私は哲学や宗教を学ぶなかでパーソナリティの変容を起こし〝楽〟になった若者とも出会ってきました。実存哲学や「現世利益」ではない仏教やキリスト教です。そこには人間関係、人間そのものについての深い思索があるのです。ところで神は「神頼み」の神さまではないと思いますがいかがでしょうか。佛さまも同じですね。中には「暗示」にかけられたと受けとめることはあるかもしれませんが。

「子どもにカウンセリングをすすめても行かないので、親が行っても意味がないのでは……」と電話されてくる親がいることを思い出しました。そんなときは親自らが子どもに内緒で黙ってカウンセリングにくることをすすめます。そして「親が変われば子どもはそこに期待して自ら来る」と申し添えています。

何はともあれ、子どもや家族の重荷を共に背負ってくれる人との出会いを願うばかりです。

Q18 「心の病」が治らないと動き出せないのでしょうか

親は「焦らないで、ゆっくりと治したら」と子どもに言うのですが、子ども自身が焦ります。この前も「予備校に行きたい」と言い出し、入校手続きまでしましたが、やっぱりできないと苦しんでいます。親も子どもが人間関係に悩み、行動できないことが分かっています。だから現実から「逃げている」などとは思っていません。でも傍観には変わりません。やっぱり「心の病」を治さないと、何も動き出せないのでしょうか。

＊　＊

……「コミュニケーションの上手、下手に惑わされないこと」について……

たぶん親子とも心が分かりすぎ、気づかいしながらも思うようにならず、いったいどうすればいいのか分からないまま、迷路に入ってしまったのではないでしょうか。「〝心の問題〟を解決しないと、前へ進めないのではないだろうか」と悩むことで、さらに迷路に。解決の鍵を〝心の病〟と見立てても、何か〝特効薬〟があるわけではなく、無力感だけが募ります。

「心の治療」が確かに重要であることは間違いありません。それが解決の方向に進めば、心に落ち着きを取り戻し、現実検討へ一歩近づく、というのも正しいと思います。

しかし、理屈としては正しいけれど、そう思ってしまうと、逆に「それが解決しないと前に進めない」という気持ちになってしまいます。

「それでいいのか?」という疑問を私は感じています。どっちが先とは決められない気もするのです。

「予備校に行きたい」のは本人の強い意思なのでしょう。このまま時間が過ぎて同世代から置き去りになっていく不安と、心配をかけている親へ、少しでも希望や成長を〝プレゼント〟したい気持ちも働いていると思います。しかし、それが負担となり「失敗は許されない」という緊張感を生み、結局は身動きできなくなっているのでしょうね。そしてそのことを一人で抱え込んで悩んでいるのです。

彼のこの気持ちを、親はよく受けとめていると伝えられたらいいと思います。具体的には「プレゼント」したいと思っている、そのことに気付いて、言葉にしていくことです。それは多くを必要としません。ただ一つです。子どもの「健気さ」を発見し、何でも「よくなってるよ」と声掛けていくことです。いや、そのように思える感性を磨くことです。

私（親）にとっては「よくなっている」のです。そんな見方のできる価値観をもつことです。

また子どもがもう一歩前に踏み出せないのは、たぶん問題を抱え込まずに人と付き合うにはどうすればいいのか分からない、という悩みをもっているからと思います。このとき子どもは「人と上手に付き合う」ことの意味を、「何のトラブルも起こすことなく、自分のことがストレートに相手に伝わり、相手の気持ちもよく分かり、その相手の気持ちを満たしてあげ、自分の気持ちも満たしてくれる」という、絵に描いたような構図でとらえているのではないでしょうか。

親から見ると、確かに「上手に付き合えない」状況なので、子どもの言う「上手に付き合えない」という意味を理解したように思いがちです。そのために、もっと深いところにある彼の言わんとしている人間関係のつらさを聞き、理解しようとする姿勢が希薄になることがあります。

そこが子どもにとっては不満になりやすく、「親は分かっているようでいて、何も分かろうとしてくれない」という言い方になっていくわけです。

親にしてみれば、傍観しているようで何とかしなければと努力しているわけですが、子どもにすれば、「ただ眺めているだけ」になってしまうのです。関わる、関心をもつことの難しさですね。いつも子どもが根本的に抱えているのは「無力感」と「寂しい」「不安だ」「心細い」という気持ちです。

とにかく、子どもと対話することです。時間を共に費やすことの大切さです。ちゃんとコミュニケーションするにはどうすればよいのか。子どもの抱えている気持ちを何度も察して「もう少し（その不安を）聞かせてよ」と、声掛けていくことです。そして「コミュニケーション」というと「上手、下手」にみられがちですが、そうではなく関係性がとれていると思えたらそれで十分です。

Q19　無理と分かっているのに前向きなことばかり言います

それでは、子どもが「予備校に行きたい」など前向きな言い方をしたとき、どう答えればよいのでしょうか。この子の現在の状況で通えるのだろうか？　という思いもあり、どう返事してよいのか分かりません。また現実離れした言い方で「働きたい」と言うこともあります。

＊　＊

……「はっきりしない言い方が大切」について……

親から見たら心配な状態なのに、予備校に通いたいとか積極的に言われると、どう答えていいのか、迷うところです。子どものやる気をそぐようで「やめときな」「途中でやめたら……」とは言いにくいものです。「それもいいわねえ」と言っても心配は残ります。そして承知したものの、それから後を親任せにされても困ります。

大人もそうですが、葛藤を抱えたなかから一歩を踏み出すには、前向きな心のなかにある少し「後ろ向きな心」の不安を、引き出して聞いてほしいものです。反対に「後ろ向きな心」のなかにも「前向きな心」が少しはあるのです。そこを無視しないでほしいものです。だから何事もはっきりしない言い方で子どもの反応を待つことが大切です。

後日、子どもが「お母さん、この前のこと、考えてくれているの？」とか、「何かしてくれた？」と言ったとします。そのときは「そうね。それもいいなあとお母さんは思ったけど、他にこういうやり方もあるかもしれないし、どうしようかなと思って。お母さんもどうあなたに返事しようかと悩んでいたのよ。来年から予備校に入ってもいいんじゃないかしら」と、明確な答えを出さず、親子の対話として話の土俵にあげてみるとよいでしょう。

前問とも関係しますが、パーソナリティ障害と診断されたり、見立てられた子どもは人とうまく付き合うことを完璧にとらえていますので、「物事というのは、うまくいったりいかなかったりする。まあほどほどにできれば、それはうまくできたということなんだ」ということを、お父さんやお母さんの体験を通して、話してほしいと思います。あいまいさに耐える力を育むことがとても大切です。このことを理解するには本人の体験が必要なので、時間がかかるかもしれません。

そして子どもが「あいまいさ」を受けとめたときは「ありがとう」とか「思うようにはいかないけれど、またいい時もくるわよ」と言って、その努力に感謝してほしいのです。

話しは飛びますが「なぜ子どものためになることなのに、親がわが子に感謝しなければならないのか」という質問を受けることがあります。それが親の「無償の愛」の示し方なのです。

親がいなければ子は生まれてこなかったのです。そこに対する親の自覚を子は知りたいのです。愛着、承認を大人になっても引きずって親を責めている子は、ここが満たされていないのです。だから、子どものことなのに感謝する親の姿勢が、自己愛性で苦しむ子の心を救うのです。

……「ささいなことが、こだわりになること」について……

さて対話していくことは、人間関係から孤立していく不安と、その訴えとしての言動を、いかにやわらげていくかの〝相互理解〟の援助になります。それが最終的には心の「こだわり」「くせ」を癒していくことにつながっていきます。

親や家族のこのような援助で、子どもは自分が本当にやりたいことを現実検討してくるかもしれません。逆に、見つけようとして何回か失敗した、ということになるかもしれません。その時に、親、あるいはカウンセラーでもいいかもしれませんが、子どもと「思い通りに行かなかったけど、こんな成長もあったな」と喜び合うことができるといいのではないでしょうか。たとえば「悩み続けたことが成長」と親自身が思えることです。

ですから、「予備校に行く」問題と、「病を癒す」ことは、どっちが先ということではなく、並列的に考えていくことだと思います。

強迫性パーソナリティ障害に五年間くらい悩んでいるお嬢さんがいました。彼女は小学生のときに大切にしていたボールを、父親が川に「捨てた」ことが切っ掛けで、「なぜなの」という疑問を持ち始めたといいます。何らかのはずみで、ボールが川に飛び込んだのです。これも彼女にとっては不条理です。「ささいな」と思えることでも本人には不条理でそれが「こだわり」になったりします。

もちろん父親にとっては使い古されたボールにしか見えず、また新しいボールを買ってあげればいい、といった程度に思って、あえて拾わなかったのです。でも「いい子」だった彼女は、その心の経緯をあえて父親や母親に聞くことで不愉快な関係になることを恐れていたようです。

中三の受験期から物が捨てられなくなり、ゴミまでためてしまうようになってしまいました。そして親御さんが外出のとき手荷物を持っていると中身を確認するのです。それがエスカレートすると家庭のなかは大混乱になりました。

さて、私は親御さんが毎回訴えるお嬢さんの「不合理なこと」について、彼女のいかなる行為にも「意味」があるという前提に立って、少し無理があっても親御さんと意味づけをしていきました。「障害」というか「症状」というか、その現実は何も変わらない中で毎回、意味づけしていくことは根気がいります。

そんな面接を四年間くらいかけたでしょうか。お嬢さんが「音楽学校」に入りたいと言い出したのです。そして将来は「プロ歌手」か「タレント」になりたいというのです。もちろん〝夢〟のような話に親御さんは〝現実離れ〟を心配されます。

でもやっと〝夢〟をもち、外に出る勇気が出てきたことを嬉しく思い、入学金を納めてあげたのです。と同時に、同世代からはぐれた自分を、一気に取り戻したいという彼女の切ない思いも感じたからです。

当初は通学の送迎をご両親がしていましたが、少しずつ自分の力で行けるようになると「こだわり」も取れていったのです。取れるというのは気にしなくなった、ということです。学校で出会う同世代とあまり「差」がついていないことを知ると安心したのでしょう。

同じ状態にあったある男性の若者は勇気を出し、友だちの結婚式にでました。帰宅した後、母親に言った第一声が「みんな変わっていないな。そう思うと人生観が変わったよ。再出発だね」と何度も念を押したそうです。前向きになっても、やはり回りの人との人間関係がなければ第一歩は踏み出せないものです。

Q20 同じ質問を何度も聞いてくるのは

話す友だちはなく、将来の仕事に対する目途も立たない中で「どうしたらいいのか」「このままで大丈夫か」と、子どもは私に相談してきますが、私もわからないので「どうしようかね」「大丈夫でしょう?」と子どもに返します。すると子どもは「わからないから聞いているのに」「簡単に大丈夫って言わないでよ」と、どんな言い方をしても結局は怒ってしまいます。

＊　＊

……「聞く、聴く」について……

子どもは必ずしも親に解答を求めているとは限りません。ただ不安だから言ってみたいだけの時も多くあります。またある子どもにとっては、親はすべてを知っているに違いない、親は完全だと思っている場合もあります。そんな子は、「何で教えてくれないんだ」「親は意地悪だ」と感じると思います。

親も何度も子どもから尋ねられると苦しくなり、「あなたの人生なのだから、あなたが決めるのよ。親にだって解決できないことがあるのよ」と思わず言いたくなるときもあります。でも、その突き放したような言い方が、どんな結果を招くかは言うまでもないと思います。

そこで、一緒に考えることから始まります。「一緒に考える」ということは、「関わる」ということです。

くどくなりますが、私にとっての「関わる」基本は、ただその場から逃げないで、黙って「ただ聞く」ことです。そして「聞く」ことは、言葉そのものを〝おうむ返し〟で確認したうえでその言葉の裏側にある気持ちを「聴く」ことです。この「聴く」は「声なき声」です。例えば「このままで大丈夫か……」の「……」の余韻です。そこを察して言葉にしてみるのです。すると「やれることはやっておいた方がいい、と思っているんだね」と声なき声が聴こえてきたりするのです。その言葉の背景（おかれている状況や夢、願いなど）を精一杯推し量りながら、まず聞いてみることです。何をしたいのかが分かれば、次への道筋が具体性をもって考えられます。

ここで気をつけておきたいことは、その道筋を必ず実行しなければならない、ということではないのです。そうありたいけれど、白黒をつけるように方向をつけてしまうと、再び〝こだわり〟にとらわれてしまうのです。

たとえば、先述のように「予備校に行きたいけれど、どうしたらいいと思う？」と聞いてきたとします。本人が漠然とですが大学に入り、再び「輝いて生きたい」と夢を語り始めたと思えたら、親やまわりの者はその心を察して、「大学にはいろんな可能性があるだろうね」と声なき声を言葉にして返すのです。とにかく、心を快にするように努めてください。

高校中退の子であれば、「じゃあ、何をしたらいいのかしら？　通信なら大丈夫か」とか相談にのってあげてください。子どもの進路を決めつけるようなことはしないでください。

ただ「わからない」ですませてしまうのではなく、親は親なりに悩んでみて、その糸口はまず体験してみることからわかるかもしれないと、両親で頭をひねってみることです。「付き合いきれない」という印象を与えないことです。

その時、一息ついて「これはあなたのことだから、あなたの気持ちがいちばん大切よね」「いったい、あなたはどんなことが好きなのかしら。どんなことがしたいのかしら」と問いかけることも訊いていかなければ分からないことです。ただ〝訊問〟にならないように、あいまいな返事をゆるしてください。

そして、「あなたも考えてみなさい。お母さんもあなたにできることで、どんなことがあるのか、ちょっとお父さんにも相談して、しばらく考えてみるわ」「急いで結論を出したいあなたの気持ちも少しはお母さん、理解できるけど、これは二、三日考えてみて、もう一回相談しようか」ということだっていいかと思います。場合によってはその話題で一ヶ月考えてもいいでしょう。

子どもは自分の意思を確かめながら体験を積み重ね、それからの歩みを自分で選択し、背負った悩みを一人ではなく、周りの人の支えを受けながら、抱えていくことを学べると思います。

Q21　子どもと気長にと思っても、くどい子についキレて暴言を吐いたり物に当たります

大学受験に何度も失敗している息子が、父親に対して「くどくど」当たり散らしています。「父親によって高校選択を間違えた。責任をとれ」とか言っています。父親もあまりの〝悪態〟に腹を立て「お前がバカだからだ」と怒鳴り、台所の物を壊してしまいました。母親の団らんとはほど遠い状態で、母親の私も参っています。

＊　＊

……「親の善が子どもの善になる」について……

大学に合格することは、もちろん自分のためであり、自分にとっての喜びだと思います。しかし一方で、「いい子」に育ってきた子どもほど、親に喜んでもらいたい、恩返しのような気持ちで合格を願っている子どももいます。でもいくら親を喜ばせたいと思っても、不合格では喜んでもらえません。

受験にそんな苦しみを背負っている子もいるのです。親が子に対して、その切ない心を汲めない態度を示したとき、子は報われなさを抱くわけです。そうすると、別にそんな言い方は本心ではしたくはないけれど、悔しさのあまり「くどくど」と言ってしまうんですね。

ところが、親にも「親としての」自尊心があり、また子どもの社会性を考えて「言わせておくだけでは、親としての責任が果たせない」と思い、厳しく叱ったり、ときにはアドバイスと言い訳をつくって罵ったりするわけです。もちろん励ますつもりもあってのことです。

その励ます言葉が傷つける言葉になってしまうから切ないのです。努力して報われている時は、励ます言葉もいたわりになりますが、報われない時は叩きつぶしてしまう言葉にもなるのです。

また、親にとってはこんな時だからこそ、自分の弱みを見せたくない、見せてはならないという気負いもあります。これを父性性と言ったらいいでしょうか。社会の厳しさから身につける弱音を吐かない接し方です。

ところで子どもの家庭内暴力には、その前に多分に親の暴力が影響しています。「キレ」たときの身の処し方を暴力、暴言で親がしていると、子どもはそれを「善」として学んでしまうのでしょうか。その意味でも親の「善」が子どもの「善」になり、親の「悪」が子どもの「悪」になるのです。何を「善」とするか「悪」とするかを親は問われているのです。攻撃性は父性性でもあります。しかしその父性性が人間としての良き厳しさとして働くには母性性が先に必要です。だからとくに父親には弱音を素直に吐くという母性性を厳しい父親ほど発揮してほしいのです。

また、いまでは母親も当たり前に働いている時代ですから、子どもに対して両親揃って「父性性」が前面に出てきやすいのです。とりわけ今は成果主義的社会です。常に評価です。何かと比較しての相対的肯定はあっても、比較のない絶対的肯定のメッセージがないのです。一人ひとりの存在を肯定しないなかで、評価が一人歩きしているのです。

先月、日本政府は労働時間の、規制緩和を打ち出し、首相は労働を「時間ではなく成果で評価」する仕組みをつくるように指示しました。このような人間へのいたわりを欠いた逃げ場のない強迫的なストレス状態は、かばいあう「母性性」を大切にしてきた日本社会になじみません。

ところがグローバル人材の育成のもと「評価・成果があって当然」の考え方をすすめているのです。こんなとき必死に「親」を意識すれば、こんな言い方も戸惑いなく子どもに言いがちです。「親の言うことは正しいんだから、言うことを聞きなさい」「お父さんとお母さんの言う通りにしていれば、お前も同じ大学に入れて、就職して部長までなれるんだ」と、訳の分からないことを言う親もいます。いや、こんな先行き不透明な時だから訳の分からない受け売り的なことを言ってしまうのですね。まして両親が成果主義のエリート人生を歩んでいたとしたら、実証されている話となり、両親としては自信を持って言ってしまいます。だから、「言うことを聞け」ということになります。

そういうなかで育ってきた「いい子」は、本当に何事もPDCAで成果があがると思って生きている場合があります。これが完璧へのこだわりとなるのです。親に素直な子であればなおさらです。お父さん、お母さんが言うのだから間違いない、と思ってしまうのですね。

……「神の御加護」について……

ところが、現実はなかなかそううまくはいきません。とくに友だちとの人間関係は思い通りにいきません。そこで、そのことが切っ掛けで他の否定的な事柄にこと寄せて言ったりするのです。うまくいかなかったことを、子どもは親に突きつけてきます。「オヤジの言った通りにしたのに、ダメだったじゃないか!」「俺はディズニーランドにも行かず、一生懸命勉強した。眠ったら机の上の画鋲に顔が刺さるようなことまでして勉強したのに、大学に入れなかったじゃないか!」「どうしてくれるんだ!」「結局、親は俺を保育園と塾と偏差値に預けただけじゃないか」と言いたくなるのです。

そのとき、親はまず素直に謝らなければなりません。どんな気持ちで謝るのか、です。何に対して「感謝」するかです。それは親の身勝手な傲慢な子育てに対して、「この程度の悪態で、ゆるしてくれている」と受けとめることです。それは「神の御加護としかいいようがない」と言った父親もいました。状況によっては自殺、他殺すらあるからです。そこで心の底から「ありがとう」と謝るのです。そして親が折れてくれなければ、もうこれ以上子は譲れないのです。「言うとおりにしていれば間違いないと言ったお父さんが間違っていた」と一言、自らの「愚かさ」を素直に詫びてほしいのです。そのとき素直になれず、「親」であろうとして無理して突っぱねたりすると、話がややこしくなります。また、詫びたからそれでこの件は落着して子どもの気持ちが救われる、というわけでもありません。何度か〝悪態〟をつくでしょうが、それは八方塞がりの苦しさを訴えているわけです。

こんな場面では親は無力です。その無力さは、ただひたすら聴き続けることでしか補えないのです。そのうちに親も、未熟で、抜けていて、それでいて傲慢であったと、そういう〝愚直〟な自分を悲壮的にならずに子どもに語り出したらいいのです。

確かに、場合によっては「今さら……」とその後で子どもが痛烈な批判を繰り返してくることもあります。でも、それで心は浄化されるのです。そして親がその批判、悪態をじっと聴くことで、子どもは親を乗り越える（謝す）切っ掛けをつかむのです。

そのことで子どものほうも少しは気持ちが楽になるのではないでしょうか。言いたいことを言ったから楽になったのではなく、こんなひどいことを言っても傍らにいてくれる、その確かさに心が楽になっていくのです。

悩みは一人で背負うから苦しいけれど、側に誰かがいてくれれば少しは楽になるのです。

「いまさらそんなこと言われ、じゃあどうすりゃいいんだよ！」「学歴なんかにこだわらなくてもいいんだって？　いまごろそんなこと言うな！」と子どもから言われても時代、世代からの置き去り感に絶望的になっているからと受けとめてください。

「苦しさに気付かなかった」と言って、後は黙って、言いたい子どもの気持ちに寄り添っているのです。とくに自己愛性の強い子どもは「気付かなかった、で済むか！」と攻撃的になりがちですが、「聞いて、聴くこと」で共感に努め、相性の合う第三者との出会いに期待するのです。

大学に行く切っ掛けを得られた息子さんについて、ある母親からこんな手紙が届きました。

「おかげさまで、息子は忙しく大学生活を送っています。強迫症状も毎日出ているようですが、充実した時間を過ごす中で、強迫とも上手に付き合っていく術を身につけたようです。新しい環境での生活は、良い意味での緊張と疲れを与えてくれているようです。『何年かぶりでぐっすり眠れた』との言葉に何より私がほっとしています。日々何気ない言葉を交わす中で、息子から私への最高に親孝行な言葉がありました。『腹へった、晩メシ何？』です。つらい状況を経験しないと気づかない事ってたくさんあると、つくづく実感しました」

合点のいくお手紙でした。

Q22　子どもにどう〝弱音〟を吐けばいいのか分かりません

親の弱点を積極的に見せたほうがいいのでしょうか。

＊　＊

……「弱音を吐く意義深さ」について……

前項で紹介した父親は、子どもから見ると頭も良くて、何もかも完璧な人だったのです。それであるとき父親がカレーライスを作ったときに、入れるものを間違えたらしいんです。すると味がおかしくなって、食べられたものじゃなかったそうです。

絶対間違わないようなお父さんが失敗したので、子どもは「やった、やった（笑）」と大喜びでした。お父さんは「人の失敗を笑う奴があるか！」と怒りましたが、子どもにとっては、キッチリしたお父さんがずっこけたので、面白いのでしょうね。ここで父親の沽券《こけん》に関わることとして、こだわるかどうかが運命の分かれ道です。

それまで張り詰めていたものが、一気に溶けるような感じだったそうです。

そういうことがあって、うれしくて、冬の夜、自転車で外を走ったら、緊張がどんどんとれて、モヤモヤが冬の風に飛ばされていくようで、すごく楽になったそうです。親と子の不思議な心の交流が、子の琴線にふれてこだわりが浄化され、父親に共感することができたのです。共感とは察することです。もう心に「くせ」をつくって自分を守る必要はなくなったのです。少なくとも父親の前では素直になることができたのです。

私は常々「子どもから弱音や愚痴を吐かれたり、言ってもらえる親になってください」とお願いしてきました。とくに父性性の強い父親や母親にです。人は失敗もするし、頑張ろうと心のなかでは思っても、結果としてそうなれないことだってあります。でも、とにかく始めるときは誰も精一杯取り組んでみたいのです。誰だって成功したい、達成感ももちたいものですが、そう何事もうまくいきません。「完璧」にやろう、なろうとしてもそうはいかないときがあるのです。そのときしっかりと弱音の吐ける環境を保障することです。弱音が吐けるから、思い通りにいかないこの現実世界でもなんとか「あいまいさ」を抱えながら生きていけるのです。そのためには親自身が子どもに弱音を素直に吐くことです。そしてそこに解決も結論もないのです。あるのは戸惑いとあいまいさです。

「あいまいさ」を軽視してはいけません。そこには悲哀、葛藤と希望があります。弱音が吐けると未来が開けます。なぜなら自分の否定的な感情と素直にそこで向き合ってくれる人がいるからです。否定してしまいたい自分を肯定されるから、光が差し込むのです。

とりわけ強迫性やパーソナリティ障害でかつて「いい子」と言われていた子どもの親と出会うと、本当に「まじめ」「しっかり者」、いわゆる実直で誠実な家族を感じます。それはそれで大切なことで、尊いことです。そして「いい人」なのです。「いいお父さん」「いいお母さん」「いい子」「いい家族」なのです。

ただ、「いい家族」とはとかく人に迷惑をかけないことを美徳としがちです。家族に対してもそうです。弱音ももちろん吐かないよう努めます。自分も吐かないし子どもたちにも吐いてほしくないのです。少なくとも自分だけは吐きません。また吐かれたことは親の不安になり、解消に気が焦って強引な言動になり、そして予期不安をもちやすくなります。

しかし、人は人を頼らずして、迷惑を掛けないで生きていけるものではありません。とくに、昭和20年代生まれのお父さんたちは、それを子どもに見せることは父親として情けないことだと、思っているようです。それは日本社会がバルブ崩壊するまで経済的に飛躍的発展をとげる精神的支えでもあったと思います。弱音を吐かないで、決められた完璧な商品を納期までに絶対納めていく、そんな強迫社会に生きてきたのです。だから生活の安定が図られたのかもしれません。

私たちは「多くのお金を稼いだかもしれませんが、多くの不幸も生んでしまった」のです。息子さんの強迫症状にしっかりと寄り添い続けるある団塊世代の父親の呻吟する一言です。その背負った不幸の一つがこの「こだわり」や「くせ」だと、私には思えてしかたがないのです。

……「小心さを隠さないこと」について……

強い部分だけではなく、ありあまるほどの弱い小心な親を出すことで、子どもは緊張がとけて心がリラックスするのです。親の弱点、小心さを見ることで、子どもが「失敗だらけの不完全な自分を受容」できるのです。「未完の美」が分かります。そして、高学歴、高収入、安定したマイホームを築いた父や母を精神的に乗り越えようとするのです。「高収入」という意味ではなく、人間として対等であるということです。

でも、わざと〝弱点〟をつくってみせる必要はまったくありません。それではかえって不自然です。ただ日常それとなく起きてしまう、失敗や恥ずかしいことに、「素直」に反応して肩肘はらずに、そのことを認めてほしいのです。

私にも長女との関係でこんなことがありました。その日、少しの時間だからと、家の脇の狭い道路に車を〝違法駐車〟していました。対向車が通れなくてクラクションをならすことがありますが、この時はひときわ鳴らし方が大きく、乱暴なのです。

私は〝暴力団〟ではないかと思い、急に怖くなって「すいません、すいません」と家のなかから外に向けて大きな声で謝ったのです。暴力団ではなく、単なる気の短い人のようでした。その光景をすべて見ていた長女（当時中学二年）が玄関に戻る私に、「お父さん、気が弱いね」と、がっかりした感じでささやいたのです。

たぶん娘にとって、私はいざとなれば強いお父さんだ、という〝幻想〟をもっていたのでしょう。その思いが崩れたわけです。否定しようと思ったのですが、正直言って自分でも小心者だな、とあらためて思ったので、「うん、怖かった」と言ったのです。

それから、どうしたことか娘は事あるごとに、いろいろな不安を話してくれるようになりました。

その日からしばらくたって「お父さんが家にいると、すぐにここに来ちゃうんだよね」と遅くなった夕食を食卓で摂っていると、横の椅子に腰掛けて言うのです。そしてそのほとんどは〝弱音〟です。子どもに弱音を吐いてもらうには、自分が弱音を吐けばいいんですね。弱音とは、だらしなさというよりも、子どもに隠しておきたいことを、秘密にしておきたいようなことを、そっと子どもにつぶやくことです。とくに子どもが何かに心が揺れているときにです。
娘は今、母親になっていますが、こんな父と子の関係を大切に心掛けています。
私が講演の最後に読む詩があります。「父よ、語ってほしい」という内容の詩です。「詠み人知らず」にしてほしいとのことなので名を明かせませんが、高校生のときに父親に向けて思いを馳せた詩ということです。

父よ、語ってほしい!!

父よ！　語ってほしい
あなたが生まれた街を！
あなたが生きた時代を！
クラブ活動のとき人よりいつも半周おくれて走ったことを！
昼の弁当を忘れグランドのすみにうずくまっていたことを！
カンニングして先生にこっぴどくしかられたことを！
はじめて本を万引きしたときのことを……
はじめて吸ったタバコの味を……
父よ、語ってほしい！　はじめてラブレターを書いた思い出を！

父よ「厳格だったあなたの父」のことを
そして私の母を語ってほしい、見合い結婚でも、はじめて母の写真を見たときの気持ちを‼
いまがどんなに冷めた家庭でも……

父よ、お願いです。街の木を切らないでほしい――

体を休める小鳥たちのためと、ぼくのためにも
父よ、知ってほしい！

ぼくはいじめられても「いじめられている」と言えないことを
学力を競いあう友はいても、悩んでいるとき相談する友がいないことを！

父よ、語ってほしい
二人ですごした山小屋の楽しかった思い出と　ぼくが進むべき未来を！――

父よ、見つめてほしい！

一人でぽっつんと室内にいるぼくを！

布団の中でぼんやりとうずくまっているぼくを！

父よ、語ってほしい――失敗したとき　くじけたとき　どのように父が勇気を奮い起こしたかを‼

父よもう一度こんなぼくを見つめてほしい

そして父よ泣いてほしい！　小さい頃ころんだとき　抱き起こしてくれた父の腕で　今、しっかりと抱きしめてほしい――
父よ、教えてほしい
家を出たときどんな気持ちだったか！　大人になることがどんなことか！
夜明け前の暗闇ほど　もっとも深くて暗いことを!!
そして最後にぼくと父さんの間で守るべき秘密を教えてほしい。
必ず守るよ父さん！　ぼくは勇気を持って扉のところにいるんだ
必ず守るよ　父さん　秘密を

Q23　子どもの鼻持ちならないプライドを「いたわる」とはどういうことでしょうか

子どもに自信（自己肯定感）をつけさせるにはどうすればよいのでしょうか。

＊　＊

……「いたわること」について……

比較的順調に歩んできている時には、他人のことは気になりません。まして外見などはどうでもいいのです。社会が認めているからです。しかし何かを切っ掛けにつまずいたり、足踏み状態になることはいくらでもあります。

そんな時、比較することなどなかった他人と自分を比べて自信をなくしがちです。全人格の一部の自信喪失が、自分の存在そのものを全面否定しがちです。自分以外の人間は誰も彼も順調で、輝いて見えてしまうのです。自分以外が一枚岩にしあわせに見えるものです。

もちろん比較対象外の人に目は向いていませんので、自分と同じような立場にいる人には関心はありません。そして自己評価が下がってくると、そんな自分を馬鹿にされまいと突っ張ったり、「鼻持ちならないプライド」で相手から〝見下される〟前に、思わず攻撃的態度に出てしまうことがあります。傷つけられる前に傷つけるといった感じです。そんなとき「かわいくない奴、素直でない奴、屁理屈が多い奴」と言われてしまうのです。

そうなると、そんな自分の心模様は本人が一番よく知っているわけですから、内心では自己否定に入っていきます。誰よりも肯定しなければならないはずの自分を自分が否定、差別しているのです。自分には何か人間として大切な成長が欠落していたのではないか、と過去を振り返ります。

そしてそんな自分を見透かされまいとして気負った、風変わりな、外見にこだわったりもします。すべてに自信がなくなると、そんな自分を変えてしまいたいとシャワーを流し続け、三時間も体を洗い続ける子がいます。浄化の強迫行為です。これでもか、これでもかと手を洗う子もいます。すべて「仕切り直したい」「生き直したい」のでしょう。なかには不安もあってか、「子宮に戻りたい」と退行し赤ちゃんのようにお母さんの布団に入ってきたり、鏡台で口紅を塗る若者もいます。

さて、こんな状況から生きる自信（絶対的存在としての自己肯定感）をどうしたら実感することができるのでしょうか。

先述してきたように、日々向き合う親が弱点を見せていくことも大切ですが、それと同時に私は子どものささやかな心づかいをいたわり、ねぎいらい、ほめていく感性を養い実践してほしいのです。「ささいなこと」として見逃さないでください。この感性は自他の母性性に「気づく」出会いのワークなどを学ばれると良いと思います。

ある少年がこんな言葉をつぶやいてくれました。

「こどもはいつも親や先生の喜ぶ顔を見て成長するんだよね。だから、子どもはいつも親や先生に喜んでもらおうと思って生きているんですよ。とくに迷惑（心配）をかけた親や先生には、自分の成長（快復・自信）を（一日も早く）プレゼントしたいと思っているんですよね。（その心を信じて）いつもとは言わないから、たまには子どもの弱点を見逃す努力もしてほしかった」

子どもを信じるということは、大学に入学することを信じる、親の思った方向になる、といったことを信じるのではありません。こうした心を親に対してもちながらも、なかなか親を喜ばせてあげられない悔しさのなかにいる、外見ではそう見えないかもしれないけれど、心の奥底ではそう思っている、そのことを信じてほしいのです。「見逃す」ということは問題としてふれるのではなく、そこに健気さを見出し、いたわることです。だから見逃すことなく、あえてふれていかないということです。

子どもは早くこの心の「こだわり」「くせ」から抜け出して、素直にまた人との交流をしたいのです。誰よりもそのように願っているのは本人です。次々と襲われる強迫観念、強迫的な衝動行為に、家族まで「巻き込んでしまってごめんなさい」という子どもの健気な心を見逃さないでいたわってほしいのです。

苦しいから「健気」さをストレートに表現する余裕がないのです。でも親の気づかないところで子どもなりに気をつかい、片付けしてくれていたり、手伝っていたりするものです。一日中家にいるから、暇だからしているのではないのです。家事の手伝いも当たり前に見ないでほしいのです。だから悪態をつきながら手伝っているのも、みんな〝照れ隠し〟なのです。

そこを無頓着にも、手伝いが当然だと思って要求すると、意外にも「俺は別に暇なわけじゃない。これでも結構、忙しいんだ」と突き返されることがあります。まるで映画『男はつらいよ』の寅さんのすね方に似ています。そんな時、さくらさんのように「ありがとう、お兄ちゃん」とささやかな行為にも心を込めてねぎらうと、寅さんの心は癒され、そして「こんな俺でも必要とされている」と自信を取り戻すのです。このいじけて、また素直になる子どもの心に年齢の差はありません。ただ寅さんは映画なので調子にのって、また威張ったり、気負ったりするように脚本づくりされています。現実にそんなことをしたら「困った人」になってしまいます。

成人しても、結婚しても、娘は娘、息子は社長になっても息子です。

……「頼ること」について……

子どもにすこし自信がついたら、次に「頼る」ことも大切です。子は無理のない程度に「親」に頼られたいものです。親に頼られる子になってこそ、必要な人間と認められたと思え、また親を越えていく（親を肯定していく）切っ掛けをつかめるものです。

どのような「頼り方」をするのか。それは「その子がそれをしてくれないと生活が機能しない」という頼り方がいいと思います。その子が「わが家の必需品」になればいいのです。

そして、実にこれは個別的です。信をなくしている人は否定されてしまっては立ち上がれません。〝今、現在〟を肯定することです。そのためには「助かった」「ありがとう」「よくやってるよ」と感謝の言葉で支えてほしいのです。もっと刺激的に言えば、「今晩、明朝、この子がこの世に生きているという保証は何一つない」と思えればいたわりの頼り方ができるのです。すると何も生産的なことができなくても存在しているだけで感謝になるのです。

とくに、このあきらめやなぐさめではない「よくやってるよ」がなかなか言えません。言ったとしてもすぐ「でも、あそこを努力したら」と言って最初のほめたことを打ち消してしまうこともあります。私は日常生活のなかで「これをこの子にやってもらわなければ、生活が破綻する」といった役割を与えてほしいと思います。わが子を「わが家の生活の〝必需品〟にしてほしい」のです。

子どもの学力が低下すると、あなたの生活は破綻しますか。子どもはいかがですか。

人が孤立したときに人とつながる最後の命綱は、学歴や学力、名誉や財産ではありません。素直に人に「友だちになってください」と甘えてつながることです。それは簡単にできそうでできないことです。誰かから具体的にその存在そのものが尊いと声をかけられていることが大切です。だから日常生活の暮らしのなかで〝必需品〟としてのメッセージを子どもにかけてあげてください。それがその子の存在そのものを肯定することになるのです。

ほめ方としかり方のポイントを紹介しておきましょう。

〈ほめ方〉

①日常の小さなことでもそっと、具体的に何が良かったかをほめる。

②すぐほめる。目立たない子には目立たないように努力していることを分かってあげてください。

③その子らしさをほめる。とくに欠点と思っているパーソナリティをほめていく。たとえば、優柔不断は慎重というように、肯定的意味づけをしていく。リフレーミング（枠組みの再構成）ともいいます。

④「この子はいじらしく、健気な子だ」。そして親子共々「明日も生きている」という保証は一つもないと思っているとほめやすくなる。

⑤「○○さんがほめていたよ」と、他人を借りて言うと信頼の輪を広げていくことができる。

〈叱り方〉 見捨てられ感を汲み取った後に「人との付き合いのルール」として「私」のメッセージ

を伝える。

①まず子どもの言いたいことを最後まで聞いて、そのうえで気持ちを推し量って聴く。とくに声なき声で心に聴こえてくる気持ちに寄り添っていく。

②そうならざるを得ない気持ちに納得ではなく共感する。

③誠実に真剣であること。

④冷静に、寛容に。八つ当たりでないこと。

⑤なるべく明るく、手短に、すっきりと叱る努力をする。これは行為を取り上げて叱るということで、全人格を否定する言い方はしない。たとえば「お前はダメな子だ」よりも「このことはまずかったね」といった具合です。

好む川柳があります。「叱られた恩を忘れず墓参り」。母性あっての父性の働きです。叱られたことが恨みにならないのは関係がどんなときでも継続されていたからです。「俺に似よ、俺に似るなと子を思ふ」も好きですね。叱るとき自分にもそんな時があったな、と戸惑いつつ叱ることが相手に「母性性」を感じさせるのです。

Q24 「心理的虐待」という言い方で詰め寄ってきます

髪の毛を集めたり、奇妙な〝儀式〟が少しずつ増えているようです。汚れにこだわっていたのに、別のことにもこだわるようになってきて、私には身に覚えのない「心理的虐待」を詰め寄るように口にして責任をとれといいます。

＊　＊

……「吹っ切れる」について……

一人ぼっちではないんだ、側に誰かがいてくれていると感じられたら、不安を置き換えるためにやっていた〝不合理な儀式〟や『大丈夫?』と何度も聞いてくる行為は少しずつ減って、楽になるのではないかと思います。「こだわり」や「くせ」に必要以上に心を奪われない人でも、深い悩みに連日襲われると、一時的にでも逃れるために、その不安を誰かの責任にしたりして置き換え行為をしがちです。何かにすがりつかないではいられないのが、生きている私たちです。

ある若者が、さまざまな〝儀式〟を増やしていきました。初めはドアの確認です。次は道を必ずカクカクと歩き、曲がる時は90度、とこだわり続けていたのです。

これは何のための行動だったのか。中学、高校でひどくいじめられた、その苦しさがいまだに過去のものにならない。まざまざと浮かび上がってきて、本当につらくてつらくてしょうがない。どうしたら頭からそれが抜けていくのかというと、抜けないんですね。そのために彼が〝取引〟したのが、これらの〝儀式〟なんです。こうしていると抜けていくんじゃないか、と自分に暗示をかけてもいるのです。

ところがまだ抜けない。それで儀式がまたひとつ加わる。本当に体の動かし方がぎこちなくて、これらの行動に体を明け渡してしまったような、本当に苦しい姿です。しかしそういう行動にも限界があります。体が疲れ切って限界にくると、「もういいや」となる。でも、これは決してやり尽くして満足したわけではなく、疲れはててその行動を手放したということでしょう。

この時、「こだわり」から吹っ切れて楽になれるのか、「こだわる」エネルギーさえ失くしてしまうのか、分かりません。しかし、「こだわる」ことをなくしても、今日を生きている意味が実感できれば、楽になる時がくるだろう、という気がします。ぱあっと霧が晴れるような感じではなく、また元に戻ってしまうこともありますが、ただ、儀式にすがらなくてもいい時がときどきでてきてくれれば、霧の晴れ間が少しずつ広がっているのかな、と思えるのです。

……「後手にならない」について……

いつもいつも現実を悲観し、先のことばかりを考えて不安におびえていたのが、いつか「そうなったらそうなった時のことだ」という言葉に変わっていった若者がいました。実は、何度も何度もそう言いながら、こだわっていた子です。まさにそう言いながら不安を消して生きていたのですね。

生きること、人と関わりつづけることに「こだわる」ことが大切です。心の傷や行為が思い違いであったり、読み過ぎであったりしたことに出会いが気づきを与えてくれたりするからです。するとそれからは、「なったらなったでその時、また考えよう」と思えるのです。日を重ねることで、その変化に気付く。〝日にち薬〟の効用です。

身動きが取れなかった状態から、一歩が踏み出せそうに感じられてくる時とは、やはり自分の気持ちを人に理解され、ほっと癒された時と言えるでしょう。

その気持ちも、子どもの苦しくこだわっていることに親自身が自ら気付いてくれたら、こんな嬉しいことはないと思います。子どもが何かを訴えて、それで「気付いた」「分かった」と言われても、少し不満が残ります。日常の出来事のなかから何気なく、子どもが「引っかかっていること」に気付いてほしいのです。〝後手〟にならないように、この場面は〝先手〟です。

心の「こだわり」や「くせ」をつくる切っ掛けの多くは、親や先生から「愛されていない」「信頼されていない」と思ってしまった時のようです。そして、その一つとして虐待体験がたまに出てきます。親や先生の方は「しつけ」「励まし」程度に思っているのでとっくに忘れていますが、子どもは意外にも親や大人からの「虐待」として心の片隅に残っているのです。ただそれも心に余裕があれば忘れて気にもなりませんが、不安が起こったりすると「不条理」「納得できない」生い立ちとして思い出すのです。

顔や頭をなぐられた、大声で怒鳴られた、ねちねち叱られた、突き放すような言い方、過去もそうだったという言い方、誤解なのに勝手に叱る……先手とはこんな子どもの言い分を少し思い出し、慚愧の「気づき」が起きたらチャンスを見て子どもに謙虚に胸の内を語るのです。「父さん、本当に気がつかなかった」と詫びるのです。子どもの家庭内暴力の前には、親の「しつけ」という大義名分の「暴力」があったりするものです。

「心理的虐待」という言葉も周知され子どもたちも口にします。青年期になって親に尋ねてくる場合があります。虐待というと暴力的なことをすぐ思い浮かべますが、「勉強を無理にさせられた」といった類のものです。親も虐待の意識はまったくなかったのです。だから「いい家族」に起こりがちな〝虐待〟です。学力向上の時代にあって今後もこの「心理的虐待」と強迫性、パーソナリティ障害のケースはさらに増えていくと思います。とくに「年収」の多い家庭の子どもほどその傾向が予見されます。

Q25 精神科通院に慎重な学校の担任に対して、どうすればいいのでしょうか

中三の娘は登校しながら精神科のクリニックにも通っています。このことは担任とも話していましたが、担任から急に「主治医の先生にいまの状況を聞いてきてください」と少し突き放されたように言われました。何か心に変化があったのでしょうか。

＊　＊

……「担任に〝医師〟を期待していないこと」について……

まず学校のなかで、心の病気について分かってくれる先生を見つけだすことが大切です。「分かってくれる」というのは、別に症状を医学的に理解している先生、という意味ではなくて、不安な気持ちに付き添ってくれるということです。誰も学校の先生に「医者」の役割や知識を求めてはいませんよね。

ところが責任感の強い先生ほど関わる裏付けとして〝専門知識〟に対する未熟さをなげいてしまい、時として心の病については「正直言って分からない」と突き放したと思われる言い方を保護者に対してしてしがちです。また、常に責任の所在をあきらかにしておかなければならないという状況もあるからです。それが心のどこかに、〝避けたい〟〝逃げたい〟という、一歩離れたところに居たい気持ちに流れていったりするのかもしれません。あるいは、関わり続けたい気持ちはあるけど、医学的でもあるし自信がない、というのが本当のところかもしれません。

だから、保護者がその問題で相談に行くと、とかく先生は防衛的になり、構えてしまいがちです。心の病についてまったく経験がないのに、保護者から「何かをやれといわれている。困ったなぁ」となってしまいます。「こうしてくれ」「なぜこうしないんだ」と言われているとも、受けとめてしまうんですね。

だから、中間に潤滑油となってくれる人が必要になってきます。

養護教諭（保健室の先生）の先生や教育相談、スクールカウンセラーは「心の病」について一般教諭よりも身近に理解している方が多いようです。

とくに養護教諭と一度面談して、自分の気持ちを伝えて、担任との間に立っていただくという方法もあると思います。保健室登校を理解しているような学校なら、外部の相談機関などとの支援システムがかなりしっかりできていると思いますので、校長先生や教育相談の先生を通して、相談することも大切と思います。しかし、そういうシステムができていないところだと、主治医のほうから担任などに連絡してもらう方法もあると思います。

いずれにしても、今の担任に対する心の不安を子ども自身が少しでも伝えることができたらいいですね。それが心の負担になるようなら、養護教諭に相談するように働き掛けてみてください。親としては子どものその行動を支え、見守り、分かち合うことです。そのうえで親自身も子どもと一緒に、相談されてはいかがでしょうか。

Q26 子どものことが心配で仕事をやめようと思っていますが

母親の私は働いてばかりいたために、子どもと関わる時間がとれず、子育て中の愛着「障害」を言われると、悪かったなと反省します。いまからでも遅くはない、仕事を退職して子どものために生きようと考えています。でも子どもは「勝手に心配するな。ただ黙って聞いてくれていればいい」と言います。

＊　＊

……「子の犠牲」について……

こういうケースはよくあります。言われれば親なら誰も、子育ての中で〝スネに傷持つ身〟です。だから「私を親としてよく生まれてきてくれたものだ」という子どもに対する謙虚さを忘れたくないものです。今がよい子なら過去のどんな子育ても良くなって、今が困った子なら、過去のどんな望ましい子育ても批判されてしまうものです。

このことは子どもの年齢が30歳、40歳になっても世間は勝手に評論家のように言います。そして、評論家もそれが仕事だから、言っているわけで、立場代われば、みんな同じです。「今の人は……」と言う「昔の人」がそんなに子育てが立派だったか、と言えばそうとも思えません。ひどい話もあります。ただ、どこかで人と人とが助け合いながら、「村の子は村で育てる」「手のかかる子でいいじゃないか」と言って、つながっていたんですね。親も子も家族だけで〝自己完結〟して暮らせる社会ではなかったのです。そこが時代の違いで、一口に今の子育てがすべて間違っているとは言えません。

さて、夫や姑、カウンセラー、教師から言われなくても、とくに子育てに専念してきた母親はすでに自分の子育てについて自責の念にかられています。そんなとき働いている母親ほど、忙しさのなかで、つい乱暴な言葉を子どもに吐いて、傷つけてしまったことを思いだし、愛情の掛け方が薄かったのではと思うものです。子どもを犠牲にして働いてきたという反省です。

そこで、母親は「小さいころから子どもをかまって（聴いて）やれなかったために、大事なときに親を信用できない子にさせてしまった」「高校に入ったら、大学に合格したら、と追い立ててきたので強迫的になり、引きこもってしまったんだ。親の不始末です」と、これまでに築き上げてきた良いことも含め、すべての面を後悔します。そして子どもとの対話を積極的にとり、親子の信頼を取り戻そうとされたりします。それが離職につながったりします。

その結果、朝から晩まで、子どもと一つ屋根の下に一緒にいることになります。神経はいつも子どもに向かうので緊張、焦りから接触する術が見つからないことはあります。そこで会話ノートを付けてみよう、と張り切るのですが、対話がないので母親の言葉だけで、子どもの部分は「……」だけになってしまう。

こういう状況は、母親にとってはむなしく、子どもにとっては非常にうっとうしいものです。そんなとき子どもは「自分勝手」な「心配のしかた」をするなと言いたくなるのです。それは親の心配、不安を取り除くために子どもに期待して「心配」しているということです。

すると、自分のために、お母さんを犠牲にしてしまったという負い目が子どもにのしかかります。うっとうしいですね。お母さんがしたくもない仕事をしていたなら別ですが、生き生きと仕事をしていて、しかも仕事にキャリアをもっていたりすると、子どもは自責の念から退職して当然だ、と思う一方で、親の人生を犠牲にして大変申し訳なく思い、「それに応えなきゃ」とプレッシャーになったりします。

お母さんにしても、最初は息子のために納得して退職したはずなのに、子どもが思うように快復してくれないと、「どうして私だけが犠牲に……。もっと協力してよ」と、次は夫に不満をぶつけて、夫婦喧嘩に発展することもあります。そして、行き詰まった夫婦で思わず愚痴るのです。「あいつがもっと気持ちの強い子であったら」と。そして耳にした子どもは「どうしてこうなってしまうんだ！」といろいろな「こだわり」を見つけ自分を防衛、あるいは正当化する心の「くせ」を身につけたりします。それまでは共感的な子どもであっても一方的な自分本位の会話でまくし立てたりします。そこで要求が通用したりすると、その「くせ」から抜け出すには時間がかかります。それだけに子どもに「報われなさ」を親から感じさせないことです。

そこで大切なことは、いま退職の選択をするのは誰のためでもない、自分のためであり、それがいま一番自分にとって最善のことだ、という思い切りが親には必要ではないでしょうか。そして楽しく生き生きと働いているなら、必ずしも退職することがいいことだとは思いません。

やはり、母親が生き生きと希望に燃えて働いてくれているほうが、子どもにとっては気が楽です。それに、「母親が働いてばかりいて構ってくれないから、こうなった」という〝逃げ道〟、子どもなりの〝方便〟があるから、少しは自分を責めることなく、楽な状態に心をおくことができるのです。したがって働きつづけることで、そこに子どもへの気づかいがかえって生まれるならそれも大切な「母性」なのです。

すぐ結論を出し、自分を責めるようなことはしないほうがよいでしょう。耳に痛い子どもの話を「黙って聞く」ことこそが親の愛の証だと子どもは母親に訴えているのです。

Q27 自分でやるべき事をやらない子に注意できません

娘は高校中退し、その後、精神科にかかっていました。現在は本人も同意し通信制の高校に入っています。でもぜんぜんやる気がありません。しかたなく私が代わりにレポートを提出していま す。精神科のお医者さんからは本人を甘やかすことになるから、自分でやらせなさい、と注意されました。でも、そうするときっとやめてしまう心配もあります。

＊　＊

……「いたわりのジョーク」について……

お母さんは、お嬢さんの取り組む姿勢が見られないなかで、前途に失望し、かなり疲れているのでしょうね。

同じような例を他にも知っています。変わった言い方ですが、男子少年の場合はお母さんが途中でレポート提出を投げ出してしまって、高校二年にあがれませんでした。お母さんはかなり熱心に勉強してレポートをやっていたのです。ところが子どもがやる気を見せないものだから、「どうしてあんたは！」と衝突してしまったのです。

もともと通信制高校をすすめ、手続きしたのは母親だったのです。それで子どもが「言い出したのはお前（母親）じゃないか」と暴れだし、関係が悪化したのです。

もちろん、そのお母さんだって、子どもを苦しめようと思ったわけではなく、同世代から置き去りになって寂しい気持ちになっているだろうと心配し、励ますつもりですすめたわけです。その親の気持ちを少しは察してほしい、と思う母親の気持ちは私にも分かります。

ところが落胆後、新年度を迎える子どものほうから「あの高校はどうなった？」「二年生にはなれないの？」と言い出すようになりました。

そして、「お前がサボったから二年にはなれなかったじゃないか！」と、母親を責めてきたのです。

理屈から言えば現実回避のおかしな話です。自分の置かれている状況からコンプレックスが強くなり、素直にありのままの自分を表現できない「心のくせ」を身につけてしまったのでしょう。この時こそ親が〝弱音〟を素直に吐いて、子どもに主体性を自覚させるチャンスとしてほしいのです。子どもの強がる心を察して、言い放った言葉は受け流し「本当だね。お前の力も借りなければ進級できないよ」と、優しく微笑みながら言えたらいいですね。もちろんジョークです。しかしこの「いたわり」の言葉が子どもの自己肯定感となるのです。

要するに、自分の本当のつながりたい気持ちをなかなか言えなくなっている人に対しては、それを回りの人が推し量らなければならない世界がここにあるのですね。

この子の場合は、留年してこの年から自分で勉強するようになりました。「お母さんも大変だから、今年は俺がやってやるよ」と。照れ隠しのジョークです。

素直に自分の気持ちを言えればいいんでしょうが、自分で積極的にやると言った場合、責任を取らなければならない、と考えてしまうのです。本当に正直で真面目なんです。

〝適当〟ができないから、葛藤を引きずってどうしても言っていることと気持ちに矛盾が出てくるのです。矛盾というのはだいたいが「自己愛」から来ていることが多いので、その気持ちを推し量って親（大人）が、子どもに合わせるほうが、いい道筋になると思います。先述したように譲るのは大人の役目でしょう。

それを親が怒って、押し返してしまっては子どもの面子（めんつ）は丸つぶれとなります。「自己愛」への片寄りが強い子ほど、「依存」しないと「自立」できないように思います。たまにはお母さんも自己主張的に注意してもいいと思いますが、その注意を「悪意」にとられないためにも共感的ジョークの応答に心がけてほしいものです。

Q28 親への攻撃はすみましたが、冷めた感じが気になります

親への攻撃がすみ、ベッタリ気味になっていた子が、あまり親と口をきかなくなってきました。食事の時など、以前のように一生懸命話しかけても、生返事です。心はとても「自立」しているように思いますが、あの悪夢の再来となるのでしょうか。

＊　＊

……「還《かえ》る家」について……

子どもは症状が静まったり、悩みが解決したりしてよくなってくれば、当然、親なり医師、カウンセラー、関わりを続けてくれた人たちからいったん離れていきます。それは相談にみえられる親御さんにも言えることです。また私自信も病気になった時はお医者さん、看護師さんが神さま、仏さまに見えますが、元気になればその時の心境は忘れてしまいがちです。

旅立っていった子どものなかには、偶然に私と街で会ったりすると（とくに友だちと一緒だと）、目線を外したりすることがあります。「いま」を生きようとしているんですね。そのことで少し寂しい思いをしていると、電話やハガキで「先日は失礼しました」と詫びてくる子どももいます。まっ

たく健気でその気持ちを思うと、よそよそしいと思った自分の愚かさを恥じるばかりです。

ですから、子どもと一緒に苦楽を共にしてきた親というのは、子どもに未練があるものです。ほっとしたのも束の間、また子どもへの悩みが生まれ「私がいてあげなければ……」と思い込んでいったりします。未練です。この繰り返しは共依存関係となりますから気をつけてください。つまり「未練」は「エゴ」かもしれませんね。だから子どもが離れていくことにあまり未練があると、子どもが戸惑ってしまうのです。

親子で関わりに苦労し、仲良く生活できるようになってきたのに、最近、子どもが何を考えているのか分からない、そんな心が親御さんのなかに生まれてきているのでしょうね。この前まではあれほど話しかけてきたのに、最近は口もきいてくれない、というような感じに思えているようです。子どもの心が見えない不安でしょうか。

しかし、これまでの関わりから「せめぎあって、折り合って、お互いさま」の場面が心の支えとなり心理的に親が近くにいると思えることで、子どもは安心できているのです。だからこそ、その心の支えを後押しにして親以外の人との関係に積極的になれるのです。

生返事のなかには過去はどうだった、とか蒸し返されたくないという気持ちが含まれているのではないでしょうか。「還《かえ》る家があるから旅立つ」ことができるのです。ですから、何かあればまた親元に戻ることがあるかもしれません。その「何か」があって、子どもが還ってきて「どう接するか」、これが、親子の関係をよりよいものにしていく、あるいは子どもの成長のためのキーポイントになると思います。

親との関係が安定し、親の思い通りではなく、子ども自身が自分の気持ちを肯定できると、子どもは強迫的、せつな的、自己顕示的に自分の人生を悩まないですむようになります。また「こだわり」による「心のくせ」も気にする必要がなくなります。一所懸命にそのままの自分を磨くことができます。

しかし、今度は親自身が、自分の時間をその子に関わることだけに使っていた場合、心にポッカリと穴があいたように目的をなくしてしまうものです。空《から》の巣症候群です。寂しくなって空の巣になって脱力感、喪失感、うつ状態になったりもします。そんな時、再びその寂しさの埋め合わせに子どもの心を引きつけるような癖のある言動に親の方が走ったりします。子どもは親のペットではないのです。

そのあたり、「どう折り合いを付けていくのか」が問題です。子を思う親の思いの深さが、時に押しの強さになることを、私たちは心しておいたほうがいいと思います。だから「親になることは易しいが、親であることは難しい」という一言が身にしみます。

Q29　「ただ聞ける」親になりたいのですが……（手記）

子どもの気持ちを聞ける親でありたいと思いますが、途中で黙ってしまって答えてくれません。

＊　＊

……「お金と親の期待」について……

この質問に対して、とても参考になる手紙が来ましたので、紹介しましょう。

△　△

はじめまして、私は愛知県に住む女子高の一年生です。『いい子を悩ます強迫性障害』（ハート出版・絶版）の本を読ませていただきました。

何気なく手に取ったのですが、まるで自分をみているかのような部分があっちこっちにあり、人目の多い図書館であったのに、涙がとまりませんでした。

私は頭も悪く、本文に出ていらした方々のような完璧な子ではありませんでしたが、手のかからない子ではありました。

母親が仕事で帰りが遅いので、代わりに食事をつくったり、母の仕事の愚痴を聞いたり、母は仕事が好きな人だから、なるだけ自分のできることはしてあげたいと心から思っていました。家族の仲も良く、笑いの絶えない本当にいい家族でした。それを私が変えてしまってから、もう少しで二ヶ月になります。

原因はいろいろありますが、とくに大きかったのは、お金と親の期待ではなかったかと、いま、私は思っています。

切っかけは母が私に言った言葉でした。高校に入り怠け者だった中学時代を取り戻そうと、私なりにではありますが、努力しました。それは他の人と比べてしまえば努力のうちに入らないようなことかもしれません。私はもともとのんびり屋で、いい加減な人間だから、でもそれでも自分なりの努力をしていました。しかし、進学校でまわりは頭のいい子たちばかりのクラスで、まぐれで入ったような私には、結構きついものがありました。

そんな私に母は、「お前程度の努力は、努力として認めないよ」と言うのです。少しでも勉強しようと思い、毎日のように通っていた塾も「高いお金を出して、行かせてあげているのに、遊びに行っているんだろう」などなど、いろいろ言ってきたのです。

それは母のその場限りの、ただ気が立ったから言ったような言葉で、あとから母に「どうしてあんなこと言ったの」と責めても、母は「私はそんなこと、言っていないよ」と忘れているようなことなのです。でも私は昔から、それをされると本当に落ち込み、翌日、学校を休んだりしていました。

今回のショックはいつも以上にひどく家出をしました。親は私に相当腹を立てたようでした。それからですぐに見つかり、二日で連れ戻されました。親と口をきかなくなったは。二ヶ月の間に少し話し合いの場をもったり、保健室の先生に間に入ってもらったり、それがかえって逆効果のところもありました。母に泣かれ、父に殴られ、いろいろありましたが、私の親に対する不信感は消えませんでした。

前にも書いたように原因はお金と親の期待です。私は家にあまりお金がないことは、よくわかっているから、お金に関して言われるのがとてもつらいのです。でも親の大学を出てほしいという期待に応えるためには、公立ではなく、私立に進学するしか、バカな私には道がありませんでした。私立にはお金がたくさん要ります。母から「あんた、自分にどれだけお金がかかっているか、わかっているの」といったたぐいのことを言われるたびに、わかっているからこそ、つらかった。

いま、学校は楽しいし、友だちともうまくいっています。でも学校にはお金がかかるし、成績の上がらないこの状態では親に迷惑がかかる、だから学校をやめなきゃ、という考えが頭から離れません。もう、いまはどうにもならないような状態です。このまま親と口をきかずに、生きていく以外、方法がないのでしょうか。

本当に思いつくままに、いろいろ書いてしまいました。

ただ、誰かに聞いてほしかったんです。　八月三十日

△　△

もう、なにも言うことはありませんね。解答や納得を求めているのではなく、ただうなずいて、「聞いてくれるだけでよかった」のですよね。

身近で親しい関係ほど、この「ただ」ができそうでできないのです。何か助けてあげなければ、という思いが自分の「無力」さだけをつのらせるからです。無力さの合わせ鏡状態です。

しかし、人にはその現実を現実として受け入れなければならないことがあります。不条理とも言

えますが、その時に願うことは誰かに傍に「ただ居て、ただ聞いてほしい」ということです。現実は変えられなくても、そのことで孤独、孤立から解き放たれていくことはできるのです。本当に「聞ける親」になるとはそういうことではないでしょうか。そして黙っていてもそこには「沈黙」という対話が交わされているのです。この心を実感するには「傾聴」のワークをおすすめします。

Q30　子どもの言動が映画『男はつらいよ』の〝寅さん〟そっくりで困っています

子どもとはあまり会話ができていません。たまに話すといい話もしますが、すぐに納得できない話になったりもめたりもします。困った子ですが、健気で憎めない子でもあります。映画『男はつらいよ』の主人公・車寅次郎、寅さんみたいです。

＊　＊

……「悪態をつく努力」について……

「いまが良ければ、親を責めたりはしないよ。いまどうすることもできないから、悪いなって思うけど、こんなこと親にしか言えないから」

と言った子どもがいます。ときには、親の人格も何も関係ないほどに、子どもから罵られることもあります。親としては、「わが子に、そこまで言われなければならないのか、そして耐えなければならないのか」と、とても苦しい。

親は、そういう「ののしり」に慣れていませんから、とくに「いい子」の親は驚きです。つい、

「そういうことを言ってはいけない。言われた本人は、人間としていかに傷つくか」「よく、お前は傷つけられたと言うが、お前もいま私を傷つけているんだよ」などと、つい説教調に反論したくなり、いや、してしまいます。

ここからが、子どもとしては〝本番〟です。すかさず、

「最初に傷つけたのは、親のほうではないか」

「無神経な事を平気で口にしていたのは誰だ」

と、かつて自分が親から言われた言葉の一つひとつを挙げながら、〝反撃〟してきたりします。親としては、当然「何を言っているんだ、いまさら。それならそのとき言え」とか「ささいな事を鬼の首を取ったように言うな」「たまたま言った言葉で悪意などない」と言い返したくなりますが、親と子の言葉のとらえ方の違いはあったとしても、言ったことは「事実」なのです。

ここで大切なことは、「親」は「子」を「躾」（しつけ）るつもりで言ったり、照れ隠しのコミュニケーションの一つだったりするのです。親「だから」言うのです。我が子「だから」叱ったのです。すべては他人事にならない親子関係にあるからというわけです。だから親は子の気持ちはわかるけど、この言い方を受けとめていては、人の道理がわからない子どもになってしまうのではないか、と不安になってくるのです。そこで、突き放す説教的な言い方にもなるわけですね。

ところが、子どもだってそれくらいちゃんと知っています。でも、子どもが悪態や乱暴な口をきくのは、「本心で言っているわけではない。親ならそこを大切にして気持ちを聴いてくれ」と思っ

ているわけです。

そのことを理解しないと、子どもの言うことに対して、心が通じ合うことは難しいと思います。気持ちの上での「距離」が生じてしまうのです。そんな時、子どもはその関係に耐えきれず、「あなたは、私の親でしょう。子どものこの気持ち、分かってよ」と一方的になります。親子の関係を子が切るわけにはいきません。子にとっては、親に理解してもらう以外、方法がないのです。このとき両親が「親」であることを自覚するか、それとも「都合のいいときだけ、親を持ち出すな！」と考えるかによって、それから後の親子関係に微妙な影響をあたえます。

というのは、悪態ついていたとしても子は親に近づく努力をしたと思うからです。期待がなくなれば悪態をつくエネルギーも出てきません。その努力が親に分かってもらえない、と感じると、より心に不信という「汚れ、濁り」を生み出すのです。そしてその「よごれ」は「こだわり」となって、いつのまにか得体の分からない不安になります。強迫観念としてどっかり心のなかに宿ることもあります。その「こだわり」はおさまるどころか、「心のくせ」として人間関係で素直になれない関係を繰り返すこともあるのです。

とにかく最後の詰めで大切なのは、第三者との人間関係で、この親子関係の行き詰まりに風穴をあけてよき距離感をつけることです。

しかしその道が絶たれているとしたら、親子の会話をあきらめることなく、保ち続けることが必要です。一方的と思えても、子には親の立場まで察し、共感していく余裕がないのです。

そして、対話を保ち続ける努力が、どこかで「汚れ」を落としていくのです。それが関わり続けるという子への宣言になり、「一人ではないんだ」と、気持ちの安定につながるのです。


……「寅さんもパーソナリティ『障害』に苦労していた」について……


ところで、私は相談活動のなかで『男はつらいよ』の寅さん映画を何度も繰り返し観ている若者と本当によく出会ってきました。また、その子の父親も好きであったりもしているのです。子も父もあの映画の世界に「あこがれ」さえもっているのです。

あこがれは二つあります。

一つは迷惑かけっぱなしのあの寅さんにも「還る家」があるということです。建物の「帰る家」ではなく、心から肯定してくれる人間関係としての「還る家」です。

もう一つは、あれだけ取っ組み合いのケンカをしても、近所の社長の仲裁によって、いったん離れたりして冷静になっているのです。そして何よりも妹さくら夫婦によって「仲直り」できることです。もちろん映画です。現実の自分の家庭ではそう上手にはいかないために、当たり障りなく「いい家族」でいるのです。このギャップが「あこがれ」をつくっているようです。

そしてパーソナリティ「障害」と見立てられていたりする若者が、「寅さんは自分だ」とつぶやくのです。理不尽な困った大人です。でも人に優しく、ふっとかい間見ると、健気でいじらしく憎めない人なのです。屈折しているのです。

私も「寅さん」映画を観たり、著作も一冊（『寅さん的コミュニケーションのすすめ』北水刊）出してみましたが、パーソナリティ「障害」に出てくる表現もあって、若者と似た実感をもったりしています。

寅さんは出生、生い立ちが不遇で親の愛情を思い出せません。だから「いい年齢」して「赤ちゃん返り」の〝だだっ子〟行動を、親しく身近な人に繰り返します。自己中心、身勝手、無責任、うぬぼれ、そして頑固です。

でもそれはすべて「かまってほしい」という願いです。自己肯定感を獲得できていない悲痛な叫びです。その両面感情が映画のスクリーンから私たちの心に届くのです。いつの間にか寅さんの世界で、一緒に泣いて笑っているのです。実は私たちの心に秘めた感情、思いの代弁者として、寅さんがいるのです。だから本当に身近に「寅さん」みたいな縁者のいる人は、あの映画を他人事には観ていられず避けているようです。

寅さんは親しい関係に弱い人です。優しくされたり、肯定的な言い方をされることが恐いのでしょうか。素直に人の懐に飛び込んでいくことに警戒心があるのです。「優しくされると恐い」といった感じです。それほど生い立ちに不条理がついてまわっているのです。だから、おいちゃん、おばちゃん、さくらさん、ひろしさんたちが寅さんをほめたりすると、茶化したりして気をそらすのです。照れ隠しです。寅さんは自分の存在をそのまま肯定されると、相手に対して試すように無理難題を突きつけたりもします。そしてそんな自分が愚かに思え、旅に出て孤独な第三者に一途に尽くして身を滅ぼすこともあるのです。人からの肯定的メッセージが信じられないほどに厳しい不信の境遇を生きてきたということでしょう。

つまり寅さんのパーソナリティの「障害」は親からの愛着を受けないで育つしかなかった「不条理」です。だから寅さんはそのパーソナリティの「障害」をまわりから指摘されると「それを言っちゃおしまいだよ」と嘆くのです。

若者たちは、「寅さん」にはその「第三者」との関わりがあるから救われると言います。引きこもりやコミュニケーション不全に悩むパーソナリティ障害の若者たちにとって、「寅さん」は身近なんですね。

……「納得できなくてもうなずける」について……

その「寅さん」映画でも関係を深めて、心の「澱み」を沈めていく自然な仕草の一つとして分ちあいの「うなずき」がでてきます。さくらさんやひろしさんがよくしていますね。

気持ちが納得できないのに、うなずいたりするのはおかしいと思うかもしれません。納得できないのは、親が子どもと違う価値観で、一歩も譲らずに子の言うことを聞いて見ているからです。自分の意見を譲るのは敗北と思えばうなずくことはできません。親の価値観は脇において「そのように言いたい、思いたい」子の気持ちを察してうなずくのです。これが共感です。

子どもの声を、親が住んでいる世界の価値観で解釈して、「こうすべきだ」と言われると、子どもにとって、「親は自分のことを理解してくれない」と思ってしまいます。実は納得も理解もいらないのです。ただうなずくこと、聞いてくれることが存在の肯定となるのです。ひとまず、親の考えや気持ちはどこか脇におき、子どもの気持ちを親子の中心において、二人で気持ちを合わせていこうとする。そのために「うなずく」のです。いや、まずはうなずくしかないのです。

一所懸命聞いて、心込めてうなずく。こんな気持ちなんだとか、こんなことが言いたいんだな、と子の感情を大切に汲み取りながら、応答するのです。

ところが、一所懸命聞けば聞くほど、こちらの思いも出てきて、とかく何か言いたくなってしまうんです。もちろんそれは励ましであり、支えのためのアドバイスです。つらそうであればあるほど、苦しそうであればあるほど、無力と分かっていても何とかしてあげたくなってしまうのです。これが人間の素晴らしさでもあるわけです。人は無力です。しかし無価値ではないのです。うなずく、聞くことはできるのです。ぜひ寅さん映画を観て、まわりの人の寅さんへの関わりを学んでください。

おいちゃんも寅のふびんさ（不条理）への思いの深さが度を越すと、無力さの合わせ鏡から押しの強さに変わります。「寅も早くかた気になって結婚しろ」とか言ってしまいます。すると、方向を示すような言い方をされた寅さんは、自分を否定されたと思って言い返します。「俺も結婚したいけど、しょうがないんだ。これが俺なんだ」「それを言っちゃおしまいだよ」と。

誰かに何とかしてほしいと思いながら、最終的には自分のことは自分で方向を決めたいのです。この頼るところと自己選択する境界がよくつかめないのです。映画ならここが笑いになったりしますが、現実は笑っていられません。

親もつい自分の考えを言ってしまうのは、この子はこの先どうなってしまうんだろう、という親の不安を子どもに移してしまって、なおかつ、親の願いに「すり替え」ているからなのです。子どもは自分の不安すら背負いきれないのに、親の不安まで背負わされたことになるのです。

子どもが感じている世界を、可能な限り分かろうとする姿勢が必要なのです。子どものいる世界から見たら、なるほど、こんなふうに感じるんだろうな、と思えように努力してみませんか。思いを馳せるということはできそうで難しいものです。自分では十分に分かっているつもりでも、意外と親の視点から抜け出せず、戸惑い、さまよっているのです。

……「感情の明確化」について……

でも精一杯近づいて、子どもの心に入れてもらって、「あなたの言っていることは、こういうことなんだね」というふうに、言葉に出してみてください。とりあえずは、自分の気持ちを心の脇において、子どもの気持ち、心のなかに入れてもらって、その感じたことを「こんなことなのかな」と間違っていないことをたしかめるような感じでやってみてください。そのために子どもの話を聴くときには、あまり言葉や内容、事柄にとらわれないで、その背後にある気持ちを推し量って、応えていくのです。

「いまこの子はここにいる私に、どんな気持ちを分かってほしいのか」

そんな問いかけを自らにしながら聴いて応えてください。これを感情の明確化と言っています。

ある母親から、こんなメモをいただきました。

「親として、自分は絶対に正しいなんて思っていません。自信はないし、子どもから責められても何も答えられません。だんまりになってしまいます。すると、何とか言いなよ、とまた責め立てられます。

でも、また何か言ったらつけ込まれるのではないかと思うと、うなずくだけで、精一杯です。それがまたゆるせないと言います。その怒りから、ガラスを割っても片付けません。私はその散ったガラスをビニール袋のなかに入れ、外に出て、それを地面にたたきつけ、子への憎しみを吐き出すのです。こんな親である私が、何をわが子にしてあげられるのでしょうか」

Q＆Aも大詰めとなりました。私はこう申し上げたいのです。

「家のなかではなく、外でたたきつけることができたあなたこそ、親の鏡です」

親子でいることを踏ん張る人たちの〝還る家〟に、わずかでもなれるカウンセラーとして、これからも努力していきたいと思います。私から関わりを断つことはしない。そのことをいつも自分に言い聞かせていきたいと思います。

さくらさんが電車に乗って旅に出るようとする傷心と後悔の寅さんに言います。

「お兄ちゃん、いつでも帰ってきていいんだからね」

すると閉まるドアから寅さんの泣きっ面の声が聴こえてくるのです。

「さくら、あんちゃんは、それだからダメなんだよ（未練を断たなければ……）」

人とは、人間関係とは変わっていくものです。だからパーソナリティは出会いによっていくらでも変容していくのです。寅さん映画でも、その変容に私たちは生きる希望をもつのではないでしょうか。

Q31　ネット依存で子どものパーソナリティ（人格）はどう変わってしまうのですか

中学生の息子は友だちが一人もいません。そして暇さえあれば〝ネット依存〟です。あまり家族との会話もしません。たまに話すと自分中心で親の立場はまったく考えません。友人関係についても興味がない感じで、これからが心配です。これでは普通の社会性は身に付かず、頭でっかちな子どもで将来、苦労すると思います。まずこのネット依存についての対応はどうしたらいいのですか。

＊　＊

……「ネット依存を人間関係づくりの切っ掛けにする」について……

人間関係から孤立し、自分のパーソナリティをもてあましている人にとってネットはその心の寂しさをとてもカバーしてくれるものだと思います。パソコン、携帯電話、スマートフォンの普及は引きこもりに悩んでいる若者にとっては、自分以外の世界と簡単につながる手段として、いまや欠かせない存在になっています。バーチャルリアリティと言ったりしますが、そこには人が介在するやり取りが、部分的とはいえあるわけで、バーチャルとは分かっていても奥深い心の寂しさを多少なりとも埋めることはできるのです。

メールは「情報」ですが、リアルな生身の人間関係が希薄であればあるほど会話と思えてしまう感覚は不思議ではないと思います。ニコニコマークで感情表現までメールで済ませていけば、対面したとき本当はどのように表現したらいいのか分からず、能面になったり「空気を読めない」行動に出ることもあって当たり前でしょう。ただネットが切っ掛けでリアルな友人関係が生まれてきている引きこもりの若者もいます。今や切っても切り離せないのがネットと人間関係です。

しかし本来の人間関係は双方向で相補的なものです。相手に対して共感性をもたずに自分の意見が優先、尊重されないとキレたり、また理屈で八方塞がりにしていく関係の作り方では、まわりはその行動に不可解さを感じ、はれものに触るように避けていくでしょう。また自分のご都合で関係を切ったり、依存したりすればまわりから人は遠のいていきます。だからネットは自己愛性が強くパーソナリティ「障害」の生きづらさをカバーすると同時にその心の「くせ」を強化する面もあります。

つまりネット感覚で生身の人間関係は続かないということです。だからネットに依存し、そこを人間関係の場とはき違えていくと、世間（社会性）で暮らしている実感は得られないし、普通の人と人との関係が「めんどくさい」となる傾向があります。ネットにおぼれない心構えが必要です。「ネット依存」は診断名ではなく、あくまでも〝流行〟言葉です。

どこから依存なのか、嗜癖なのかよく分かりませんが、その対応については、アルコール依存症の快復の難しさと似ているようです。結局は自分自身がセルフコントロールするしかないのです。ネットを情報として意識し活用する。ネットは人間関係にはなじまないということです。ネットより魅力のある人間関係をまわりの人間で築いていくことが大切だと思います。そのためにはネットに夢中になっていることを否定せずに、関心を寄せ、その関わりのなかに人と人との繋がりの魅力を感じさせていくことでしょう。

二つ目はネットを利用する目的や、そこにメンタル（心）を求めていることはないかを会話することです。そしてセルフコントロールができないとなれば、できないことを共有し、依存から抜け出すための人間関係をつくる切っ掛けとしたらどうでしょうか。

ネットとの付き合い方を親はどう子どもに教えるか。

「アイホン18の約束」というヒントが参考になると思いますので、ご紹介します。これは米国の母親が13歳の息子にスマートフォンを買い与えたとき、息子に渡した約束の「使用契約書」です。ネットはあくまで情報の一つの道具であることや、人間関係との兼ね合いがよく表現されています。

……………

●一三歳の息子へ　あたらしいｉｐｈｏｎｅとの使用契約書

クリスマスの日に米国マサチューセッツ州のあるブロガーのお母さん（Janel Barley Hofmanさん）が13歳の息子にiPhoneをクリスマスプレゼントとしてあげました。しかし、そのiPhoneの箱には彼女が書いた使用契約書が入っていました。

△　△

グレゴリーへ

メリークリスマス！　あなたは今日からiPhoneの所有権を持つことができます。やったね！責任感のあるお利口な13歳なので、このプレゼントはあなたにふさわしい。しかし、このプレゼントを受理すると同時にルールや規則が付いてきます。以下の使用契約をゆっくり読んでください。私の親としての仕事もわかってほしい。あなたを健康で豊かな人間性を持った、現代のテクノロジーをうまく活用していける大人に育てなければならないということを。以下の規則を守ることができなかった場合、あなたのiPhone所有権もなくなります。

あなたが大好きでたまりません。あなたと何百万個ものメッセージを交換するのが楽しみです。

△　△

1・これは私の携帯です。私が買ってあなたに貸しているものです。私ってやさしいでしょ？

2・パスワードは必ず私に報告すること。

3・これは「電話」です、鳴ったら必ず出ること。礼儀正しく「こんにちは」と言いなさい。発信者が「ママ」か「パパ」だったら必ず出ること。絶対に。

4・学校がある日は7：30 pm に携帯を私に返却します。週末は9：00 pm に返却します。携帯は次の朝の7：30 am まで電源オフになります。友だちの親が直接出る固定電話に電話できないような相手なら、その人には電話もSMSもしないこと。自分の直感を信じて、他の家族も尊重しなさい。

5・iPhne はあなたと一緒に学校には行けません。SMSをする子とは直接お話ししなさい。人生のスキルです。（注）：半日登校、修学旅行や学校外活動は各自検討します。

6・万が一トイレや床に落としたり、なくしたり、破損させた場合の修理費用は自己負担です。家の芝生を刈ったり、ベビーシッターをしたり、お年玉でカバーしてください。こういうことは起こります、準備しておいてください。

7・このテクノロジーをつかってウソをついたり、人をバカにしたりしないこと。人を傷つけるような会話に参加しないこと。人のためになることを第一に考え、ケンカに参加しないこと。

8・人に面と向かって言えないようなことをこの携帯を使ってSMSやメールでしないこと。

9・友だちの親の前で言えないようなことを、SMSやメールでしないこと。自己規制してください。

10・ポルノ禁止。私とシェアできるような情報をウェブで検索してください。質問などがあれば誰かに聞きなさい。なるべく私かお父さんに聞いてね。

11・公共の場では消すなり、サイレントモードにすること。とくにレストラン、映画館や他の人間と話すときはそうしてください。あなたは失礼なことをしない子です。iPhoneがそれを変えてはいけません。

12・他の人にあなたの大事な所の写真を送ったり、貰ったりしてはいけません。笑わないで。あなたの高知能でもそういうことがしたくなる時期がやってきます。とてもリスキーなことだし、あなたの青春時代・大学時代・社会人時代を壊してしまう可能性だってあるのよ。よくない考えです。インターネットはあなたより巨大で強いのよ。これほどの規模のあるものを消すのは難しいし、風評を消すのはなおさら難しい。

13・写真やビデオをやたらに撮らないこと。すべてを収録する必要はありません。人生経験を肌身で体験してください。すべてはあなたの記憶に収録されます。

14・ときどき家に携帯を置いて出かけてください。そしてその選択に自信を持ってください。携帯は生きものじゃないし、あなたの一部でもありません。携帯なしで生活することを覚えてください。流行に流されない、ＦＯＭＯ（自分だけが取り残されていると思ってしまう不安感）を気にしない器の男になってください。

15・新しい音楽、クラッシック音楽、あるいは全員が聴いている音楽とは違う音楽をダウンロードしてください。あなたの世代は史上もっとも音楽にアクセスできる世代なのよ。この特別な時代を活用してください。あなたの視野を広げてください。

16・ときどきワードゲームやパズルや知能ゲームで遊んでください。
17・上を向いて歩いてください。あなたの周りの世界をよく見てください。窓から外をのぞいてください。鳥の鳴き声を聞いてください。知らない人と会話をしてみてください。グーグル検索なしで考えてみてください。
18・あなたは失敗する。そのときはこの携帯をあなたから奪います。その失敗について私と話し合います。また一からスタートします。あなたと私はいつも何かを学んでいる。私はあなたのチームメートです。一緒に答えを出していきましょう。

この条件に合意してくれることを願っているよ。ここにリストしてアップしたほとんどの条件は人生をうまく生きるための条件にも当てはまるものだから。あなたは常に激変していく世の中で成長しています。とてもエキサイティングで気を引く体験だと思う。できるだけシンプルに物事を考えて行ってください。そして何よりも自分のパワフルな考え方と大きな心を信じてください。あなたが大好きなのよ。あなたのすばらしい iPhone を楽しんでね。

愛を込めて　母より

△　△

現代のさまざまなＩＴ問題（プライバシー、ネット中毒、ポルノ、いじめ、対人関係等）が私たちの子どもを襲うなか、どうすれば子どもたちにＩＴの健康的な使い方を学ばせることができるのかを真剣に考えた末、ブロガーのお母さんが記述のような使用契約書を13歳の息子グレゴリーさんに渡すことを決めました。

（グーグルより引用――翻訳：打村明）

あとがき

家族である〝必然性〟が子どもの自己肯定感とパーソナリティを豊かに育てる

●パーソナリティ「障害」は甘える勇気を学ぶことから

思春期の子どもや、成人した若者の相談に見られる「自信のなさ」を一口で表現すると「甘えられない」ということです。どんな「自信」なのか。それは「素直になる」ことと「傷ついても人を信じていく」ことへの「自信」です。

わがまま（自己中心）、依存的なのは「素直になるべきところで素直になる」自信がもてない悩みです。

プライドが高く、否定されたり、拒否されて傷つくことが怖い。だから「素直になる、甘えるべきところ」で突っ張ったり、傷つく前に傷つけるような言動に出たりしがちです。ただこのような心は誰もが多少なりとも抱える〝だだっ子〟の気持ちです。ところがここ数十年の相談を振り返ると〝押し並べて〟の傾向と見られるのです。そして、成人になっても〝だだっ子〟の若者がパーソナリティ「障害」、強迫性「障害」と見立てられているのです。児童期、思春期には「発達障害」とも言われていたケースもあります。もっと幼児期に遡れば「愛着」の危機のなかで育った子どもたちです。

さて、人が生きていくうえで、にっちもさっちもいかない、無力で孤独な状態に身をおいたときには、誰かに「私を助けてください」と傷つくことを承知で「素直に甘える」ことがカギです。だから甘えることは命に関わることです。傷つくリスクを背負ってこそ癒されるチャンスと巡り会えるのです。

考えてみると「甘える」ことは「勇気」です。人を「信じる勇気」です。人は一人では生きていけない。そこをわきまえるならば、どんな相手に対しても〝とどのつまり〟は関係を「信じる」ことです。つまり、人との信頼関係の築き方にうぬぼれやあきらめではなく愚直というか謙虚というか、ただただ「素直」になる「自信」が「甘える」ことです。その場凌ぎの〝土下座〟ではなく、心の奥深いところからの詫びや感謝です。

子どもに限らず私たちは、人と人とのめぐり合わせ、組み合わせのなかで突発的に孤立したりします。不登校、いじめもその一つであり、それは不条理とも言えるものです。そしてその無力ともいうべき気持ちから解放され、生きる自信を得る〝命綱〟とはいかなるものでしょうか。

学歴か、名誉か、財産か、学力か。意外にこれらは当てにならないのです。それは相手の「甘え」も受けとめながら「甘える」ことです。

今、親と子が「甘える勇気」をいかに日々のコミュニケーション（関係の継続）から出したらいいのかに「自信」がなく、「いい子」「いい人」「いい家族」で比較的、当たり障りなく暮らしています。その長期化は関係への空虚感であり、冷たさとなりがちです。これは寂しさが恨みに反転する命の〝危機〟です。「自信」とは「なんでもできる」「自己評価が高い」といった「自己満足」的なものではなく、成果や評価をともなわない自分という存在そのものに対する「自己肯定感」です。

学力や運動能力向上を、「自己肯定感」と分かりやすく結びつける風潮がありますが、相談から見るとそれは危険です。状況の変化で「自己否定感」にひっくり返ることは決してめずらしいことではないのです。

それでは比較、評価、成果に関係なく一人ひとりの存在が肯定され、人と共に生き抜く「自信」を実感していく育ちとはどういう生活でしょうか。ただ居るだけでその存在が肯定されるということです。

ある男性の相談を、考える手掛かりにしたいと思います。

●「いい家族」でなくてもいい

合格圏内にいたにもかかわらず国公立大学の受験を突然に放棄し、そのまま家族やまわりの人たちともふれ合わない引きこもり的生活を過ごしてきた若者（21歳）が自ら相談に訪れたことがあります。

父親は高校、母親は大学教員です。晩婚の二人にさずかった彼は、勉強だけでなく、あらゆる面で賢く優秀な子どもだったようです。そして一人っ子の彼には友だちも多かったようです。ただそれは「勉強も運動もできる子ども」であるからこそ受け身でいても得られるものだったのです。まわりから見たらきっと「いい子、いい親、いい家族」に思えていたことでしょう。

「三人で暮らす家庭はどんな雰囲気ですか」と彼に尋ねてみました。彼はあっさり言いました。

「〝霞《かすみ》〟のかかった家族です」

引きこもりながら、考え続けてきた言葉として印象的な表現でした。後から落ち着いて振り返れば共感もできますが、その瞬間には理解が難しいものです。聞き返したら答えてくれました。

「〝ガス〟がかかって一人ひとりが見えない。父は母をどう思っているのか、母は父をどう見ているのか。父や母は僕のことをどう思っているのか、分からないのです」

「それは困ったことですね」

私の返事に彼は首を軽く横に振って言います。

「それが困っていないのです。〝困らない〟家族、それが困るんです。

母も父も、そして僕もお互いに人を頼らなくても何でもやれてしまうのです。父も母も〝立派〟です。僕も両親から見たら〝いい子〟だと思うのです。でも本当は自分に自信がない」

「いい家族」が子どもの心の「自信」を薄弱にしている理由が彼から語られました。

「僕の家にはこの家族が、この家族でなければならない〝必然性〟がないのです。助けたり、助けられたりするような家族ならではの〝絆〟がないのです。

偶然に家族になって偶然のまま三人で暮らしている感じです。必然にならないで偶然で止まっている家族です。このままだと、他の人が父や母として僕の前に現れても『僕の母親はあなたじゃない』と言うほどの気持ちになれないのです。これってまずいと中学生ぐらいから思っていました。両親に無関心になっていく怖さです」

彼が大学受験拒否の〝勝負〟に出た理由が分かりかけてきました。彼の真意を尋ねました。

「両親を困らせようとしたんだね」

トラブルを意図的に起こして両親との関係に深み、必然性を築こうと彼は考えたようです。彼はうなずき、その心の危機を語りました。

「僕は〝頭のいい子〟としての自信は少しあると思いますが、人間的にはまったくありません。両親や友だちに迷惑をかけるような人間になったら、相手にされない不安があります。僕には親に対して見捨てられないという信頼と自信がもてないのです」

「いい家族」のままでは親の肯定的関わりを子どもは実感できないということです。つまり、見捨てられ感と置き去り感です。パーソナリティ「障害」の相談で見立てられた本人がよく口にする言葉です。

パーソナリティの根っこが親子関係によって育てられていないのです。そこに「こだわる」ことにしたということです。「ケンカして仲直り」「しっちゃかめっちゃか」な親子の泣き笑いが子どもの自己肯定の確認となり、生きる「自信」の励みになるというわけです。

どんな場面になっても「親は相手にしてくれる」「困った時には甘えても大丈夫」という感覚を獲得することは20歳前の課題でもあるのです。強迫やパーソナリティ「障害」に悩む若者たちが「こだわり」と「くせ」の強い行動で〝だだっ子〟になる心もここにあると思います。

そして親に「甘えられない」ことの悲しさが、はれものにさわるような日々を親しい関係の中につくってしまうのです。彼の場合はその「甘えてみる」〝経験〟を大学受験拒否を切っ掛けにしようとしたのでしょう。そしてそれは親にとって暴力や衝動行動なら理解できても〝だだっ子〟的であっただけに理解が今一つ深刻化しなかったのかもしれません。

「それにしても大学受験では〝代償〟も大きい。そして気付けば3年間近く引きこもっていたわけだね」

彼は納得気味に答えました。

「大学受験が親との関係をはっきりさせる最後のチャンスだと思いました。ずっと親を心配させない〝いい子〟でした。でもこれからも〝いい大学、会社〟に入って〝いい女性〟と恋愛、結婚、そして〝いい孫〟が誕生する、なんていくわけないでしょ。

大人気ないと思いますが、どんな形になっても親は認め（肯定し）てくれるという〝愛情確認〟

をしたかったのですね。ところが〝確認〟は自分が決めることで、いつまでも引きこもって親に求めていても、満たされなかったのです」

彼の両親は彼の一連の行動に「動じなかった」といいます。彼の何を信じてそうなれたかはよく分かりません。彼は両親の気持ちをおもんぱかってこう言います。

「たぶん両親も〝困った子〟になった僕にどう関わったらいいのか自信がなかったと思います。僕は両親がケンカしているところも、仲良くなっていく場面も見たことがありません。両親も僕も人に甘えることができないほど、自分に自信がないと思います。でも自信がないのに強がっているような〝人種〟でもないのです。両親は悪い人たちではありません。甘えるのが下手なだけです。

僕はもっと外の人たちとの関わりをもって両親に甘え方を伝えていこうと思いました」

親世代や高齢者の相談に乗っていても思うことですが、何歳になっても子は良くも悪くも親の存在そのものを「親は親で一生懸命に生きた」と肯定したいのです。それができないと、自分を肯定できないという苦悩を子どもは生涯にかけて抱えていきます。

それはやけっぱちのような「肯定」ではなく、人間の弱さ、愚かさこそ「絶対肯定」すべきものだという気づきです。まさに「愚直に生きる」「愚者に還る」ことが自己肯定であり、生きる自信となります。

彼が引きこもりから抜け出す切っ掛けをつかむことができたのも、「霞のかかった」親や家庭を存在そのものとして「肯定」できたからです。これは心に強い「こだわり」と「くせ」を「わざわざ」つくって、親子関係に問いかけるパーソナリティ「障害」のテーマです。

●「手間のかかる家族」を築く

私も生きることに自信はありません。

ただ人は人の命とつながっている、ということには深い信頼感をもっています。それは誕生以来、今日までの自分の人生を振り返ってみればよく分かります。なんと不思議な出会いの数々でしょう。そして、そこには人がいて命の働きに包まれていた気がします。

まさに今、命の終局を迎えたとしたら「面白い人生だったな」と思えてくることでしょう。究極的な自己肯定感とはこのことに思えます。そしていろいろな事情から他人との人間関係を断絶していっても、最後に残るつながりは「家族」との関係です。とくに親が亡くなれば、妻やわが子との関係が自己肯定感を支えます。妻子のいない身であればきょうだいであったり、気心の知れた友だち、縁者となります。つまり一見《いちげん》さんではなく身近なところに、肯定的人間関係をもたないと人は自分を見失ってしまうのです。一人暮らしの高齢化の問題にもパーソナリティ「障害」は無縁ではないのです。

「家族の〝必然性〟が子どもの自己肯定感とパーソナリティを豊かに育てる」について、自己肯定感の獲得を語ってきました。それは「ただ居る」ということへの人間的尊厳になります。そして人はかなく「いなくなる」存在でもあるという自覚は、日常の関わりに手間をかけた営みがあるかどうかによって得られるのです。すると、時代背景のなかで身近な家庭に自己肯定感を育てていく価値観が希薄ではなかったか、ということです。それを相談から見てみると三つになります。

まずは「関係性」の希薄です。短時間で効率的な手間をかけない人間関係が高度経済成長のなかで家庭内まで〝普及〟しました。だから「手のかかる子・人」は「いけない子」「困った子」として児童心理の対象となってしまいました。「手のかからない子」が「いい子」となりました。

この価値観を加速させたのがSNS（ソーシャル・ネットワーク・サービス）文化です。友人関係も「お手軽」にできてしまう感覚です。相手あっての自分といった共感性が育ちにくい生活環境を子どもたちに与えられてしまったのです。他者との関係において同感はできても、まず察するという共感ができない。いや相談に訪れる若者のなかには共感は敗北、負けと思っている傾向があります。パーソナリティの育ちが乏しい環境ともいえます。

他者との関係、共感がとれなかったら評価に関係のない自己肯定感をつかむことは至難です。その自己肯定感に必ず辿りつく関係が親子、家族関係です。なぜなら親子関係は基本的に「互いに逃げられない」関係にあるからです。

自分の都合で切ったりつなげたりできないのが〝絆〟です。どんなにふがいない存在でも、そのまんまの相手を絶対肯定しなければ自分も肯定されないのが家族であり、親子です。その関わりに手間をかけた一コマ一コマが関係性と共感性を呼び起こし肯定的生き方として、子どもの自信となるのではないでしょうか。せめぎあって（関係性）、折り合って（共感性）、お互いさま（肯定感）という双方向の家族関係が子どもの「自己満足」ではない「自己肯定感（自信）」を育て、パーソナリティの変容を豊かにするのです。

「手軽で便利」から「手間をかける」文化に少し振り子を戻さなければ、次世代の子どもや若者に自己中心で人の心に合わせられないパーソナリティの「くせ」をもたせてしまうのではないか、と危惧しています。しかしその「くせ」は自分を守るための「よろい」のようなものです。それが次の頁の表にあるような傾向となる必要性があったのです。そこを否定しないで「生き苦しさ」としてとらえ関係を取り結んでいくことが大切と思います。

自分のパーソナリティをもてあまし、強い心の「こだわり」と「くせ」をかかえた女性が長く私の相談室の活動に参加してくれました。彼女はカウンセリングのリスニング（傾聴）とファシリテート（分かちあい）の学びを通して、命がけで自己肯定感と向き合ってきました。そして短歌でその思いを自己表現しています。

「言うなれば　私の苦労が　いつの日か　人の役立つ　ようならうれしい」

あらためて人は一人で生きているわけではないと思います。日常の関係に「生きる意味」を見つけられ「こだわり」と「くせ」にしばられない生活が読者の皆様に還ってくることを私は願っています。

二〇一四年七月三〇日　　富田富士也

「病気」ではないが「病気」に括られているパーソナリティ「障害」とは……

疾病で観るのではなく関係性で交流する

パーソナリティ（人格）とは知・情・意を全体として構成された「その人らしさ」。「あの人らしい」。

パーソナリティは性格（気質・遺伝子）を基本に環境、出会いによって形成され、常に変化していく（変容）

パーソナリティ「障害」はその個人が属する文化の平均的な行動範囲を超えて片寄った言動をたまたまではなく、常にとり続け、本人やまわりの人が生活上の苦痛（生きづらさ）を感じている。いわゆる「困った人」であり、現実検討、自己同一性、共感力を課題とする。「変な人」「風変わり」をもってパーソナリティ「障害」とは必ずしも言えない。

分類	傾向
A群 ①妄想性人格障害 ②統合失調症質　〃 ③統合失調型　〃	①不信、疑い深さがあり恨み、怒りつづけたりする ②非社交的、臆病、冷たい ③関係念慮、固有の奇妙な思い込み、主観的認知 〈対人関係で距離を置いて自分を守る〉
B群 ①反社会性人格障害 ②境界性　〃 ③演技性　〃 ④自己愛性　〃	①良心の呵責が欠如して無責任、他人の権利を無視し法を犯す ②妄想か、不安が強いのか、分かりにくい。自殺企図をくり返し、対人関係が不安定 ③人の注意を引こうとする。いつも注目の的でないといられない ④共感の欠如。誇大性、賞賛の欲求 〈不安から自分を守るために攻撃的〉
C群 ①回避性人格障害 ②依存性　〃 ③強迫性　〃	①他人からの批判、不承認、拒絶などに対する強い過敏性がある。責任ある仕事を避けようとする ②自信がなく依存的。常に他人からの援助や保証を必要としている ③秩序、完全主義にとらわれ臨機応変がとれない。真の強迫行為や強迫観念はない 〈人に嫌われたくないため他人との距離感に常に葛藤している〉

合いの手の言葉	私の所感	困っていること（周囲）	困っていること（本人）
いろいろあるね人生は	・各A、B、C群はクロスしているので常にマニュアルはないものとして個別固有な関係を築くようにしている ・信頼されていることを前提に〝共同作業〟を通して安定した人間関係づくりをする。 ・安定後、親子・家族関係に対する思いを深め絶対的肯定感を共有する。 ・「けなげ」に思えてくるタイプなので関係が深まり心が豊かになる。	・不快な感情を受けいれないで周囲の責任にする ・客観的に整合性をもった会話ができない ・空想の世界に満足している	・人間関係が乏しいので親しい関係がとれず孤独 ・対人恐怖 ・考えがまとまらない ・強い思い込みとこじつけ
現実検討できたね	・試されているような感覚をうけることが多く、人間不信も強いので密にならないほどよい距離感をつくる。そのことで関係の枠組みができ現実検討ができる。 ・私の困っていることに協力を求める。その関わりが信頼を寄せているからと語る。すると素直に不安を打ち明けてくれる ・「防衛の強い人」と思えてくるタイプなので「弱音を吐いてもらえる人になろう」と謙虚に思い関わりつづけることだけを信念としている	・反省の言葉がなく空しさに襲われる ・自分勝手なので信頼できなく疲れる ・気まぐれに無理難題を突きつけられ付き合いきれない	・感情的、衝動的になる。他人を思いやる余裕がなく、常に自分を正当化しないではいられない ・何かと馬鹿にされている気がする
気づいてよかったね	・関係（縁）をあきらめると自然に遠退いていく。だから「こちら」の肯定的な関係づくりを問われてくる。そこで世話をやいたりおせっかいになりがちである ・私との人間関係を通して「あいまいさ」「距離感」を学びあうことにしている ・「にくめない」タイプの人なので、ついつい背負いたくなる。そこで見守り、持ち味を見逃さないようにして肯定的な思い出を共有していくよう努めている	・突き放したくても、放せないほど頼りない ・何もしてあげられない自分を浮き彫りにされる。自分がつらくなる ・自主性、主体性の欠如に関わりきれない	・「いい人」になりやすく断れない ・自信も取り柄もなく生きている価値も見出せない ・生活全般までPDCA志向になりがち

周囲の誰かが「甘えて信じていく」関係を構造化して築いて行かなければ社会から見捨てられ、置き去りにされがちである。元は優しく素直な「いい子」たちである

〈参考・「精神科ポケット辞典」弘文堂刊〉

富田富士也（とみた・ふじや）

1954年、静岡県御前崎市出身。

教育・心理カウンセラーとしてコミュニケーション不全に悩む青少年への相談活動を通じ、絡み合いの大切さを伝えている。「引きこもり」つづける子どもや若者、その親や家族の存在にいち早く光をあて、『コミュニケーションワーク』の学びを全国的に広めている。千葉明徳短大幼児教育科客員教授、千葉大学教育学部非常勤講師等を経て現職となる。

■現職　「子ども家庭教育フォーラム」代表
文京学院大学生涯学習センター講師
日本精神衛生学会理事
日本学校メンタルヘルス学会運営委員
日本外来精神医療学会常任理事
ＮＰＯ法人「保育ネットワーク・ミルク」顧問

■主な著書……
『新／引きこもりからの旅立ち』シリーズ①
『言ってはいけない親のひと言』シリーズ②
『心のサインを見逃がすな』シリーズ③
『子どもが変わる父のひと言』シリーズ④
『傷つきやすい子に言ってよいこと悪いこと』シリーズ⑤
『子育てに立ち往生の親子へ』シリーズ⑥
『「いい子」に育ててはいけない』
『子どもの悩みに寄り添うカウンセリング』
『父の弱音が荒ぶる子を救う』
『子どもの心が聴こえますか？』
●講演ＣＤ『ぼく、心が痛いよ』
上記、すべてハート出版より

photo/ 堀隆弘

引きこもり、強迫・パーソナリティ障害「親」の講座
著者への個別相談・講演・カウンセリング・ワークショップ等へのお問い合わせは……
「子ども家庭教育フォーラム」
〒270-2253 千葉県松戸市日暮２－６－７　ベルテ松戸１０１
TEL・047-394-6000　FAX・047-394-6010

いい子を悩ます
強迫性・パーソナリティ「障害」　全対応版Q & A

平成26年９月15日　第１刷発行

著　者　富田富士也
発行者　日高　裕明
発行　株式会社ハート出版
〒171-0014　東京都豊島区池袋３－９－23
TEL.03-3590-6077　FAX.03-3590-6078

ISBN978-4-89295-977-6　編集担当／藤川
ハート出版ホームページ http://www.810.co.jp
印刷・大日本印刷

富田 富士也
子ども家庭教育フォーラム●新住所

〒271-0064 千葉県松戸市上本郷4177-2
TEL・FAX 047（365）1222